Häkel dich glücklich!

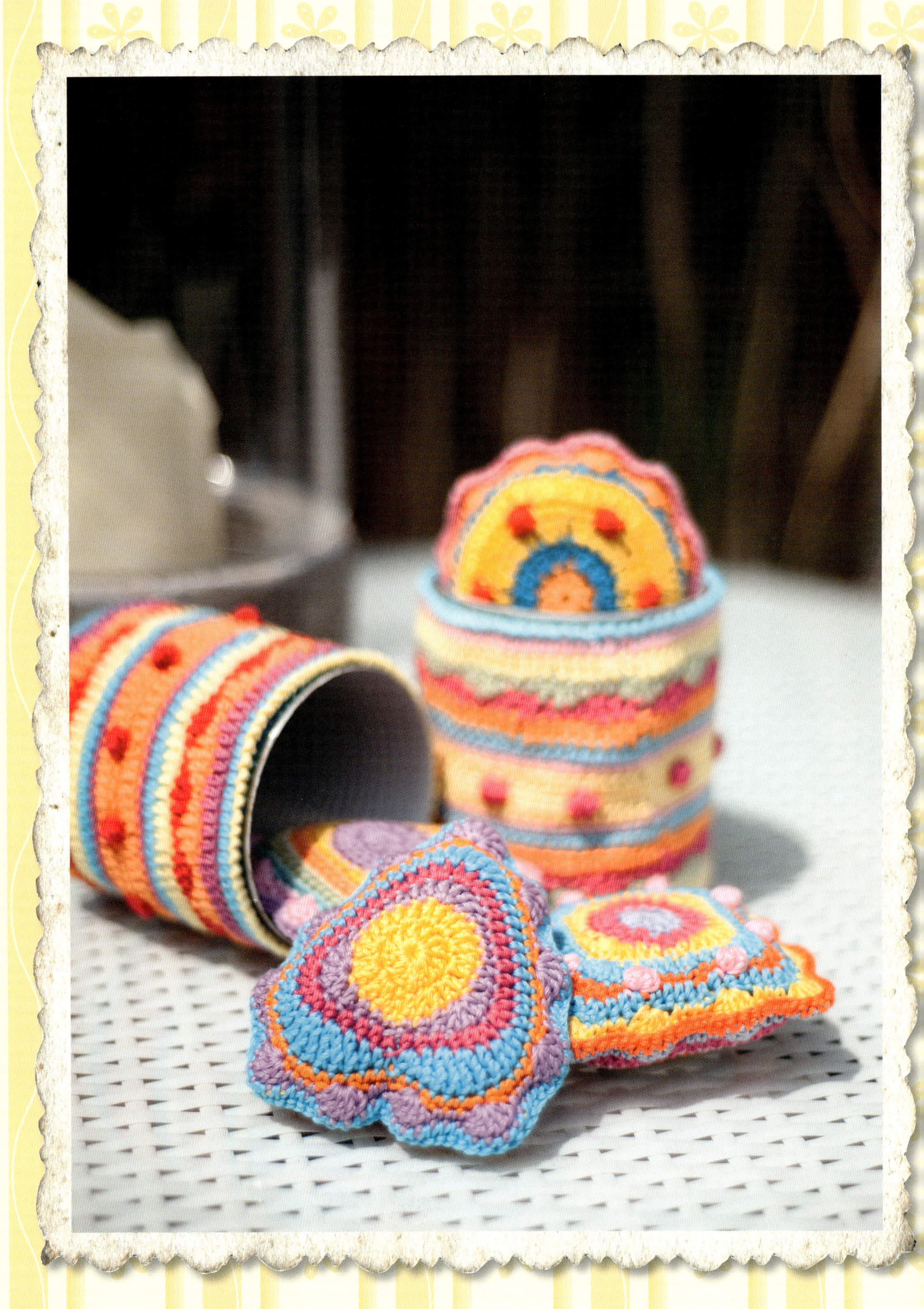

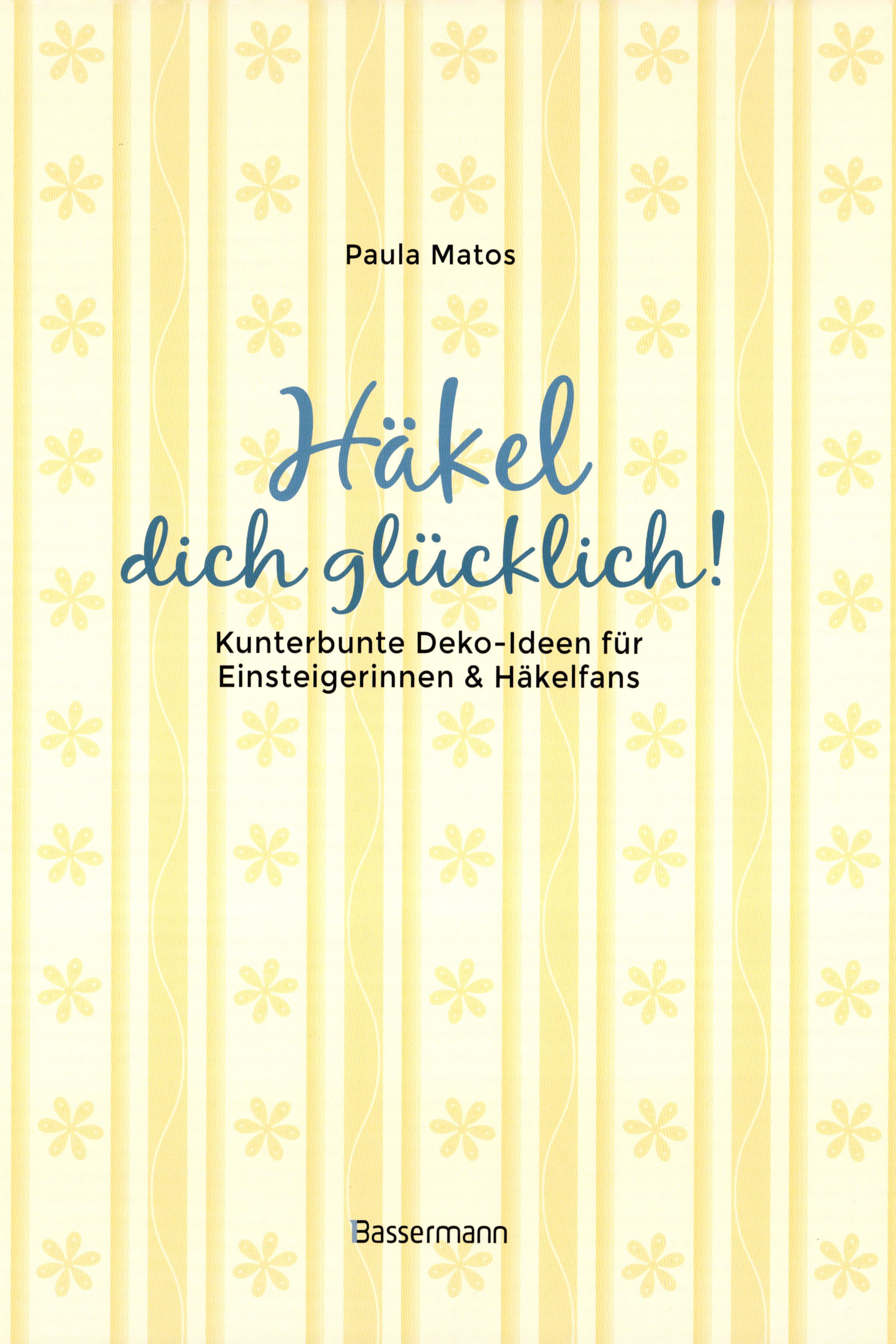

Paula Matos

Häkel dich glücklich!

Kunterbunte Deko-Ideen für Einsteigerinnen & Häkelfans

Bassermann

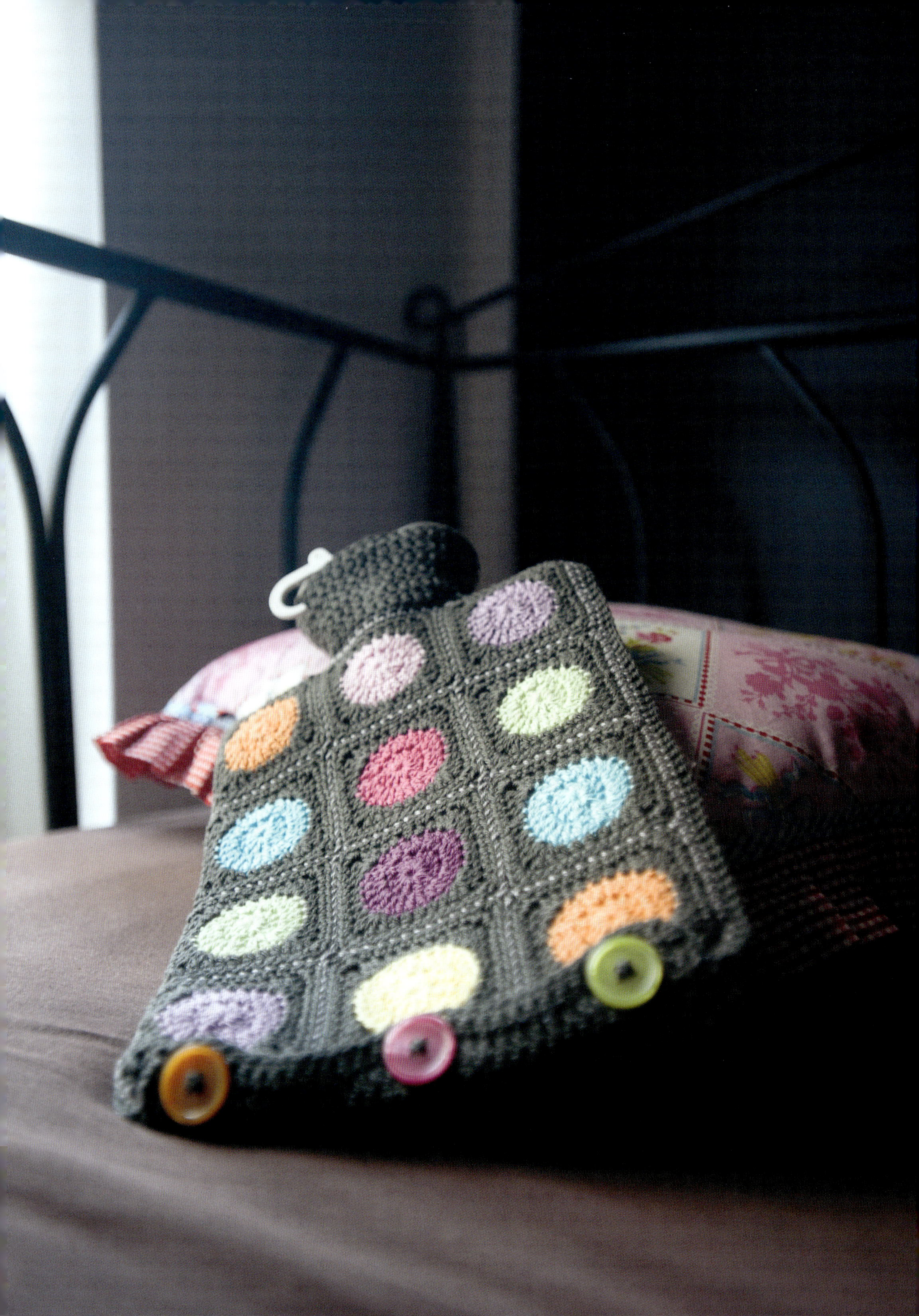

Inhaltsverzeichnis

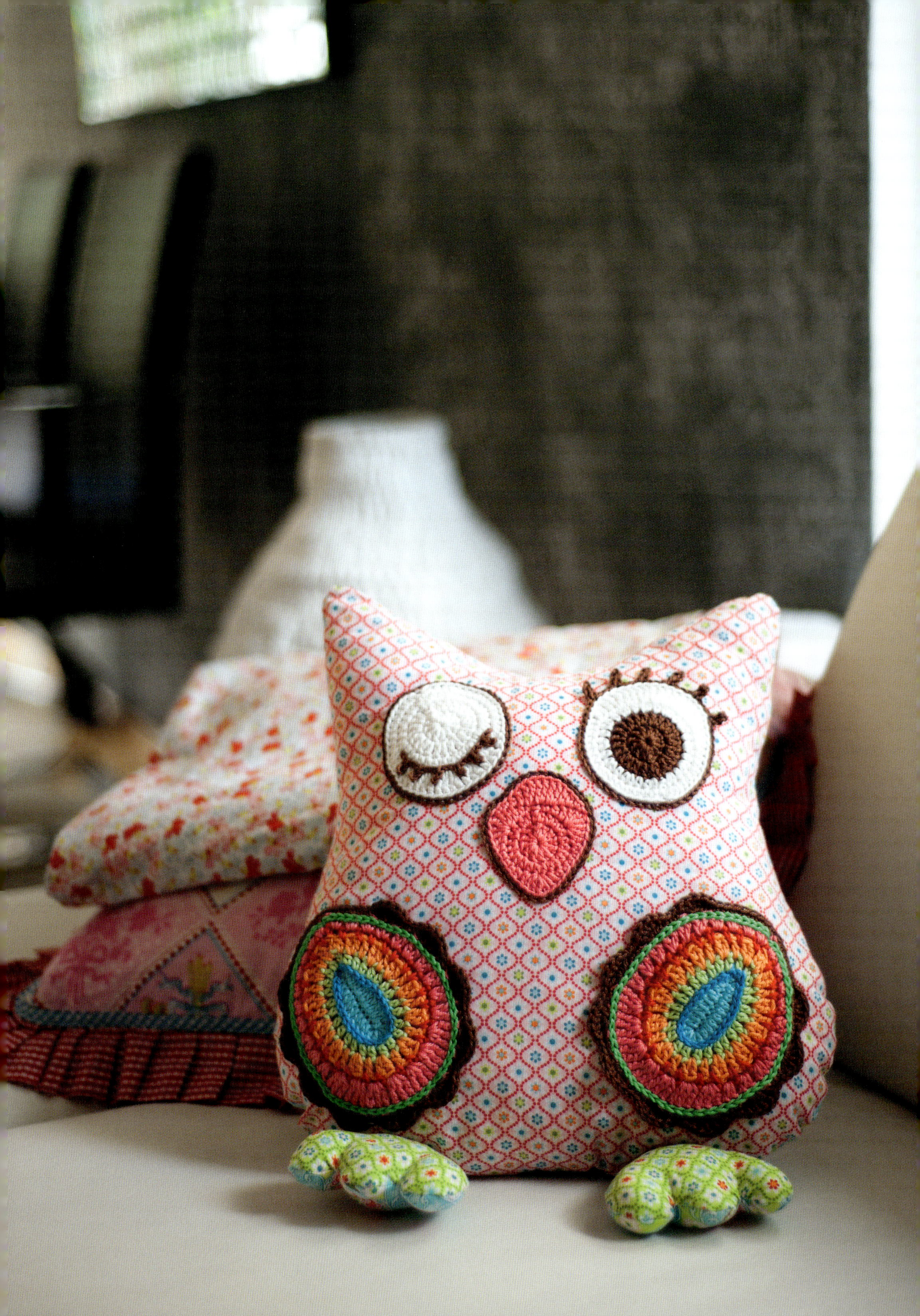

Vorwort

Häkeln lernte ich bereits im Alter von acht Jahren, kurz darauf dann auch das Stricken. Das meiste brachte mir geduldig meine Mutter bei, und ich nahm alles wissbegierig auf. Inzwischen sind einige Jahre ins Land gezogen, aber meine Leidenschaft für alles, was mit Wolle und Nadeln zu tun hat, habe ich nie verloren. Sie trat nur zugunsten anderer Interessen für ein paar Jahre in den Hintergrund.

Als meine erste Tochter auf die Welt kam, begann ich wieder zu häkeln. Erst waren es bunte Babymützen, bald darauf folgten dann Kuscheltiere und Püppchen, mit denen zwar meine Tochter begeistert spielte, die für mich jedoch schon bald keine Herausforderung mehr darstellten. Als ich im Internet zufällig über eine Häkelanleitung für ein buntes Kissen stolperte, bekam meine kreative Ader neue Impulse. Seitdem entwerfe ich eigene Designs, die meine Begeisterung für bunte Garne und schöne Stoffe, aber auch meine Liebe zum Detail zum Ausdruck bringen.

So lasse ich seit fast zehn Jahren unter dem Label „Elealinda-Design" andere an meiner Passion teilhaben und hoffe, sie mit meiner kreativen Arbeit für das Häkeln und Nähen neu oder wieder zu begeistern – sei es durch meinen Kreativ-Blog oder durch meinen Online-Shop, in dem meine Häkelanleitungen als PDF-Dateien zum Herunterladen erworben werden können, oder auch durch meine Facebook-Seite, wo ich gerne auch mal Fragen zu den Themen Häkeln, Wolle und Handarbeitstechniken beantworte. Bei all dem verfolge ich stets ein großes Anliegen: dass meine Anleitungen auch Anfänger verstehen und nacharbeiten können. Denn allzu oft ist es mir selbst passiert, dass ich unbebilderte und nur durch Abkürzungen erklärte Anleitungen frustriert beiseitegelegt und enttäuscht aufgegeben habe.

In diesem Buch habe ich eine Auswahl meiner beliebtesten Projekte für Sie zusammengestellt. Dabei führe ich Sie Schritt für Schritt mit Detailaufnahmen für jeden wichtigen Arbeitsschritt und mit hilfreichen Tipps von der ersten Masche bis zum fertigen Ergebnis. Der Schwierigkeitsgrad steigert sich ein wenig von Projekt zu Projekt, aber dennoch sind alle Modelle auch von Anfängern zu bewältigen. Maschenproben werden Sie, da überflüssig, in meinem Buch allerdings genauso wenig finden wie eine Angabe zu den verwendeten Farben. Hier überlasse ich Ihnen bewusst die Wahl nach Ihren ganz persönlichen Vorlieben.

Zum Nachschlagen gibt es die wichtigsten Häkel-Grundlagen und weitere Tipps und Tricks rund ums Häkeln am Ende des Buches.

Nun wünsche ich Ihnen viel Freude beim Nacharbeiten!

Ihre

Paula Matos

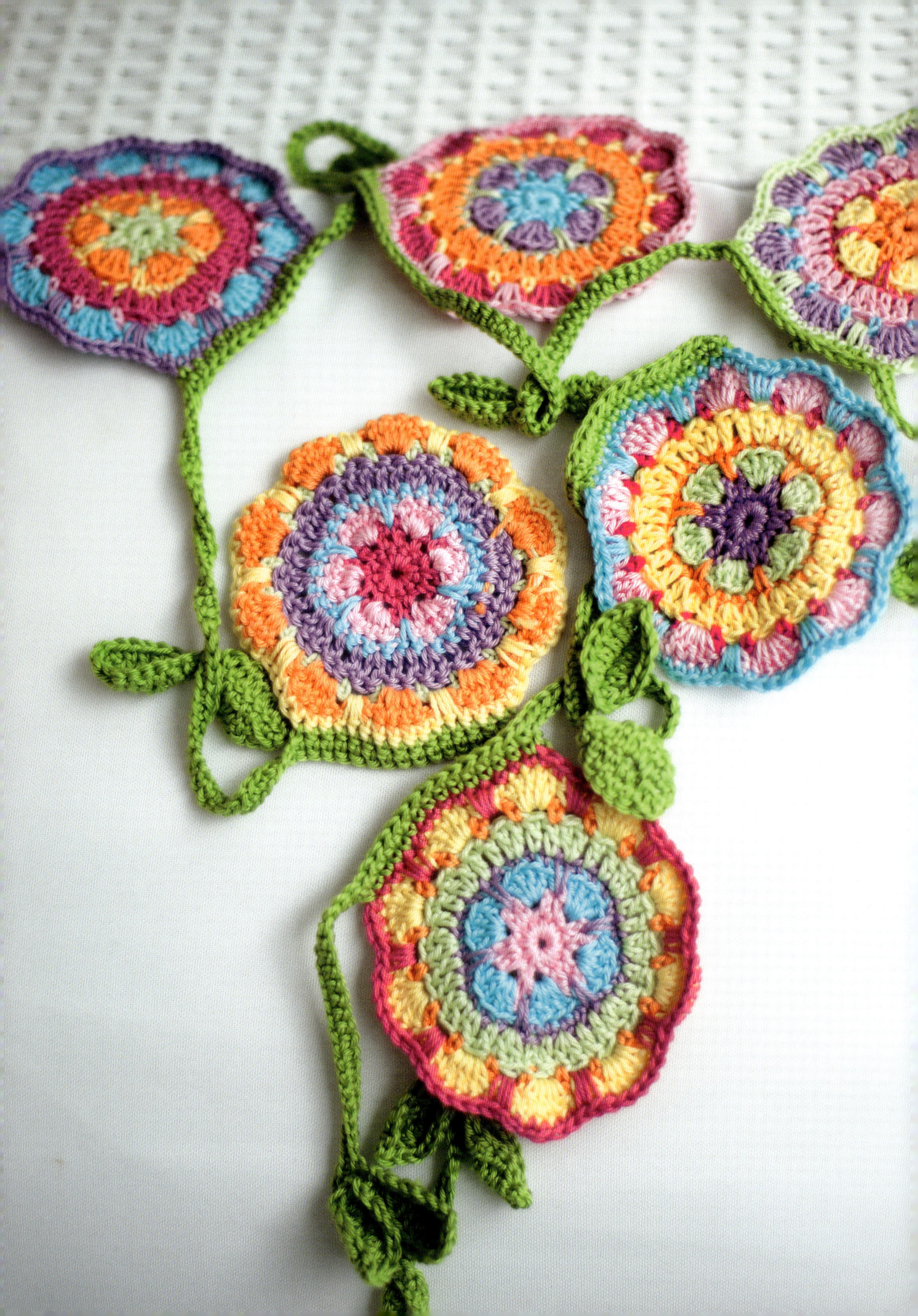

Blumengirlande

Diese dekorativen Blumengirlanden sind wie eine Wimpelkette konzipiert: Die Blumen und optionalen Blattpaare werden an einer beliebig langen Luftmaschenkette aufgereiht.

Verschönern Sie damit die Zimmer Ihrer Kinder, den Wohnraum, das Wohnmobil oder den Pavillon im Garten! Schöne Deko kann man schließlich immer gebrauchen …

Ganz wichtig

Gehäkelt wird in Runden, es wird also nicht gewendet. **Jede Runde** beginnt als Ersatz für die erste Masche mit Luftmaschen, d. h. 1 Lm für 1 fM, 2 Lm für 1 hStb, 3 Lm für 1 Stb, 4 Lm für 1 DStb, und endet mit einer Kettmasche in die oberste der Anfangsluftmaschen.

Benötigtes Material

- Baumwollgarn oder -reste in möglichst verschiedenen Farben für die Blumen, Grüntöne für die Blattpaare und Kette, Catania von Schachenmayr oder Cotton Quick von Gründl
- Häkelnadel Nr. 2,5 oder 3

Los geht's

Blumen für die Girlande

4 Lm anschlagen und mit 1 Km in die 1. Lm zum Ring schließen.

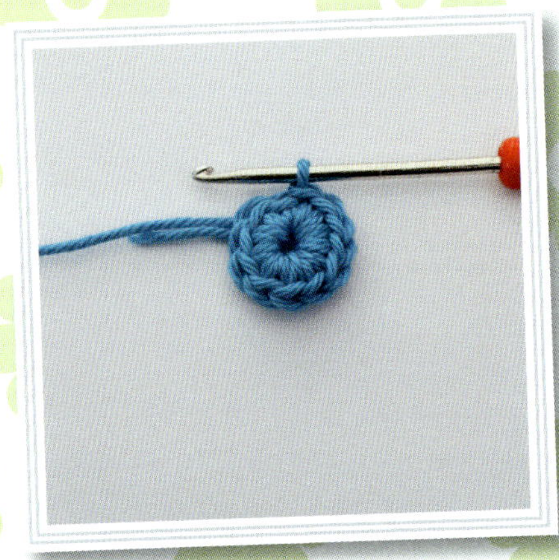

1. Runde: 1 Lm (= 1. fM), 11 fM in den Ring häkeln, 1 Km (= 12 M).

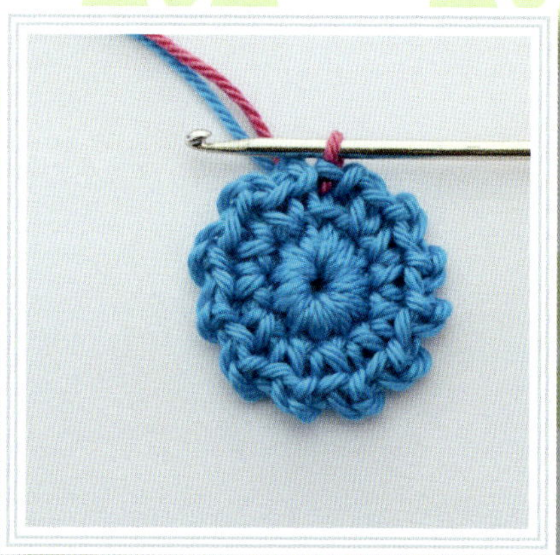

2. Runde: 1 fM und 2 Lm im Wechsel. Beginnen Sie mit 1 Lm (= 1. fM), dann 2 Lm, * 1 fM, 2 Lm. Ab * fortlaufend wiederholen. Mit 1 Km die Runde beenden (= 12 Lm-Bögen).

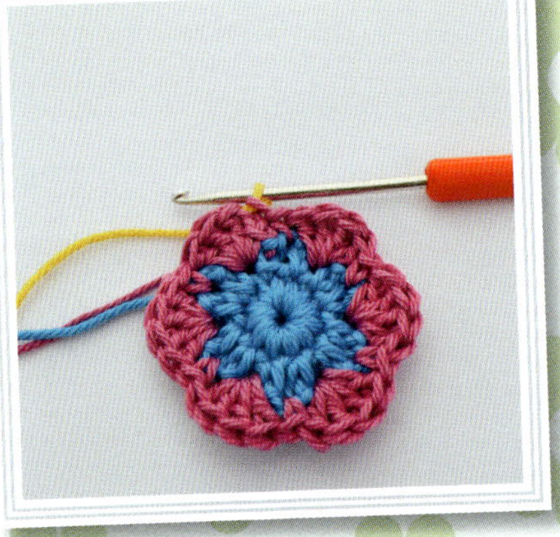

3. Runde: Beginnen Sie mit 1 fM in den ersten Lm-Bogen + 2 Lm (= 1. Stb), dann 3 Stb in denselben Lm-Bogen. * In den nächsten Lm-Bogen 1 fM häkeln, in den folgenden Lm-Bogen 4 Stb häkeln. Ab * bis zum Rundenende wiederholen. Mit 1 Km die Runde schließen.
Es ergibt sich ein Blümchen mit 6 Blütenblättern.

Tipp

Ein schönerer Übergang beim Wechsel der Farben ergibt sich, wenn Sie bei der Kettmasche am Ende der Runde bereits den neuen Faden durchholen.

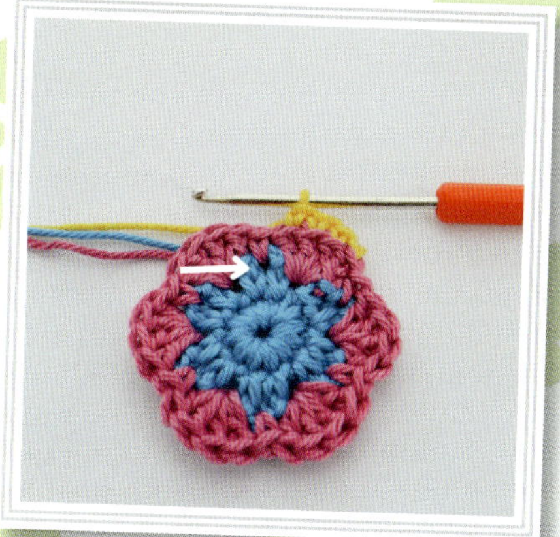

4. Runde: 1 Lm (= 1. fM), dann fortlaufend fM, dabei aber nur ins hintere Maschenglied einstechen! Außerdem über den fM der Vorrunde im Lm-Bogen der 2. Runde einstechen (siehe weißer Pfeil).

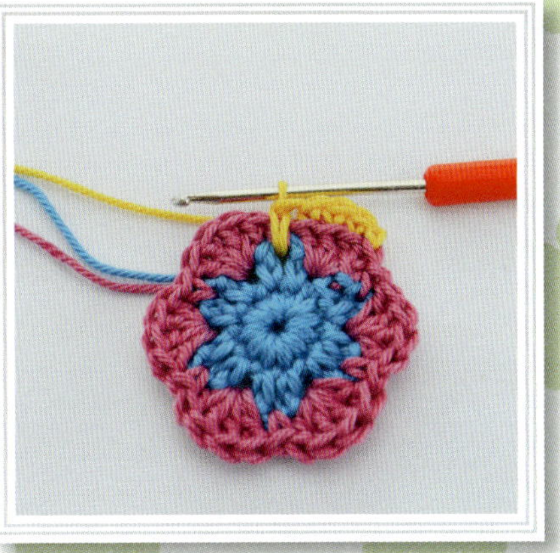

Die tief eingestochenen festen Maschen sollten so aussehen …

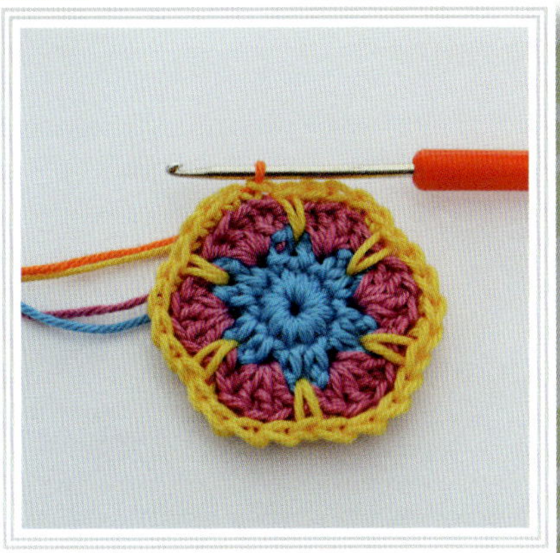

… und so sieht die Runde dann fertig aus. Nach der letzten fM wird die Runde wieder mit 1 Km beendet (= 30 M).

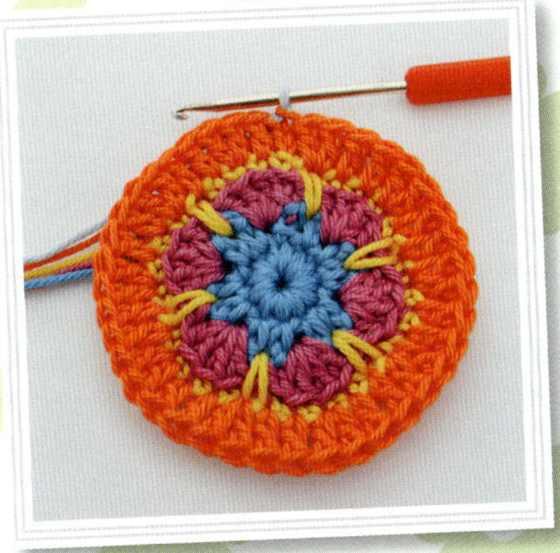

5. Runde: Stb, dabei jede 3. M verdoppeln, d. h. in jede 3. M 2 Stb häkeln (= 40 M).

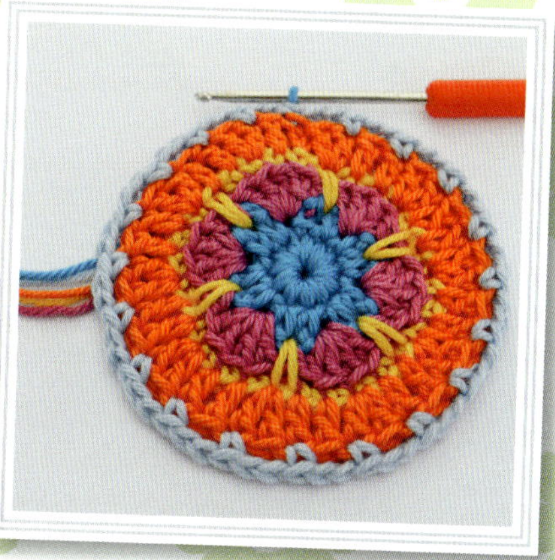

6. Runde: 1 fM und 2 Lm im Wechsel. Beginnen Sie mit 1 Lm (= 1. fM), 2 Lm, 1 M überspringen, * 1 fM, 2 Lm, 1 M überspringen. Ab * fortlaufend wiederholen. Mit 1 Km die Runde schließen. Zur Kontrolle: Bei dieser Runde arbeiten Sie 20 fM (inklusive der Lm am Rundenbeginn).

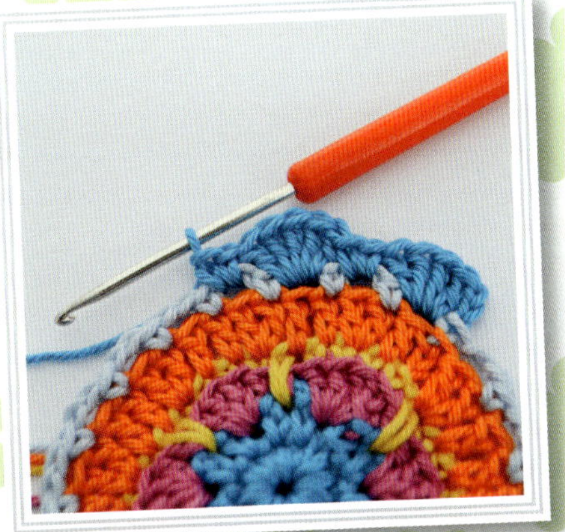

7. Runde: In die Lm-Bögen immer abwechselnd 5 Stb und 2 fM häkeln. Beginnen Sie mit 3 Lm (= 1. Stb), dann 4 Stb in den ersten Lm-Bogen, in den nächsten Lm-Bogen 2 fM, * in den folgenden Lm-Bogen 5 Stb, dann wieder 2 fM. Von * bis zum Rundenende fortlaufend wiederholen. Mit 1 Km die Runde schließen.

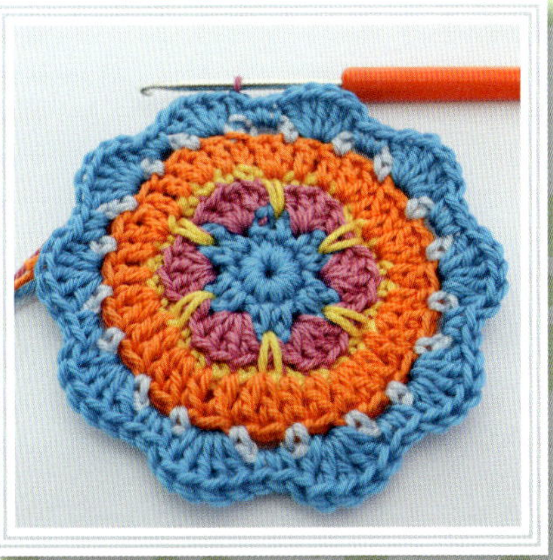

So sieht die Blüte nach der 7. Runde aus.

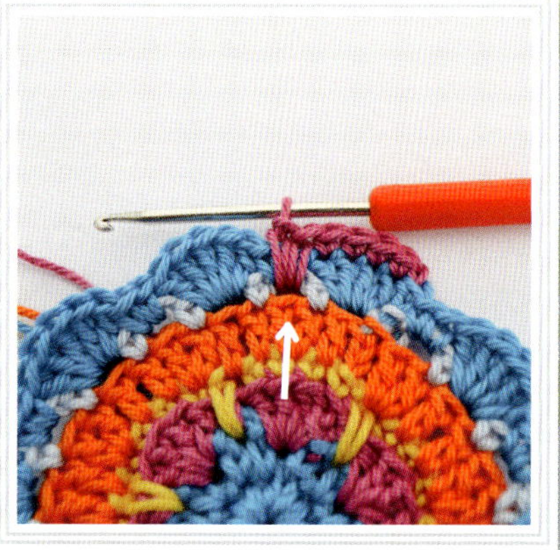

8. Runde: fM, dabei genau über den beiden fM der Vorrunde in den Lm-Bogen der 6. Runde einstechen (siehe Pfeil)!

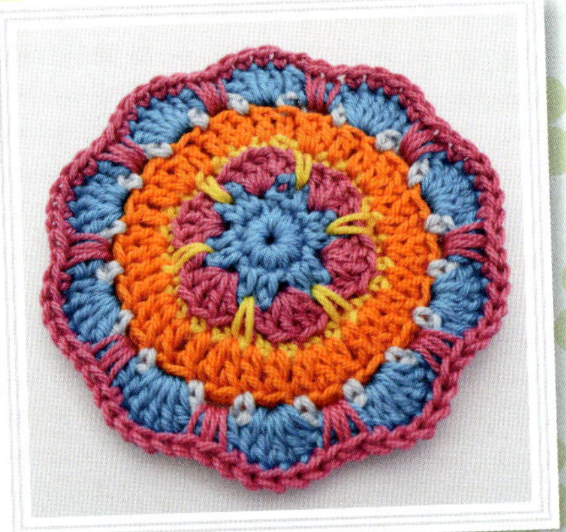

Damit ist die erste Blume für die Girlande fertig. Fäden abschneiden und vernähen. Auf die gleiche Weise so viele Blumen häkeln, wie Sie an die Girlande anhängen möchten.

Blattpaare für die Girlande

Die Blattpaare sind optional und können am Anfang und Ende und zwischen den einzelnen Blumen an die Girlande angehängt werden.

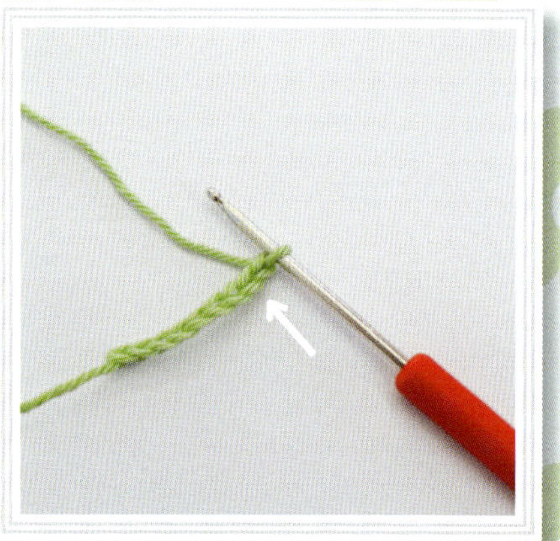

9 Lm anschlagen.

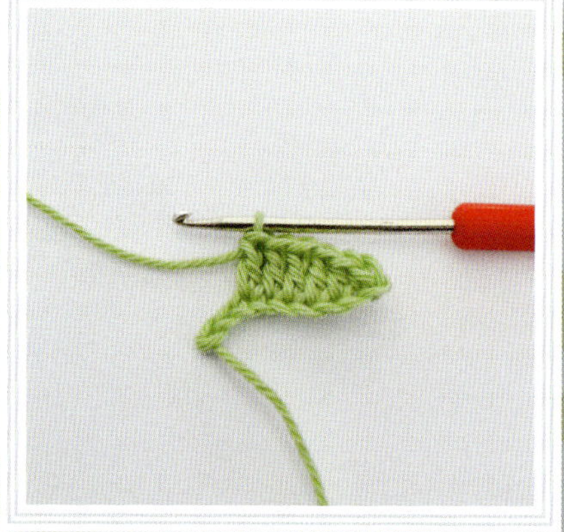

In die 2. M ab Nadel (siehe Pfeil im Bild links) 1 fM. In die folgenden Maschen 1 hStb, 4 Stb,

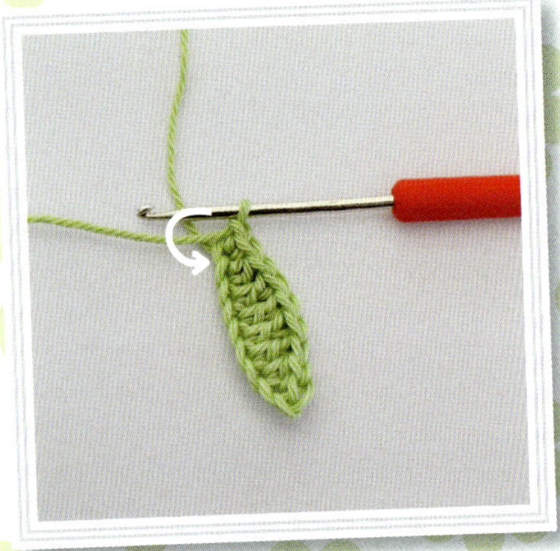

1 hStb, 1 fM, 1 Lm.
Nun auf der Unterseite weiterhäkeln. Der weiße Pfeil zeigt auf die erste Einstichstelle.

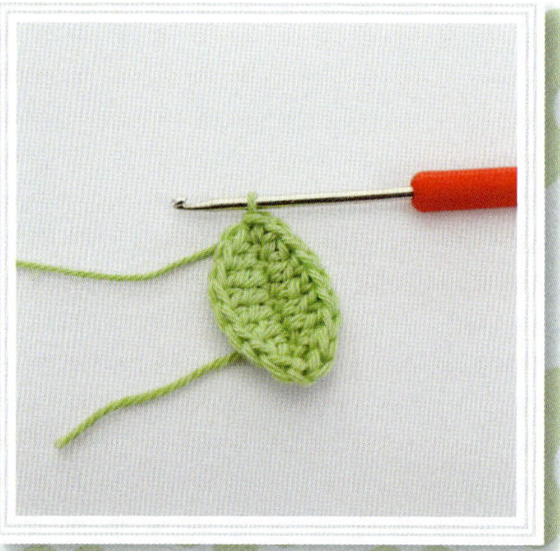

1 fM, 1 hStb, 4 Stb, 1 hStb, 1 fM, 1 Km.

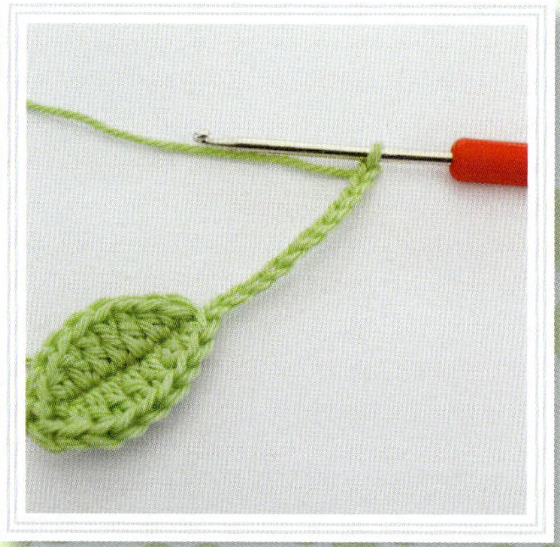

Direkt im Anschluss an das fertige erste Blatt 11 Lm häkeln.

Dann genau wie für das 1. Blatt in die 2. Lm ab Nadel 1 fM, danach 1 hStb, 4 Stb, 1 hStb, 1 fM, 1 Lm.

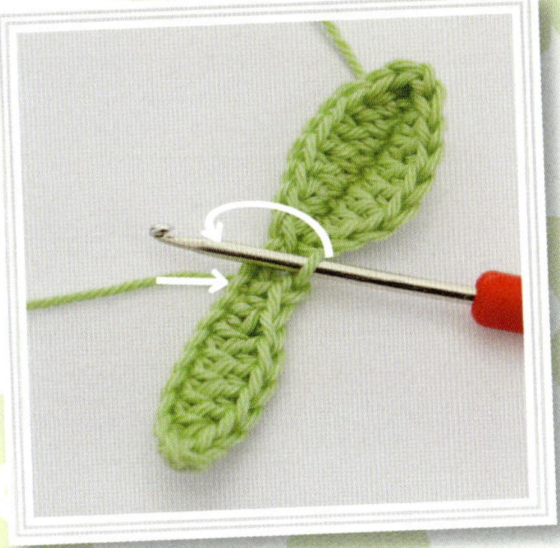

1 fM, 1 hStb, 4 Stb,

1 hStb, 1 fM, 1 Km. Fertig ist das Blattpaar!

Der Faden liegt jetzt unter den beiden Blättern. Die Blätter über dem Faden drehen und auf der unteren Seite des angefangenen Blattes weiterhäkeln. Der weiße Pfeil im Bild zeigt wieder die Einstichstelle.

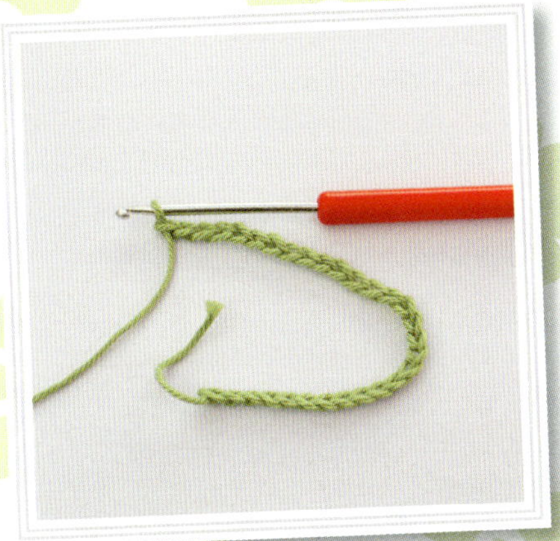

Um die Girlande zusammenzufügen, zunächst 30 LM anschlagen.

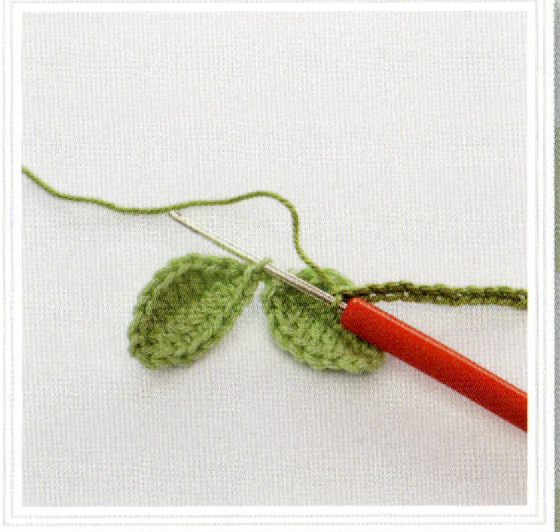

An der Lm zwischen den beiden Blättern das Blattpaar mittels 1 fM an die Lm-Kette anhängen.

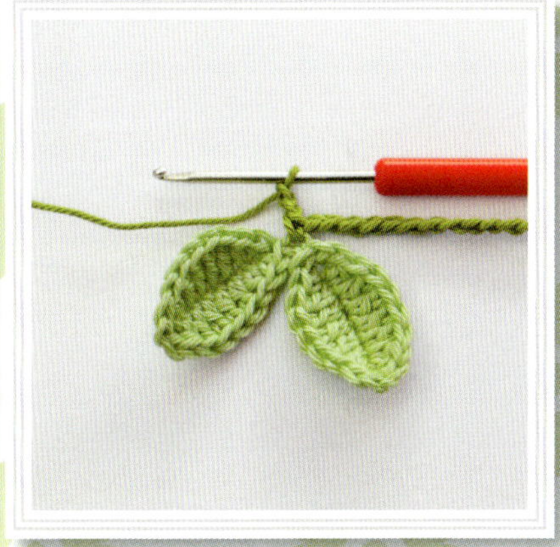

Mit Luftmaschen weiterhäkeln. Ich habe stets 20 M zwischen Blattpaar und Blumen gehäkelt. Die Abstände können Sie aber beliebig variieren.

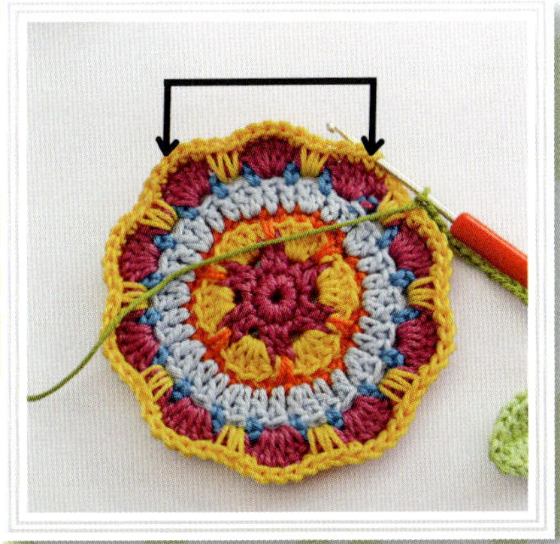

Jetzt wird auf die gleiche Weise wie das Blattpaar eine Blume mittels fester Maschen mit der Luftmaschenkette verbunden. Hierzu einfach 15 fM über dem im Bild schwarz markierten Bereich häkeln.

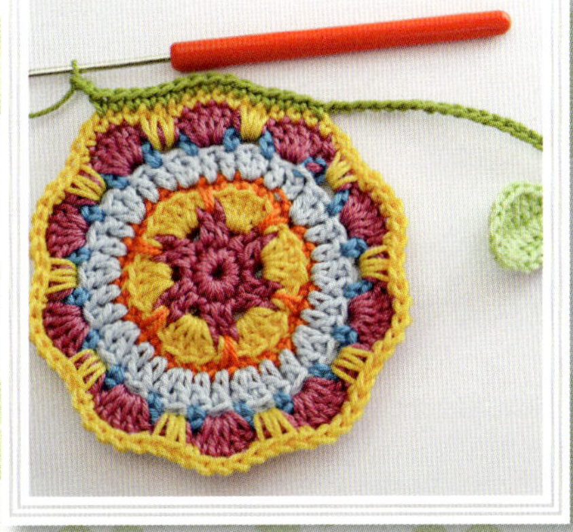

Das sieht dann so aus! Anschließend wieder 20 Lm häkeln, Blattpaar anhäkeln, 20 Lm, Blume anhäkeln. Auf diese Weise fortfahren, bis alle Blumen und Blattpaare verbraucht sind.

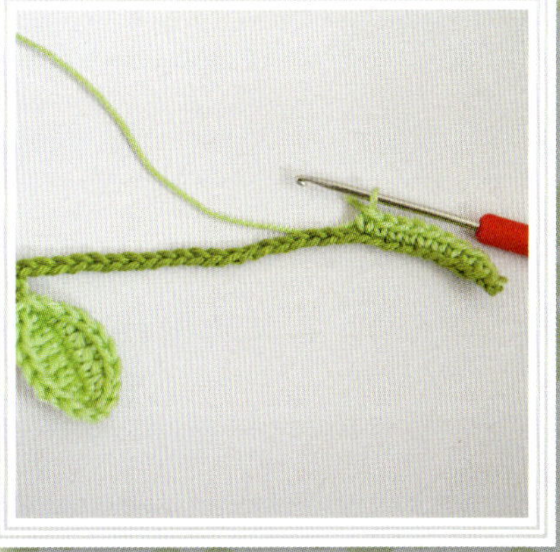

Am Ende der Girlande etwa 30 Lm als Abschluss häkeln. Faden abschneiden. Auf diese Luftmaschenkette abschließend mit neuem Faden zur Stabilisierung noch eine Reihe feste Maschen häkeln.

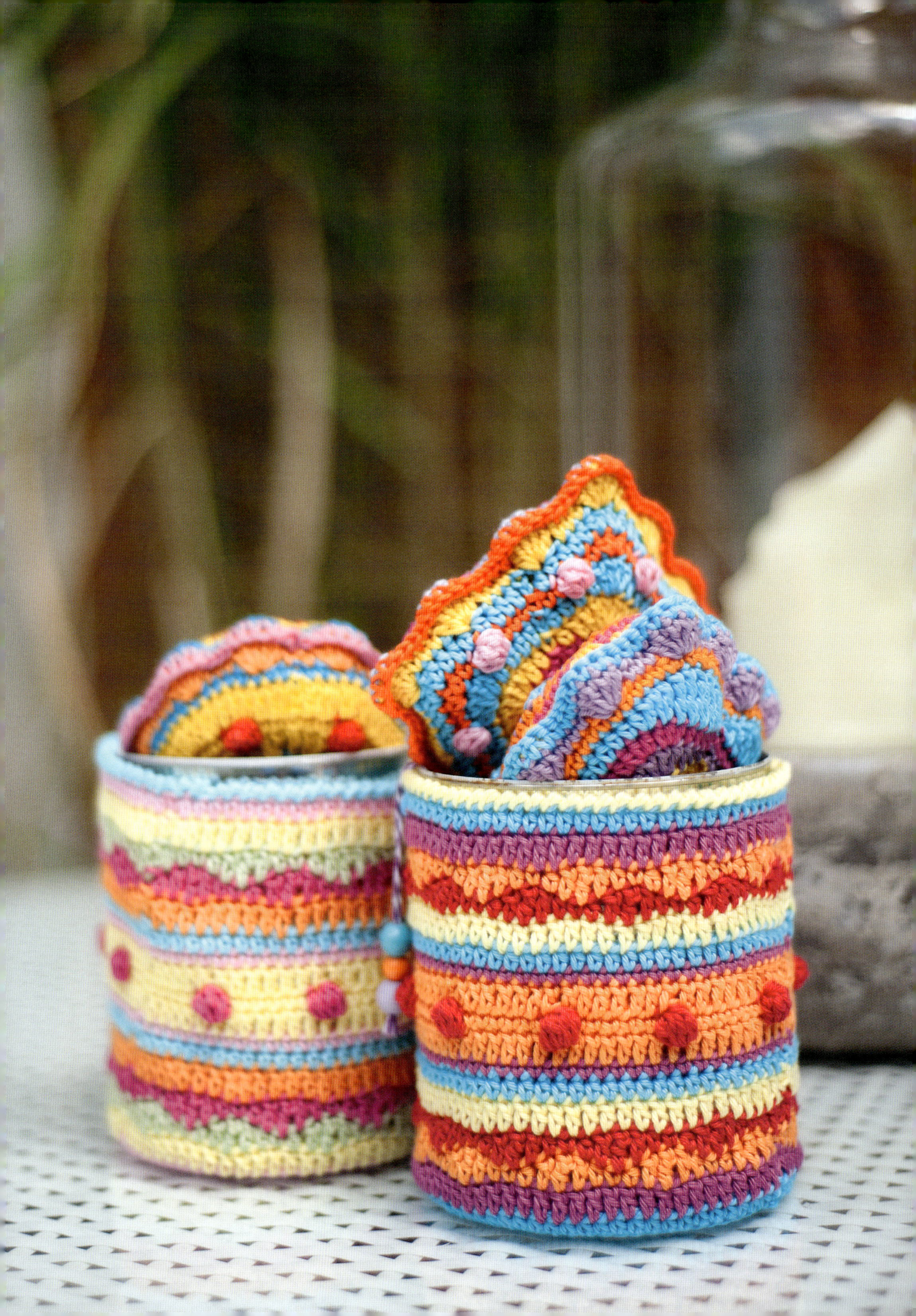

Dosenkleider

Konservendosen sind doch viel zu schade zum Wegwerfen ... Einmal ab damit in die Spülmaschine und schon hat man perfekte Aufbewahrungsdosen. Damit sie nicht so langweilig und blechern dastehen, zaubern Sie ihnen rasch ein buntes Gewand auf den Leib!

Sie eignen sich wunderbar zum Verwahren von Stiften, Bändern, Borten, Knöpfen und Perlen. Aber auch als Blumenübertopf, als Geschenkverpackung oder einfach als hübsche Deko-Objekte sind sie ein echter Blickfang!

Was Sie wissen müssen

Die Häkelhülle wurde passgenau für Konservendosen mit einem Durchmesser von 10 cm und einer Höhe von 12 cm ausgearbeitet. Entscheidend für die Passgenauigkeit ist, dass Sie mit dem angegebenen Garn und der Nadelstärke 2,5 arbeiten. Zudem sollten Sie nicht zu locker häkeln, sondern eher fest, damit die Hülle schön stramm auf der Dose sitzt.

Die hier verwendeten Dosen wurden mit einem Dosenöffner geöffnet, der die Ränder stumpf und glatt macht. Sollten Sie keinen solchen Öffner besitzen, gehen Sie wie folgt vor: Kleben Sie einfach den scharfen Dosenrand mit breiterem Tesafilm oder Paketband rundherum ab. Häkeln Sie dann nach der letzten angegebenen Runde ein paar weitere (etwa 6 bis 8) Runden feste Maschen. Dadurch steht die Hülle über den Dosenrand hinaus. Diesen Überstand nach innen in die Dose umstülpen und schon sind die scharfen Dosenränder verschwunden.

Benötigtes Material

- Baumwollgarn in möglichst verschiedenen Farben, Catania von Schachenmayr oder Cotton Quick von Gründl
- Häkelnadel Nr. 2,5
- leere Konservendose: Durchmesser 10 cm, Höhe 12 cm

Ganz wichtig

Gehäkelt wird in Runden, es wird also nicht gewendet. **Jede Runde** beginnt als Ersatz für die erste Masche mit Luftmaschen, d. h. 1 Lm für 1 fM, 2 Lm für 1 hStb, 3 Lm für 1 Stb, 4 Lm für 1 DStb, und endet mit einer Kettmasche in die oberste der Anfangsluftmaschen.

Los geht's

4 Lm anschlagen und mit 1 Km in die 1. Lm zum Ring schließen.

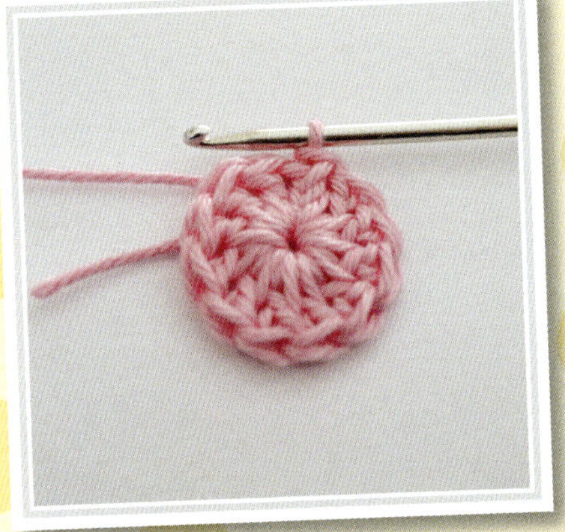

1. Runde: Beginnen Sie mit 3 Lm (= 1. Stb) und häkeln Sie 11 Stb in den Ring, 1 Km (= 12 M).

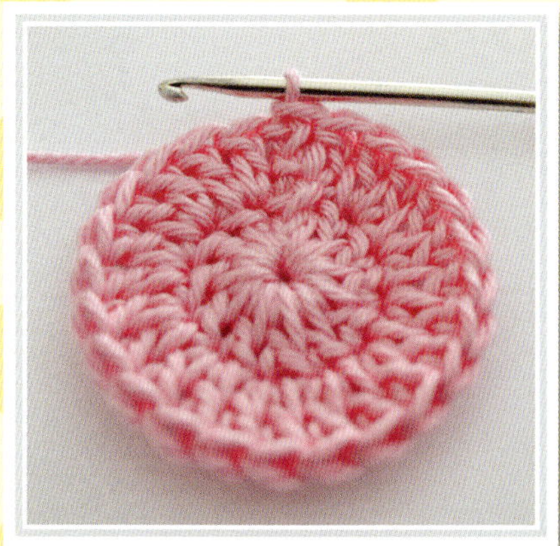

2. Runde: Stb, dabei in jede M 2 Stb häkeln (= 24 M).

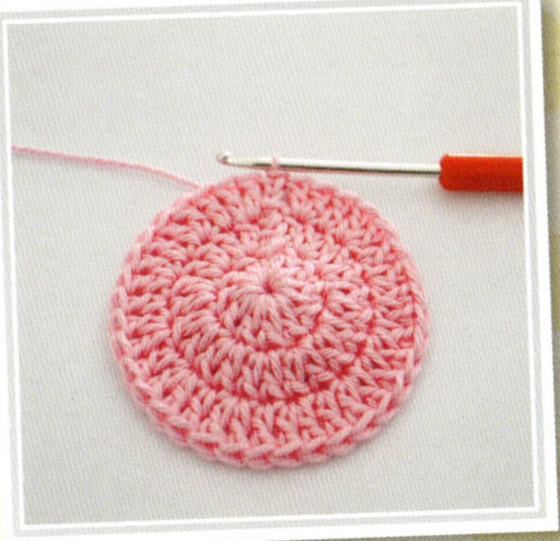

3. Runde: Stb, dabei in jede 2. M 2 Stb häkeln (= 36 M).
Hier wird nur noch jede zweite Masche verdoppelt.

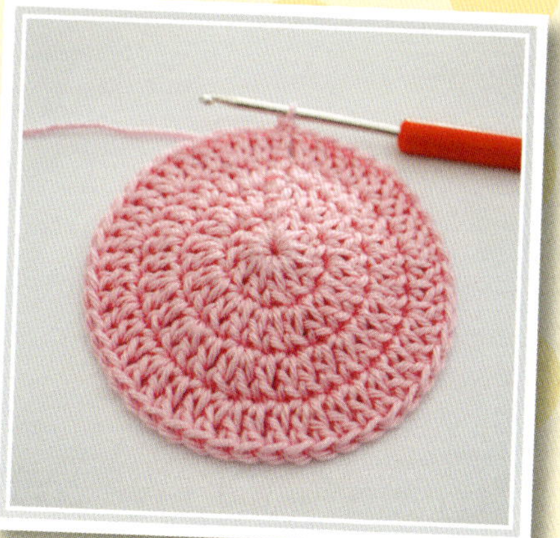

4. Runde: Stb, dabei in jede 3. M 2 Stb häkeln (= 48 M).
In dieser Runde wird nur noch jede dritte Masche verdoppelt.

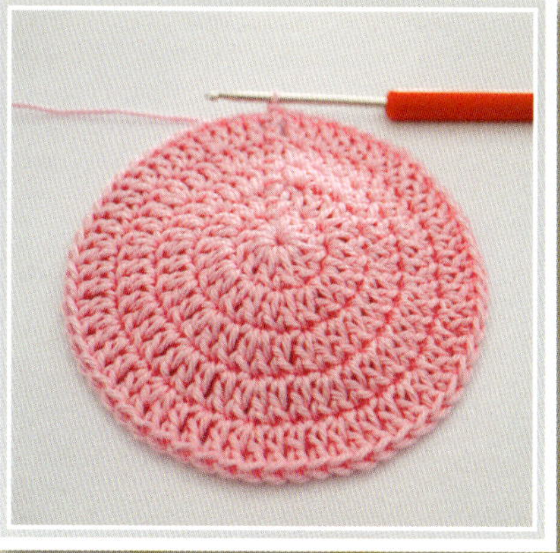

5. Runde: Stb, dabei in jede 4. M 2 Stb häkeln (= 60 M).

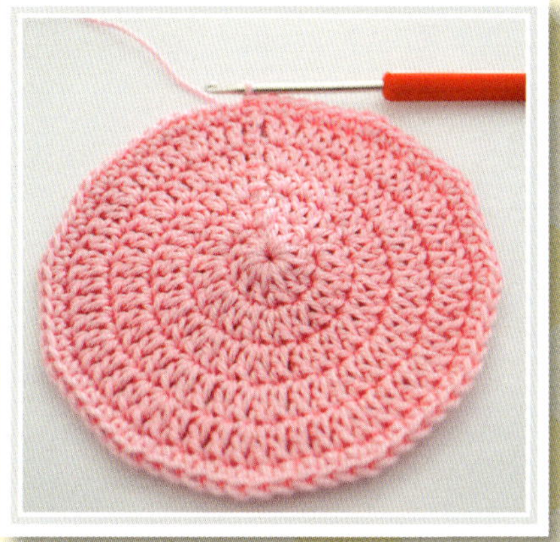

6. Runde: fM, dabei in jede 5. M 2 fM häkeln (= 72 M).

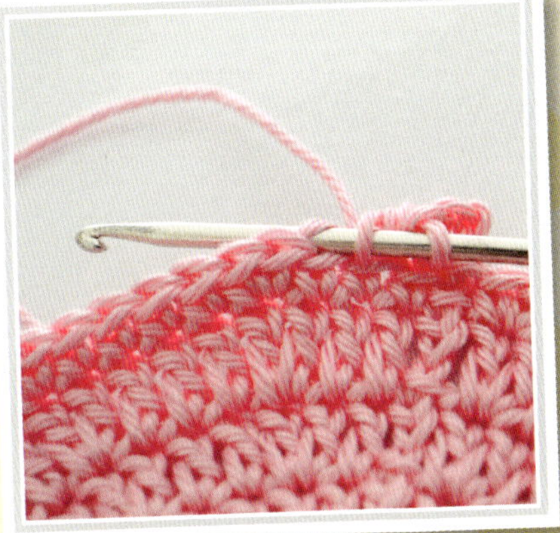

7. Runde: hStb, dabei nur ins **hintere** Maschenglied einstechen. In dieser und allen weiteren Runden gibt es keine Zunahmen mehr! Der Boden ist nun fertig.

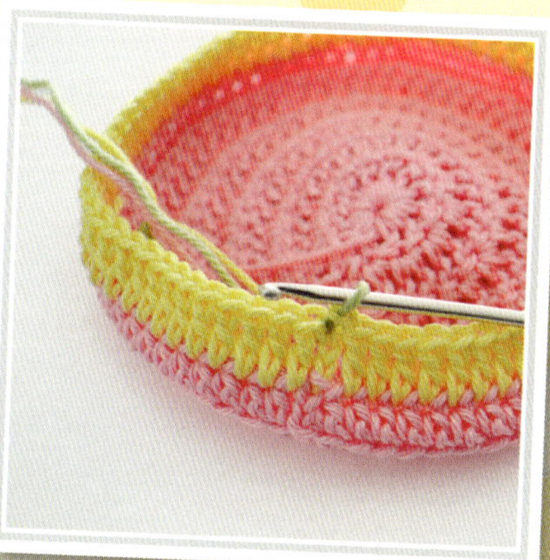

8. Runde: Stb.

Tipp

Ein schönerer Übergang beim Wechsel der Farben ergibt sich, wenn Sie bei der Kettmasche am Ende der Runde bereits den neuen Faden durchholen.

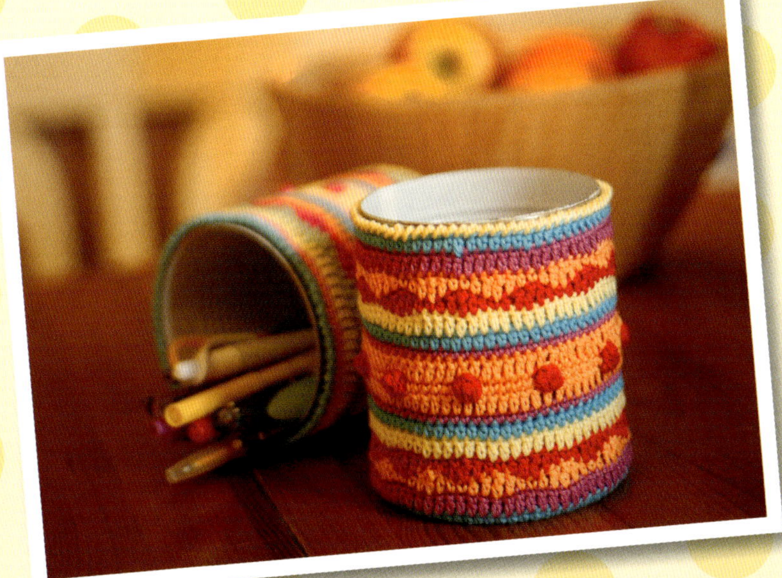

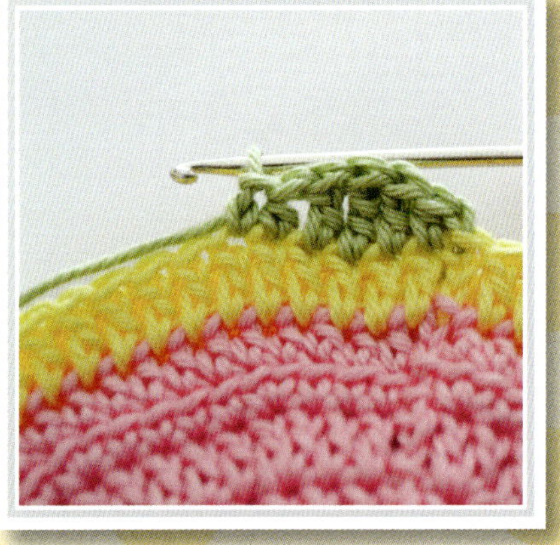

Die 9. und 10. Runde werden im Wellenmuster gehäkelt, d.h. in diesen beiden Runden werden die Maschen gegengleich gearbeitet. Damit das Muster zur Geltung kommt, sollten Sie Runde 9 und 10 unbedingt in zwei verschiedenen Farben häkeln!

9. Runde: Beginnen Sie mit 1 Lm (= 1. fM), dann * 1 hStb, 1 Stb, 1 DStb, 1 Stb, 1 hStb, 1 fM. Von * bis zum Rundenende wiederholen. Die letzte Wiederholung endet mit 1 hStb.

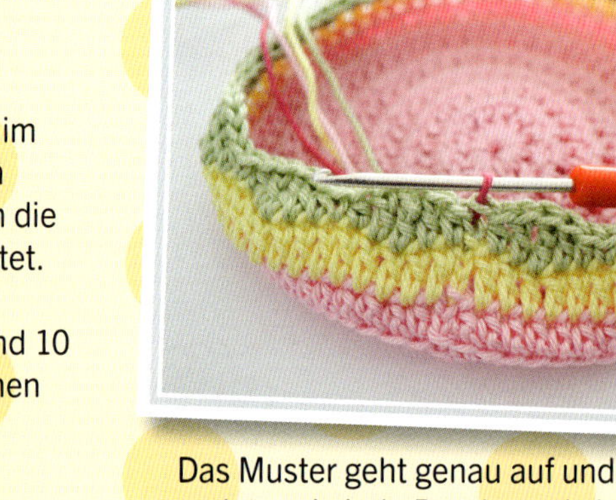

Das Muster geht genau auf und endet – wie jede Runde – mit 1 Km in die Anfangs-Lm der Runde. So sieht die erste Wellenrunde fertig aus.

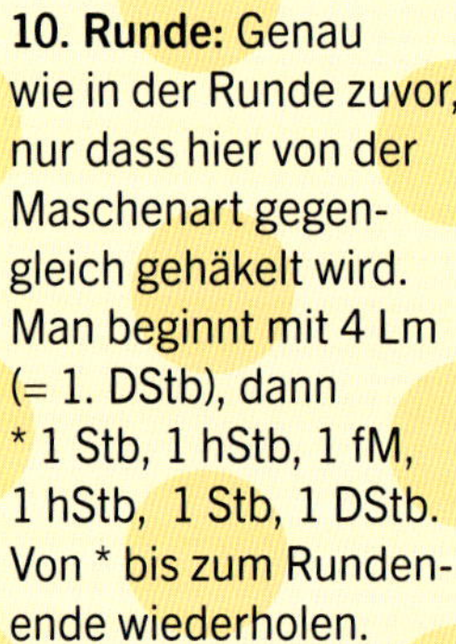

10. Runde: Genau wie in der Runde zuvor, nur dass hier von der Maschenart gegengleich gehäkelt wird. Man beginnt mit 4 Lm (= 1. DStb), dann * 1 Stb, 1 hStb, 1 fM, 1 hStb, 1 Stb, 1 DStb. Von * bis zum Rundenende wiederholen. Die letzte Wiederholung endet mit 1 Stb. Die Runde mit 1 Km beenden. Auf 1 fM der Vorrunde kommt also immer ein 1 DStb, auf 1 hStb kommt 1 Stb, auf 1 Stb kommt 1 hStb und auf 1 DStb kommt 1 fM.

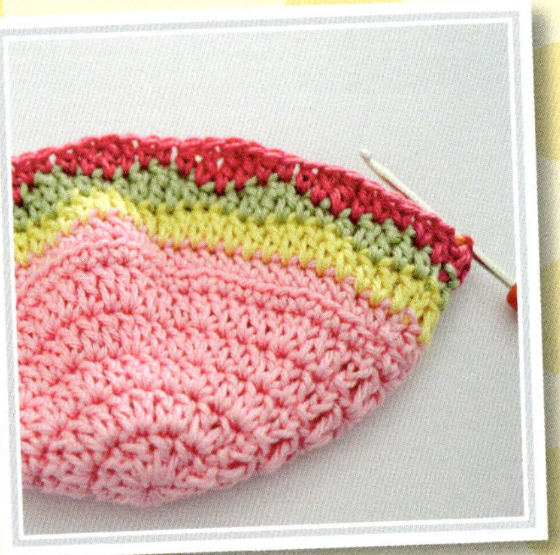

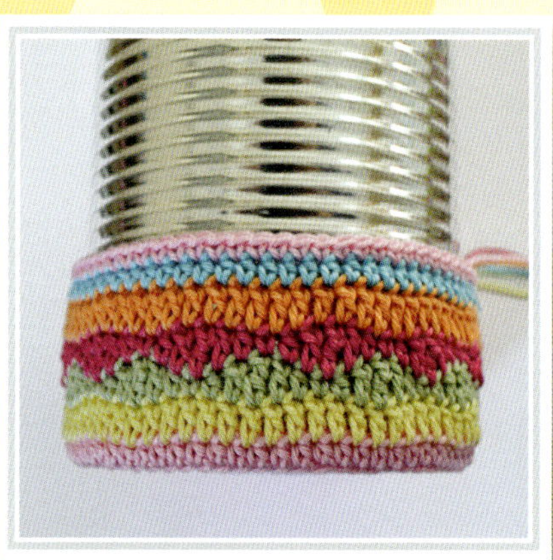

11. Runde: Stb.
12. Runde: hStb.
13. Runde: fM.

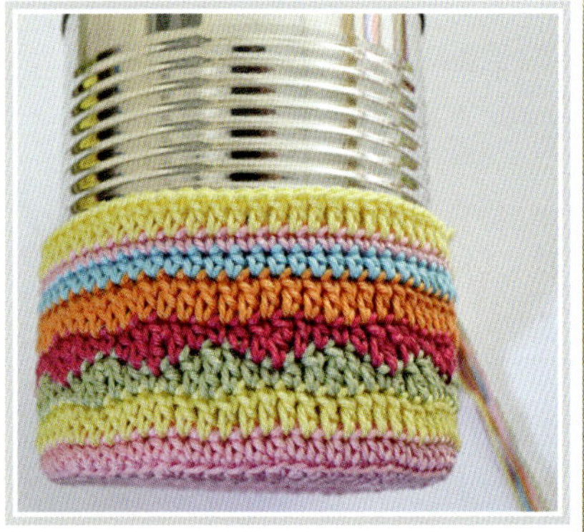

14. Runde: Stb.

Tipp

Die Runden 14 bis 16 bilden den Blickfang der Dosenhülle und sollten in derselben Farbe gehäkelt werden, damit die Noppen in Runde 15 gut zur Geltung kommen. Für die Noppen selbst sollten Sie eine kontrastierende Farbe wählen.

15. Runde: fM, dabei alle 6 M eine Noppe arbeiten, d. h. zwischen 2 Noppen befinden sich jeweils 6 fM. Mit 1 Lm (= 1. fM) beginnen, dann 2 fM. Den Arbeitsfaden hängen lassen, einen Faden in einer Kontrastfarbe anlegen und die erste Noppe häkeln.
Wie das geht, zeigen die folgenden Detailbilder.

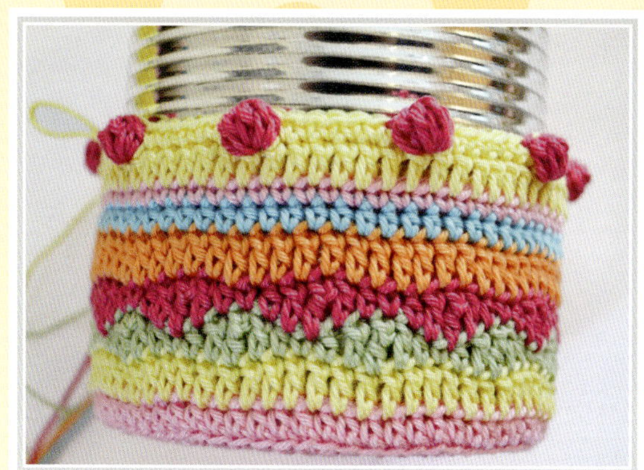

Noppen häkeln

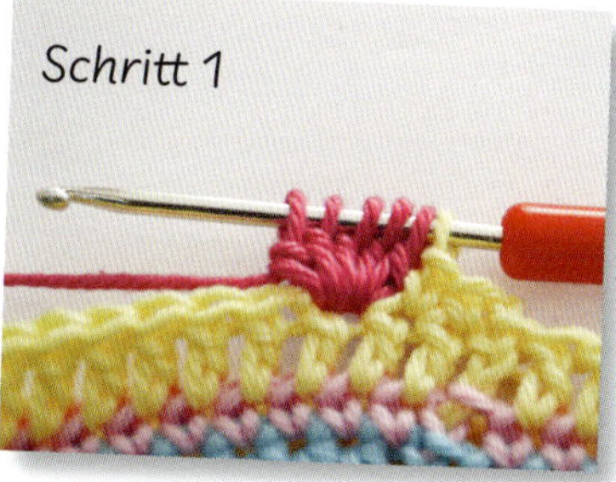

5 Stb in dieselbe Masche häkeln, aber diese jeweils nur zur Hälfte häkeln, d. h. es bleibt von jedem Stäbchen zunächst eine Schlinge auf der Nadel. Insgesamt sind dann 6 Schlingen auf der Nadel.

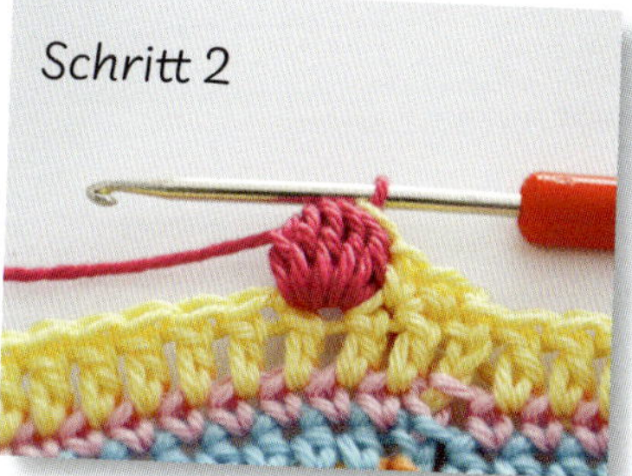

Nun den Faden durch alle Schlingen gleichzeitig durchziehen.

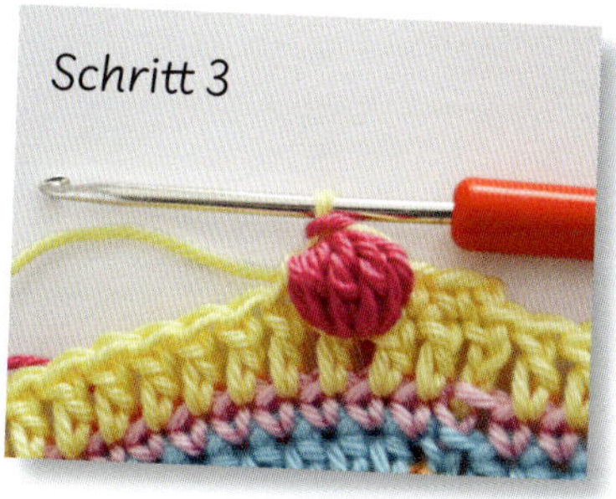

Die Stäbchen der Noppe schön nach vorne drücken und die Fäden dahinter ordentlich festziehen (Schritt 3), sodass die Maschen gleichmäßig aussehen. Unmittelbar nach der Noppe geht es in der anderen Farbe wieder mit festen Maschen weiter.

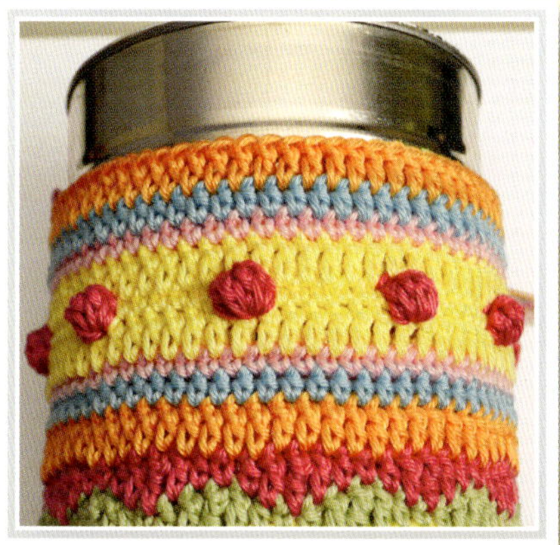

16. Runde: Stb.
17. Runde: fM.
18. Runde: hStb.
19. Runde: Stb.
Zur Kontrolle: Die Runde sollte nach wie vor aus 72 Maschen bestehen!

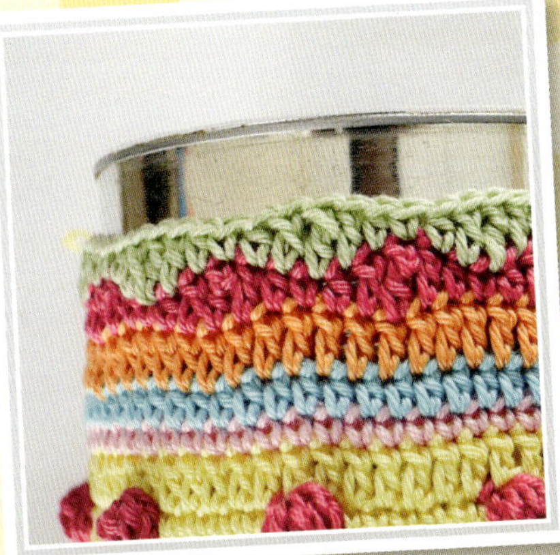

20. + 21. Runde: Wellenmuster, wie bei den Runden 9 und 10 beschrieben.

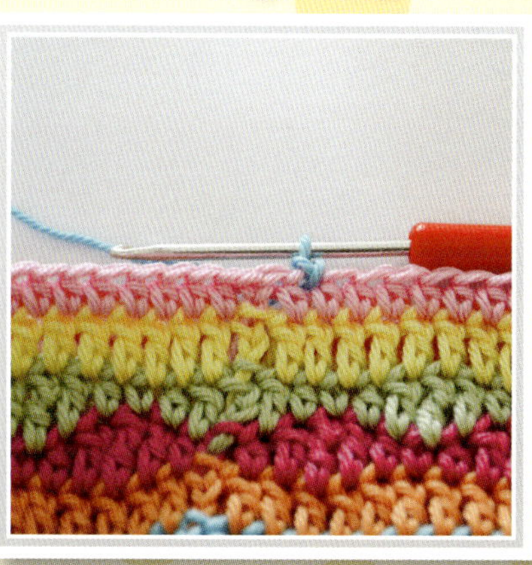

22. Runde: Stb.
23. Runde: hStb.

Als schönen Abschluss können Sie jetzt noch die Hülle mit einer Runde Krebsmaschen versehen. Krebsmaschen sind nichts anderes als feste Maschen, die aber von links nach rechts gehäkelt werden.

Wie das genau geht, zeigen die folgenden Bilder.

Krebsmaschen häkeln

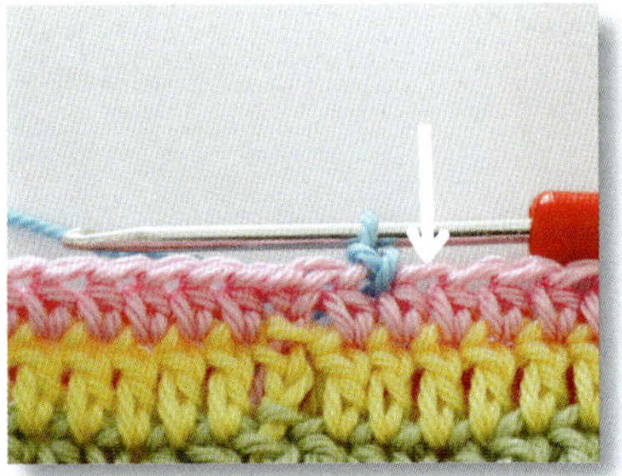

Faden neu anschlingen und 1 Lm häkeln.
Als Nächstes die Nadel in die Masche rechts von der Luftmasche einstechen (siehe Pfeil).

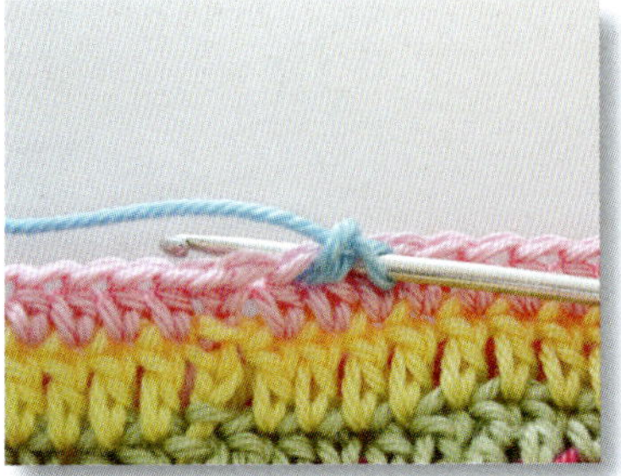

Faden holen ...

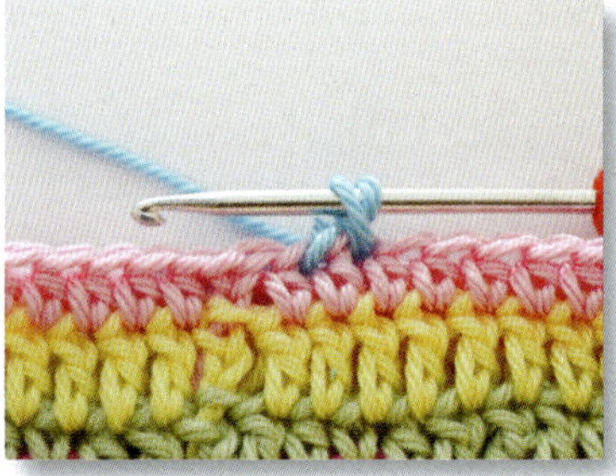

... und nach vorne durch die Masche ziehen ...

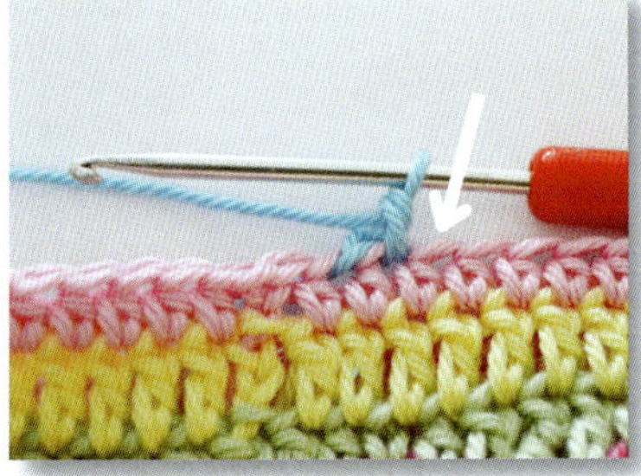

... Faden holen und durch beide Schlingen auf der Nadel ziehen. Nun wieder in die nächste Masche rechts einstechen (siehe Pfeil) ...

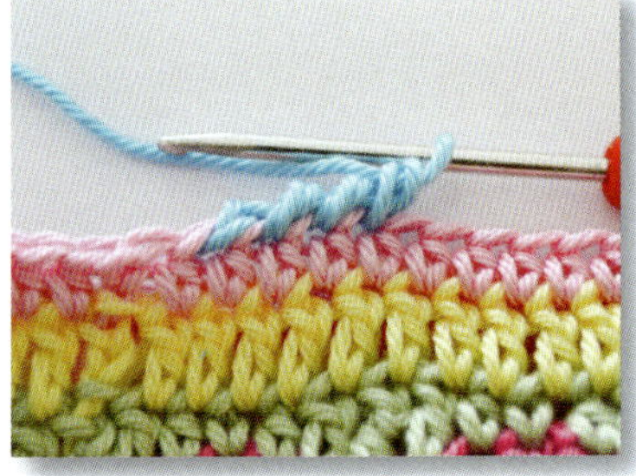

... und die gezeigten Schritte wiederholen.

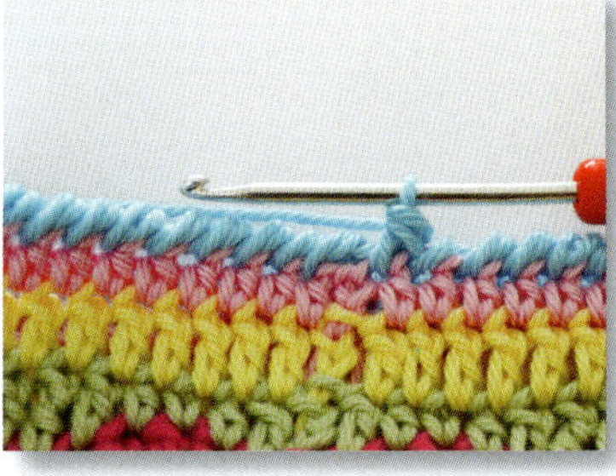

Am Ende der Runde den Faden abschneiden, nach innen ziehen und alle Fäden vernähen.

Tipp

Wer möchte, kann die Häkelhülle mithilfe von Klebstoff mit der Dose dauerhaft verbinden. Hierzu zunächst den Boden dünn mit Klebstoff bestreichen, Hülle überziehen und beschweren. Trocknen lassen. Anschließend die Hülle am oberen Rand entlang ankleben.

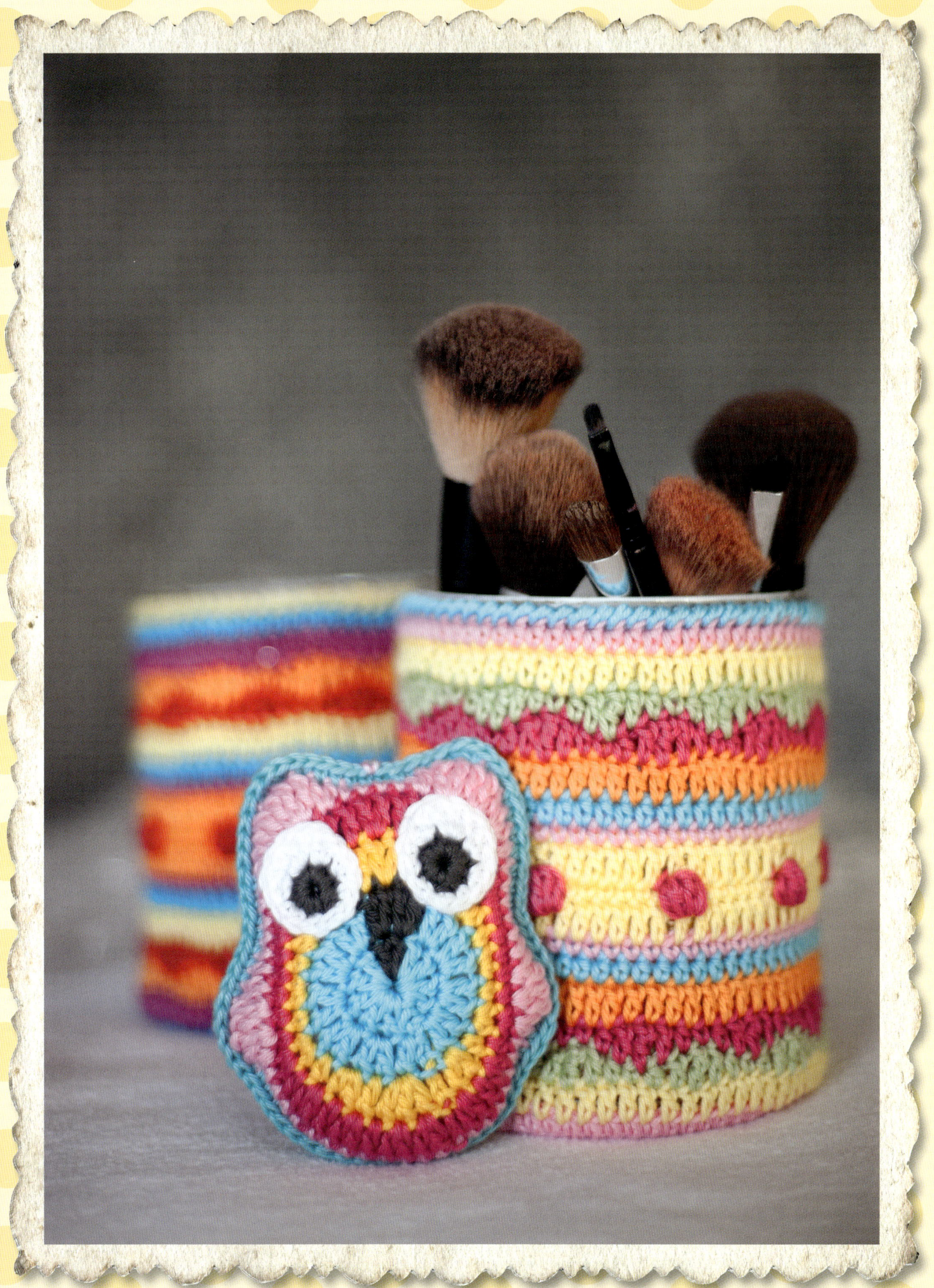

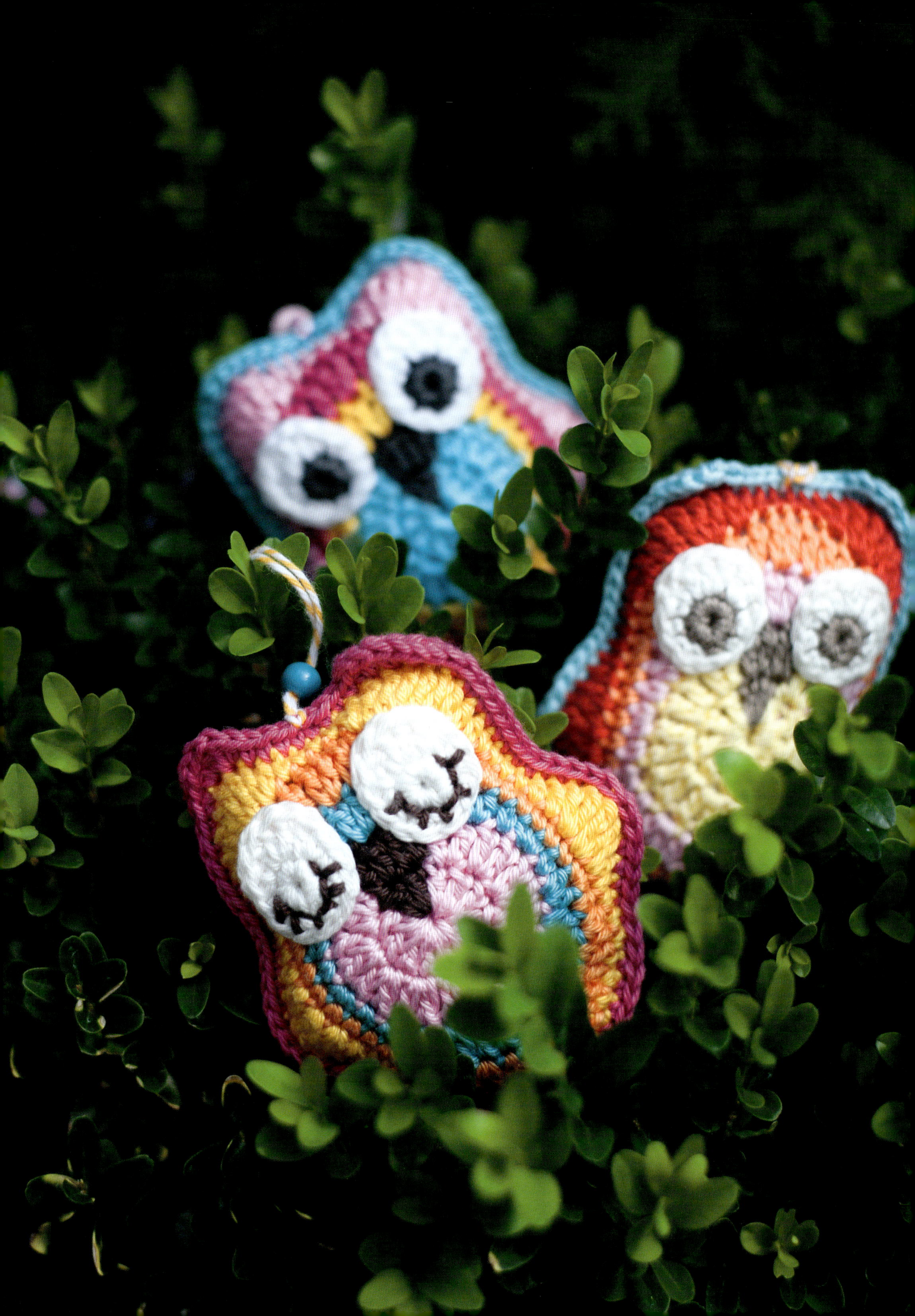

Eule Lola

Diese kleinen Eulen sind als Taschenbaumler, Deko-Anhänger, Kuscheltierchen oder auch als ausgefallene Nadelkissen nicht nur für Eulen-Fans ein schönes und schnell umzusetzendes Häkelprojekt! Sie lassen sich auch wunderbar für die ganz Kleinen als Kinderwagenkette aufreihen oder als Mobile im Kinderzimmer aufhängen.

Was Sie wissen müssen

Für jede Eule Lola müssen Sie zwei Teile häkeln, einmal das Vorder- und einmal das Rückteil – beide werden dann am Rand zusammengehäkelt und vor dem kompletten Schließen mit Füllwatte fest ausgestopft.

Ganz wichtig

Gehäkelt wird in Runden, es wird also nicht gewendet. **Jede Runde** beginnt als Ersatz für die erste Masche mit Luftmaschen, d. h. 1 Lm für 1 fM, 2 Lm für 1 hStb, 3 Lm für 1 Stb, 4 Lm für 1 DStb, und endet mit einer Kettmasche in die oberste der Anfangsluftmaschen.

Benötigtes Material

- ca. 30 g Baumwollgarn oder -reste in verschiedenen Farben, Catania von Schachenmayr oder Cotton Quick von Gründl
- Häkelnadel Nr. 2,5
- Bastelwatte/Füllwatte
- Stopfnadel
- evtl. Aufhängebändchen/Kordel und Perlen

Los geht's

4 Lm anschlagen und mit 1 Km in die 1. Lm zum Ring schließen.

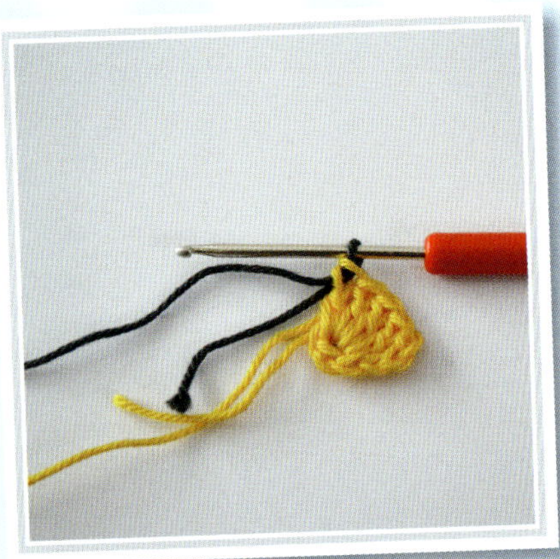

1. Runde: Stb. Beginnen Sie mit 3 Lm (= 1. Stb) und häkeln Sie dann noch 4 weitere Stb in den Ring. Beim Beenden des 4. Stb schlingen Sie bitte bereits die Farbe an, in der Sie den Schnabel häkeln möchten.

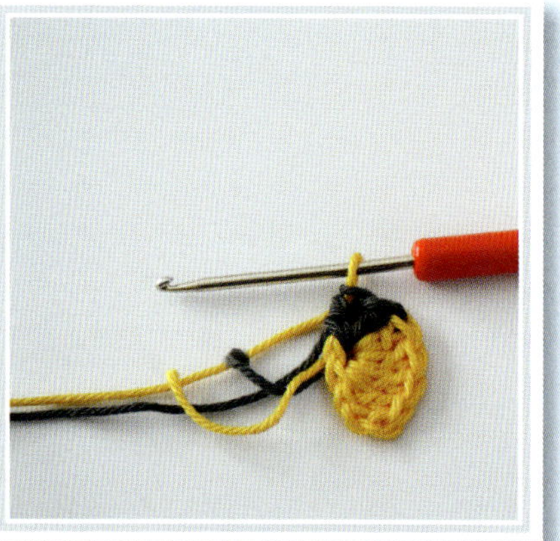

Häkeln Sie die nächsten beiden Stb in Schnabelfarbe (hier: dunkelgrau) und wechseln Sie beim Beenden des zweiten Stb zur Ursprungsfarbe zurück.

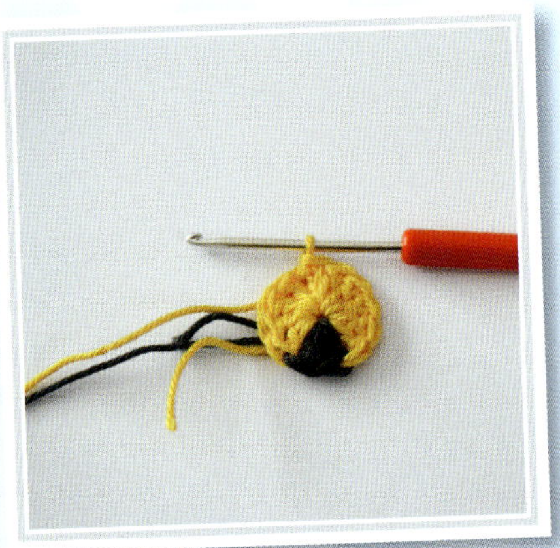

Beenden Sie die Runde in der Ursprungsfarbe mit 5 Stb, 1 Km (= 12 M).

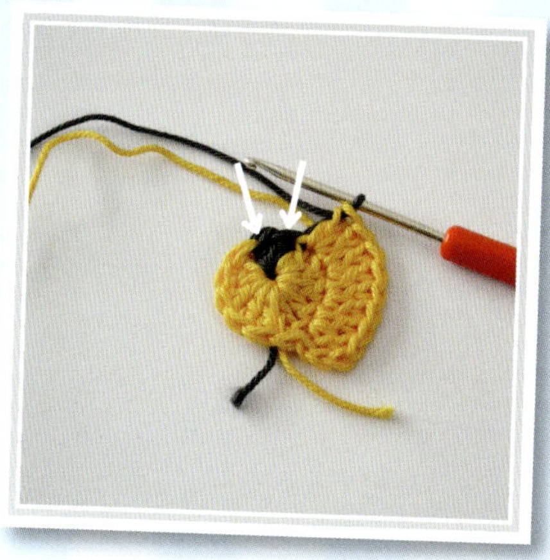

2. Runde: Stb, dabei jede Masche verdoppeln, also in jede Masche 2 Stb häkeln (= 24 M).
Beginnen Sie mit 3 Lm (= 1. Stb), dann 4 x (2 Stb in dies. M), beim letzten Stb wieder den grauen Faden für den Schnabel rechts herüberlegen und durchziehen.

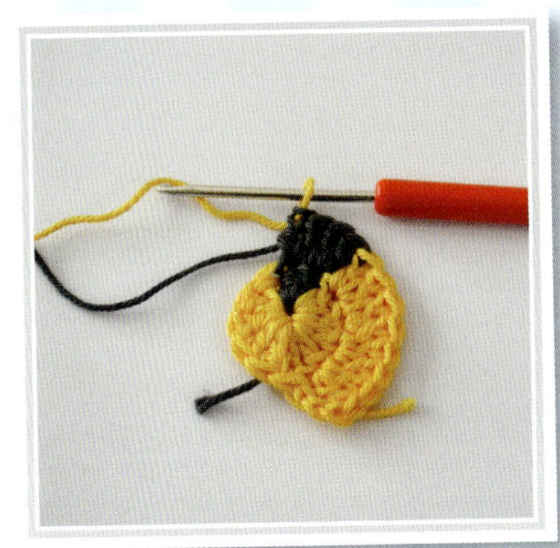

Über den 2 grauen Stb der Vorrunde (weiße Pfeile im Bild links) werden jetzt jeweils 2 Stb in **Grau** gehäkelt (= 4 graue Stb). Farbe wechseln, indem der Ursprungsfaden beim letzten Schritt des 4. grauen Stb durchgezogen wird.

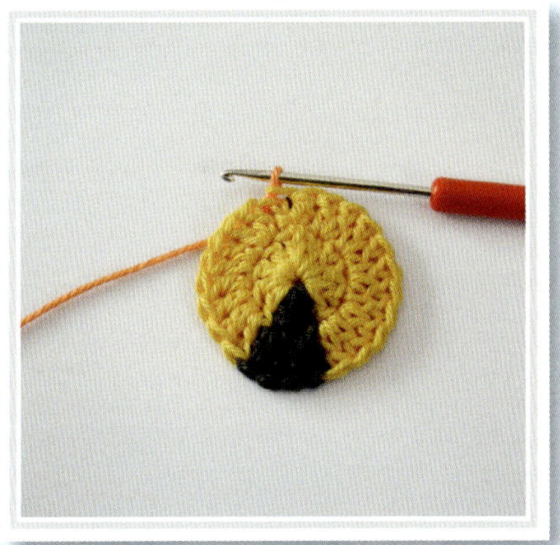

Anschließend noch 5 x (2 Stb in dies. M) häkeln, und schließlich – nicht vergessen – ein letztes Stb in die Masche, aus der die drei Anfangs-Lm herausgehäkelt wurden. 1 Km (= 24 M).

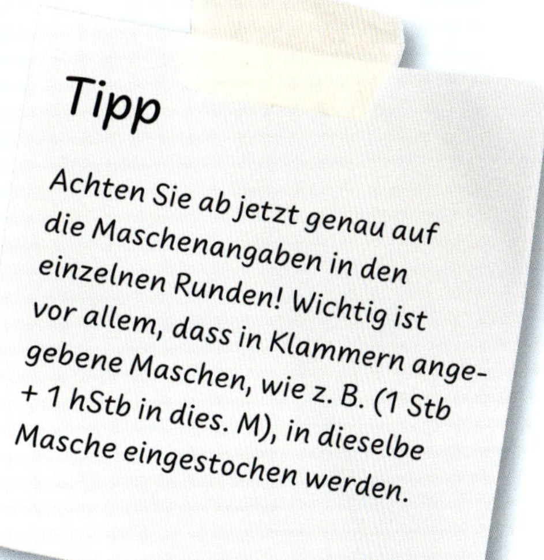

Tipp

Achten Sie ab jetzt genau auf die Maschenangaben in den einzelnen Runden! Wichtig ist vor allem, dass in Klammern angegebene Maschen, wie z. B. (1 Stb + 1 hStb in dies. M), in dieselbe Masche eingestochen werden.

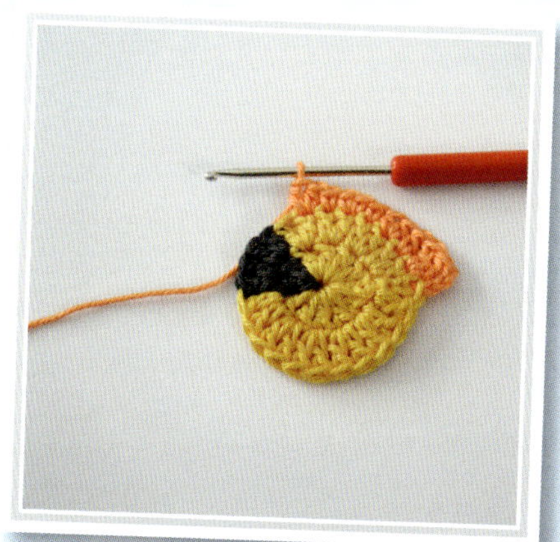

3. Runde: Beginnen Sie mit 3 Lm (= 1. Stb), dann (2 Stb in dies. M), 1 hStb, (2 hStb in dies. M), 1 fM, (2 fM in dies. M), 1 fM, (2 hStb in dies. M),

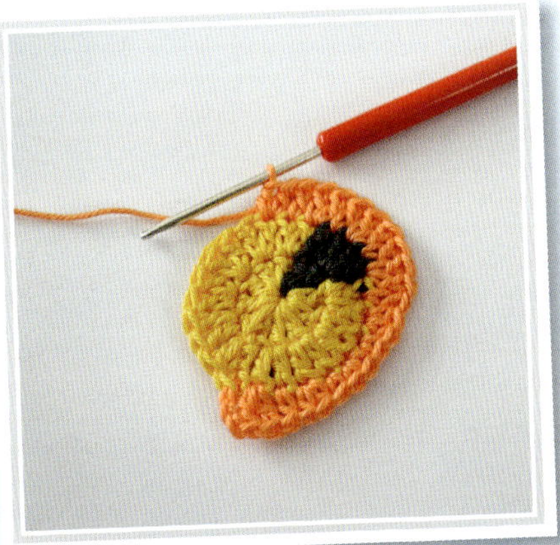

1 Stb, (2 Stb in dies. M), 1 Stb, (2 Stb in dies. M), 1 Stb, (2 Stb in dies. M), 1 Stb, (2 hStb in dies. M),

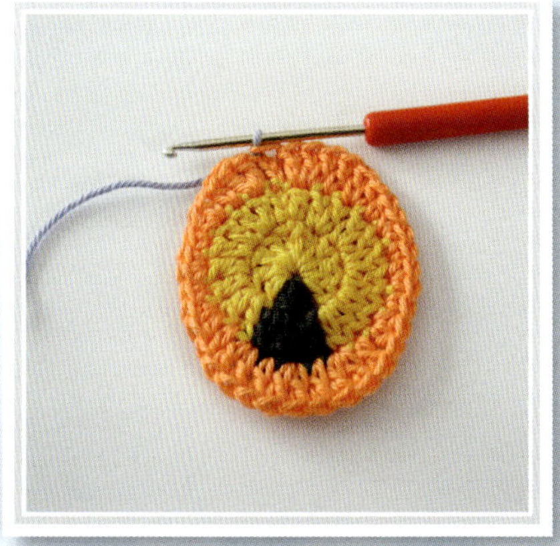

1 fM, (2 fM in dies. M), 1 fM, (2 fM in dies. M), 1 hStb, (1 hStb + 1 Stb in dies. M), 1 Stb, (3 Stb in dies. M), 1 Km (= 37 M).

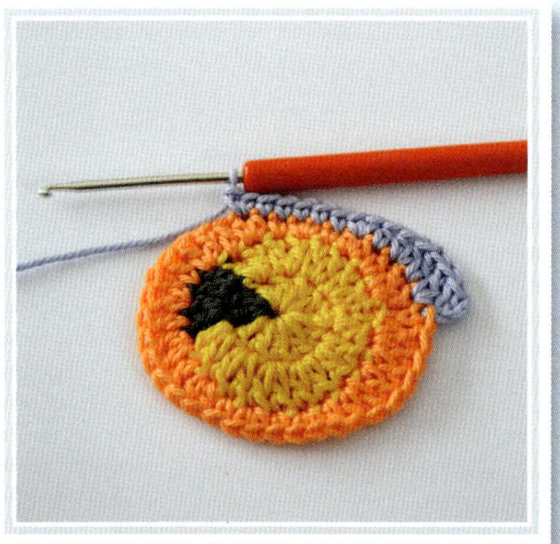

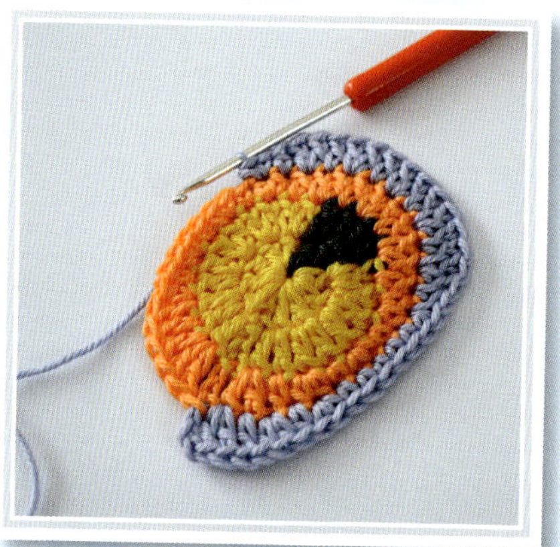

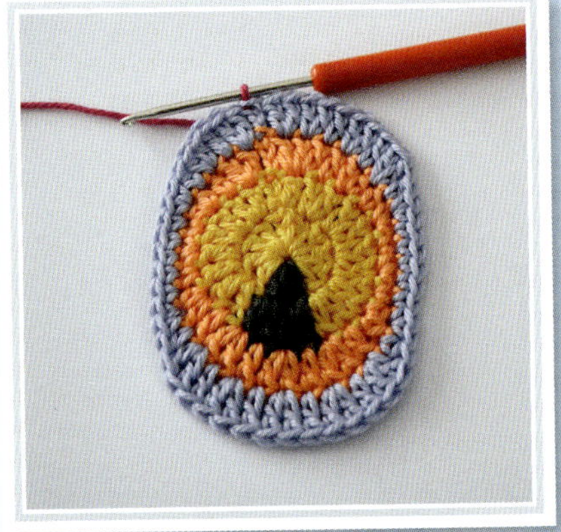

4. Runde: Beginnen Sie mit 3 Lm (= 1. Stb), dann (2 Stb in dies. M), 1 Stb, (2 hStb in dies. M), 1 hStb, (2 fM in dies. M), 5 fM, (2 fM in dies. M),

1 hStb, (2 Stb in dies. M), 1 Stb, (2 Stb in dies. M), 1 Stb, (2 Stb in dies. M), 1 Stb, (2 Stb in dies. M), 1 Stb, (2 Stb in dies. M), 1 hStb, (2 fM in dies. M),

5 fM, (2 fM in dies. M), 1 hStb, (2 Stb in dies. M), 1 Stb, (2 Stb in dies. M) 1 Stb, (2 Stb in dies. M), (2 Stb in dies. M), 1 Km (= 52 M).

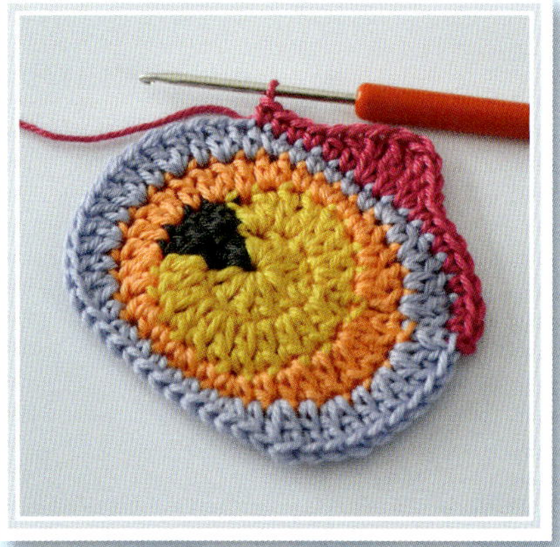

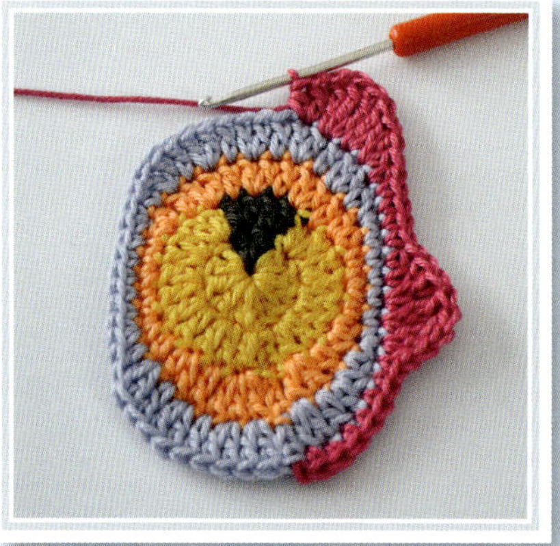

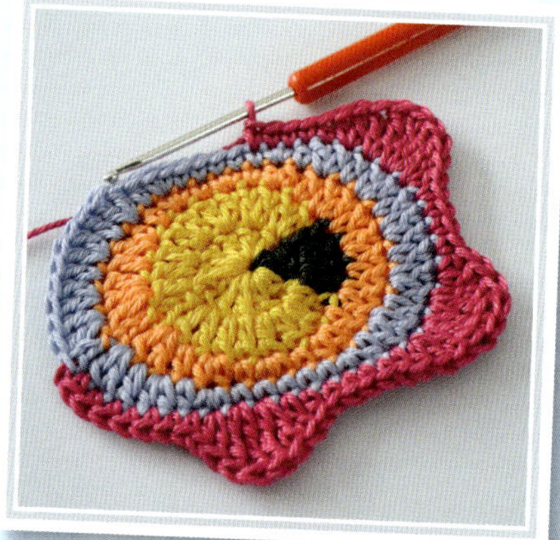

5. Runde: Beginnen Sie mit 1 Lm (= 1. fM) und häkeln Sie 7 fM. Dann für den Flügel: (1 hStb + 1 Stb in dies. M), (2 DStb in dies. M), (1 DStb + 1 Stb in dies. M), 1 Stb, 1 hStb, 4 fM,

jetzt für das erste Ohr: 1 hStb, (1 hStb + 1 Stb in dies. M), (1 Stb + 1 DStb in dies. M), (3 DStb in dies. M) (1 Stb + 1 hStb in dies. M),

4 fM, nun in umgekehrter Reihenfolge für das zweite Ohr: (1 hStb + 1 Stb in dies. M), (3 DStb in dies. M), (1 DStb + 1 Stb in dies. M), (1 Stb + 1 hStb in dies. M), 1 hStb, 4 fM,

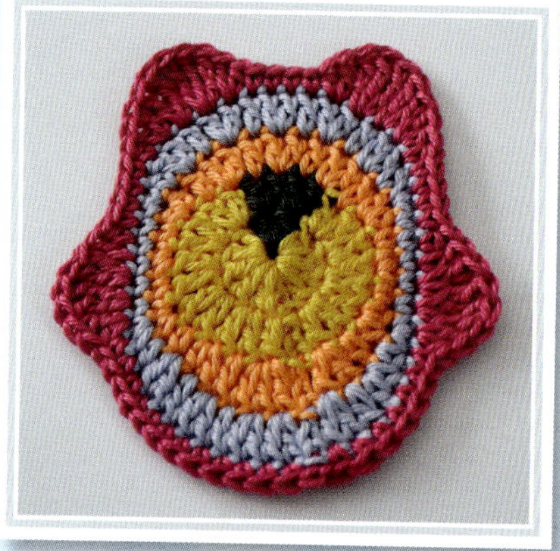

und schließlich für den zweiten Flügel: 1 hStb, 1 Stb, (1 Stb + 1 DStb in dies. M), (2 DStb in dies. M), (1 Stb + 1 hStb in dies. M), anschließend fM bis zum Rundenende, 1 Km. Fertig ist die Vorderseite der Eule.

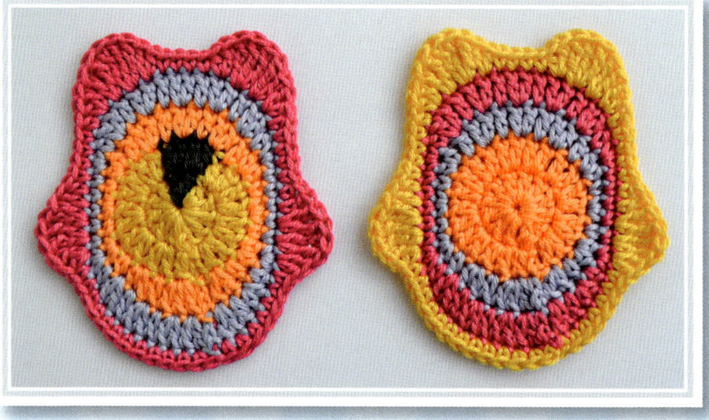

Fäden abschneiden und versäubern. Anschließend auf die gleiche Weise ein zweites Teil häkeln. Sofern Sie keine beidseitige Eule möchten (was allerdings auch eine nette Variante ist: eine Seite mit Schlafaugen, die andere Seite mit offenen Augen), können Sie auf der Rückseite den Schnabel weglassen und haben es dadurch etwas einfacher.

Als Nächstes werden die Augen gehäkelt. Sie können sich für offene oder geschlossene Augen entscheiden oder aber beides kombinieren – dann hat die Eule ein zwinkerndes Auge. Ganz wie es Ihnen am besten gefällt.

Offene Augen

4 Lm in Wunschaugenfarbe anschlagen und mit 1 Km in die 1. Lm zum Ring schließen.

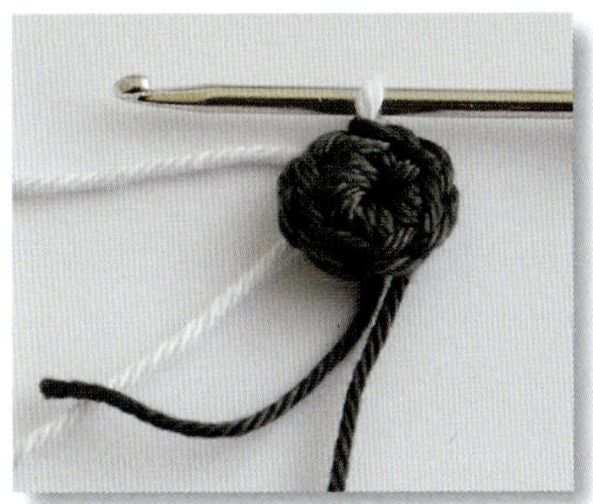

1. Runde: 1 Lm (= 1. fM), 7 fM in den Ring häkeln, 1 Km (= 8 M).

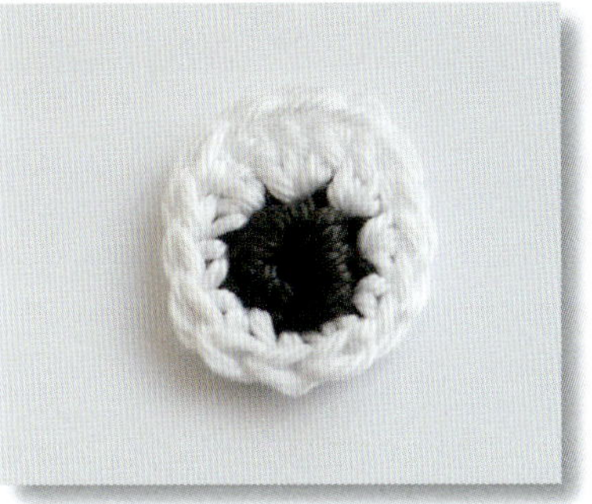

2. Runde: Häkeln Sie in Weiß 1 Lm, 1 fM, (2 fM in dies. M), (1 hStb + 1 Stb in dies. M), (3 Stb in dies. M), (1 Stb + 1 hStb in dies. M), 1 fM, (2 fM in dies. M), 1 Km (= 14 M).

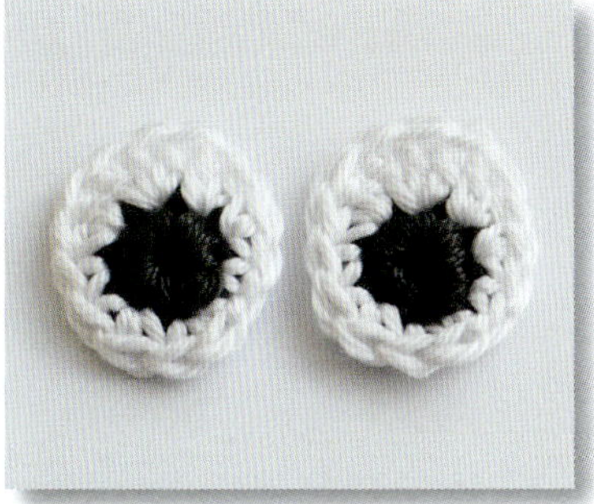

Fertig!
Fäden versäubern.
Ein zweites Exemplar auf die gleiche Weise häkeln.

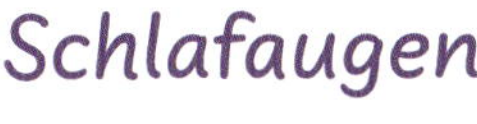

Schlafaugen

Die Schlafaugen werden genauso gehäkelt wie die offenen Augen, aber beide Runden in Weiß.

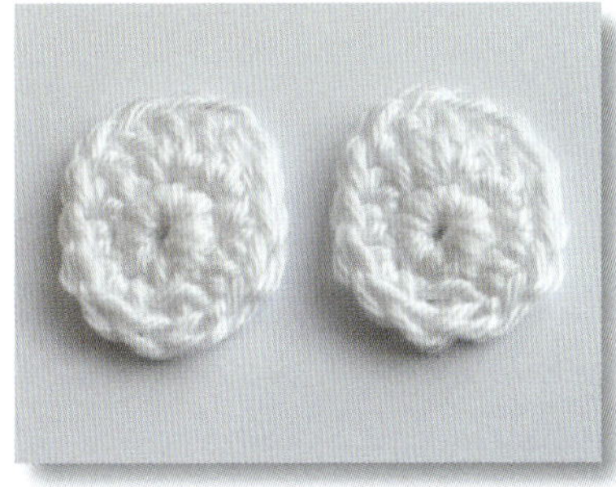

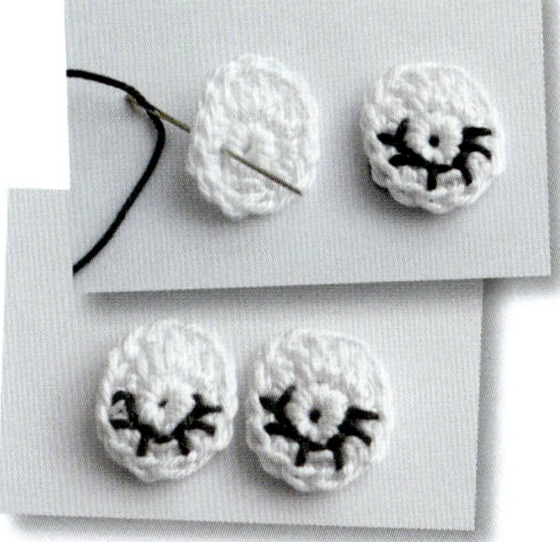

Anschließend mit der Stopfnadel und Kontrastgarn ein paar Wimpern aufsticken.

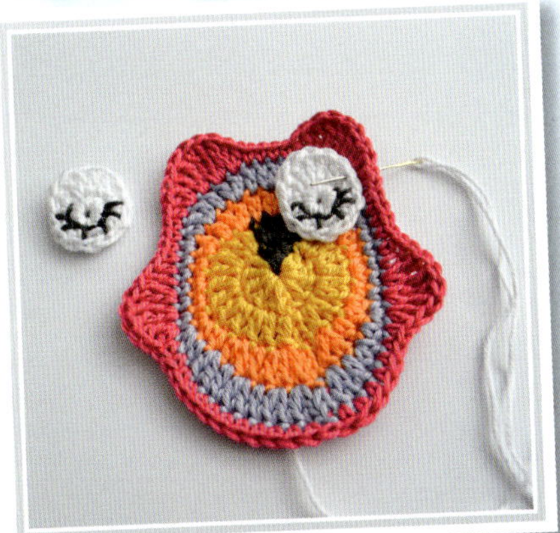

Zuletzt die Augen mit einer Stick- oder Stopfnadel und weißem Garn annähen.

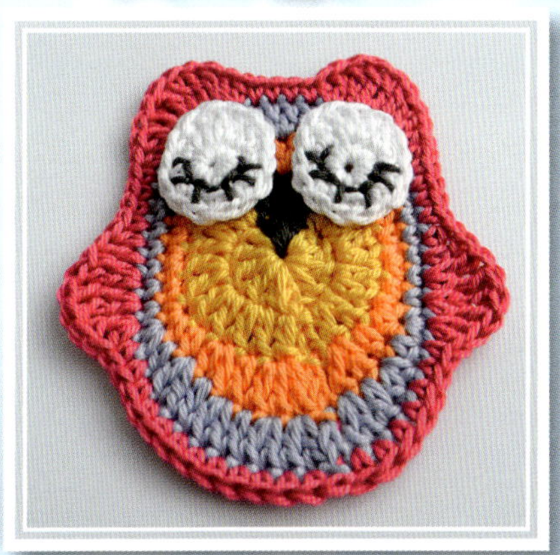

Der Schnabel wird im oberen Bereich von beiden Augen leicht überlagert.

Vorderseite und Rückseite verbinden

Legen Sie beide Teile links auf links zusammen und verbinden Sie sie mit festen Maschen – Sie müssen dabei durch die Maschen **beider** Teile stechen.

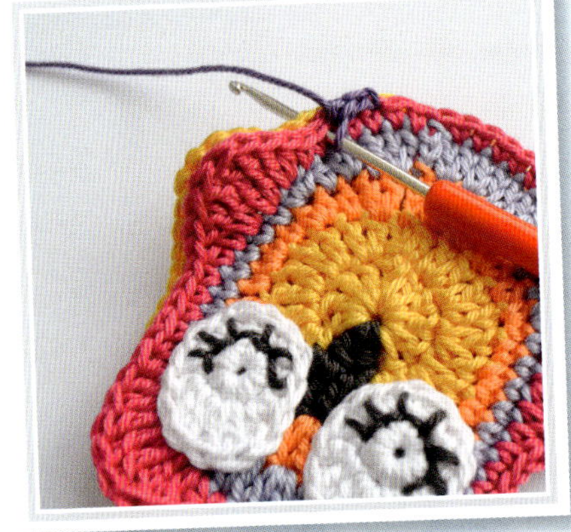

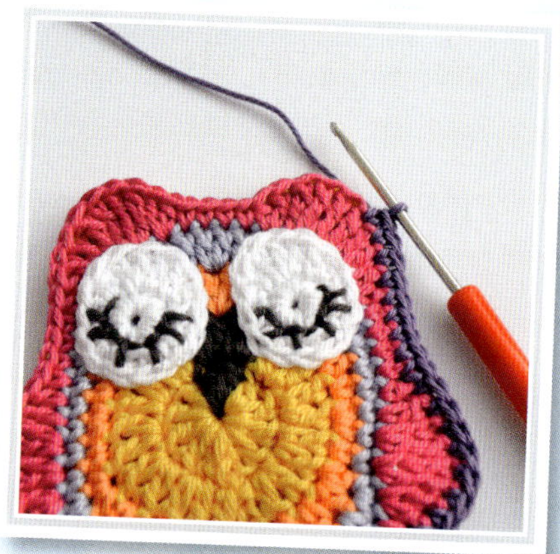

Häkeln Sie feste Maschen, bis Sie an die Stelle des Ohrs kommen, wo die 3 DStb in dieselbe Masche gearbeitet sind.

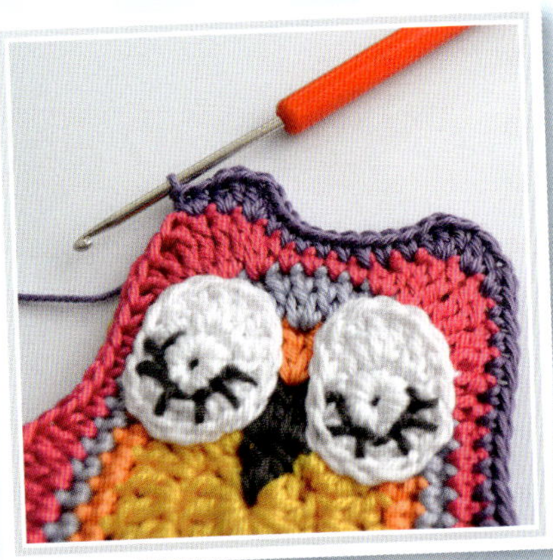

Über diese 3 Maschen wie folgt häkeln:
(1 fM + 1 hStb in dies. M),
(1 hStb + 1 Stb in dies. M),
(2 Stb + 1 hStb in dies. M),
dann 8 fM,
und über den 3 DStb des linken Ohrs (1 hStb + 2 Stb in dies. M),
(1 Stb + 1 hStb in dies. M),
(1 hStb + 1 fM in dies. M).

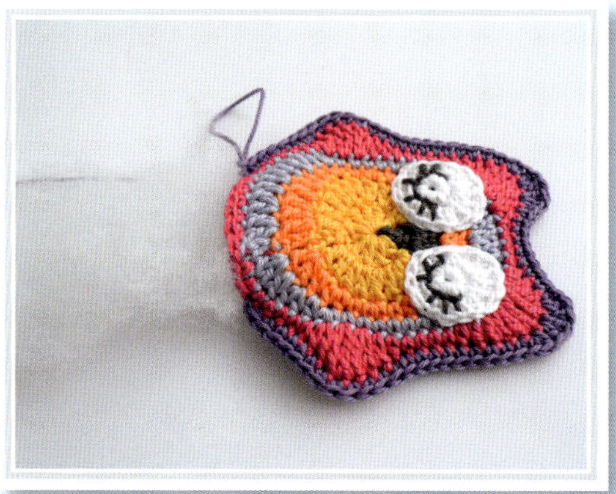

Anschließend geht es weiter mit festen Maschen.
Kurz vor Ende lassen Sie eine kleine Öffnung, stopfen die Eule mit Füll-/Bastelwatte aus (nicht zu viel, sonst wird sie schnell unförmig) und verschließen schließlich das Tierchen, indem Sie feste Maschen bis zum Ende weiterhäkeln.

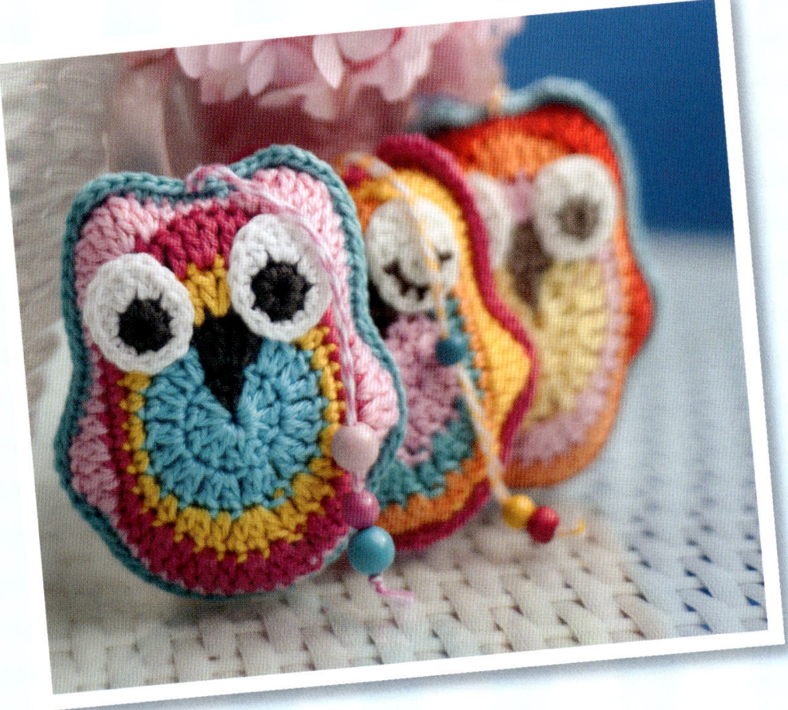

Und schon ist Eule Lola fertig!

Nach Belieben können Sie noch ein mit Perlen geschmücktes Bändchen oder eine Kordel anbringen.

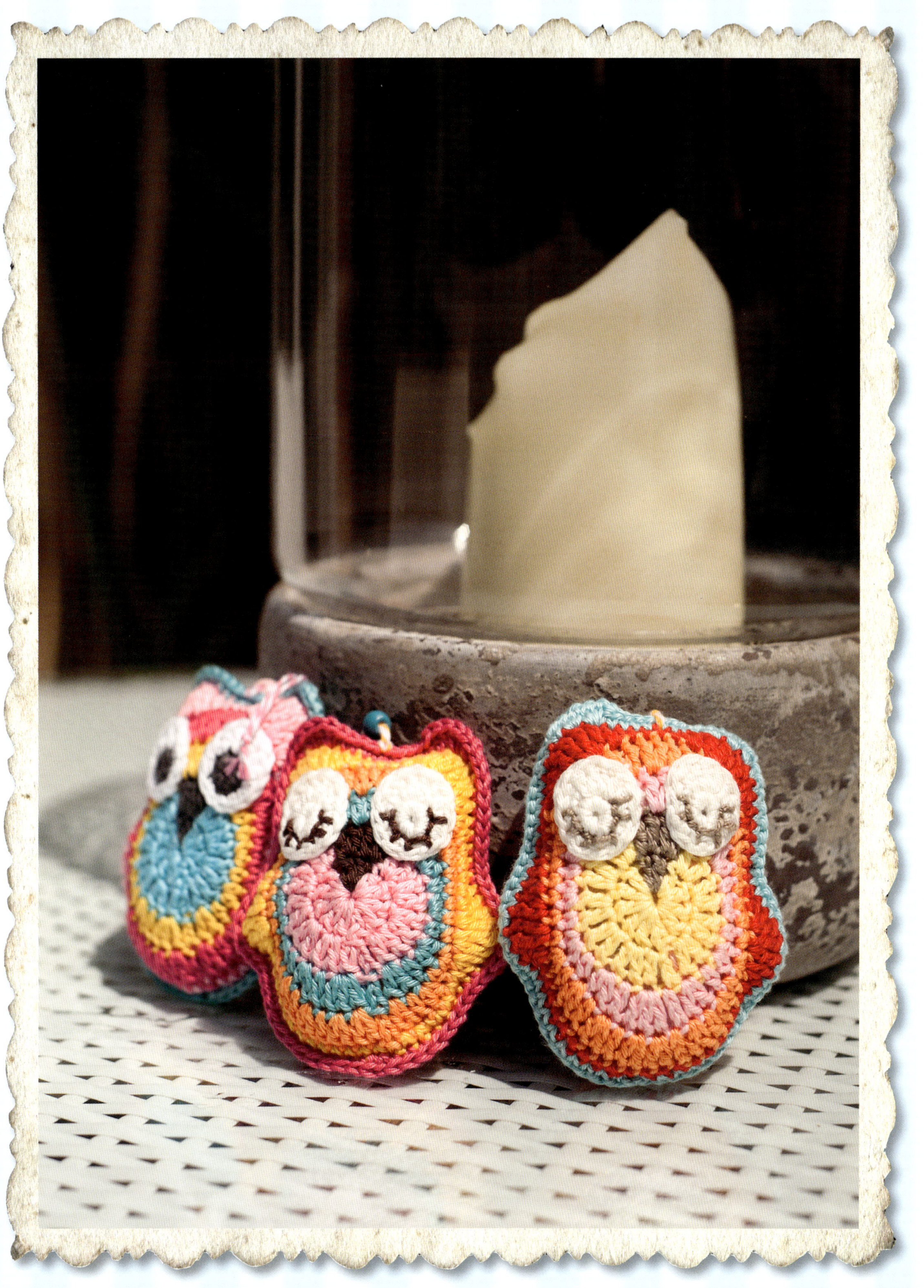

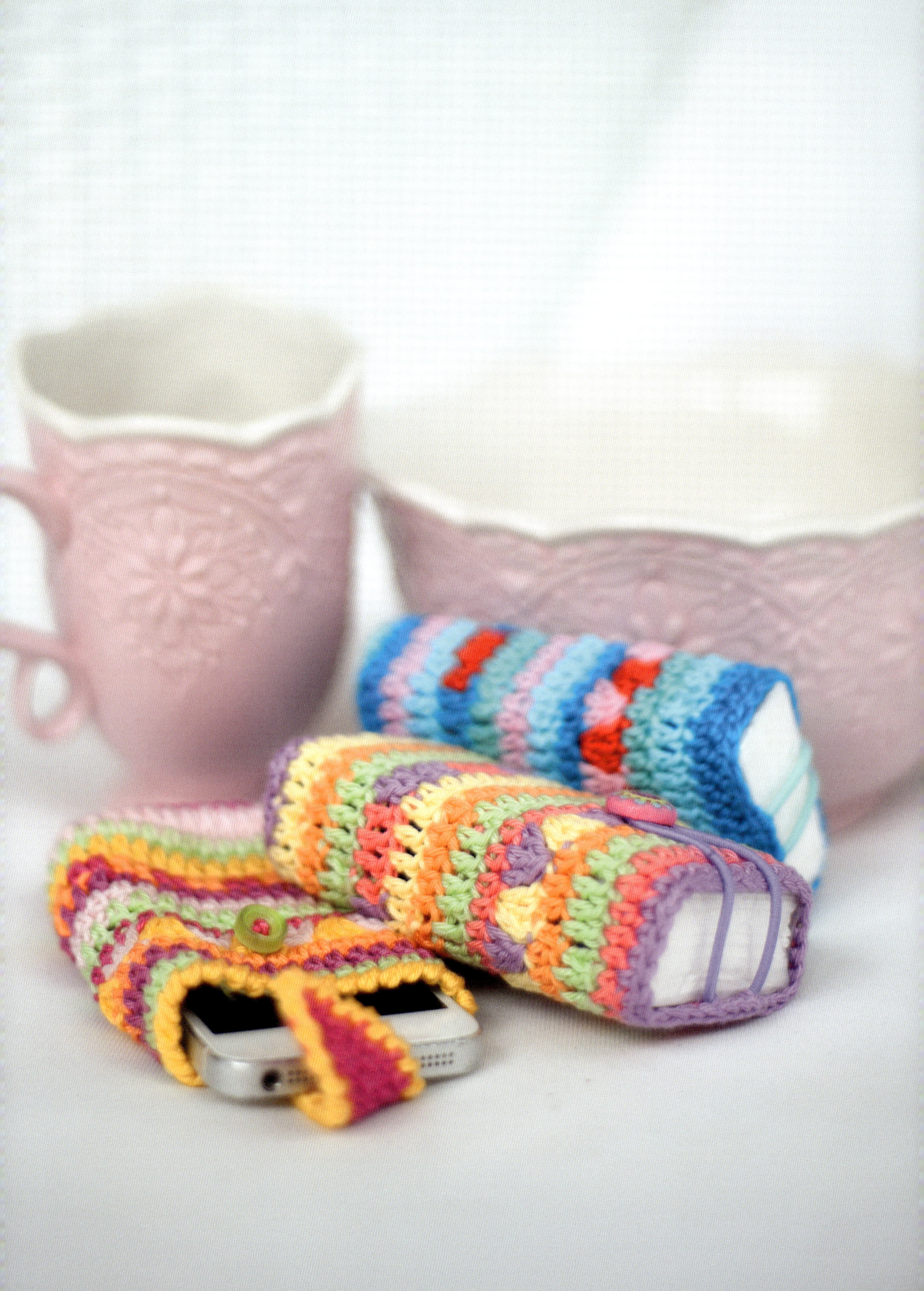

Tatüta & Handyhülle

Die „Tatüta", gemeint ist die Taschentüchertasche, ist vor allem in der Nähwelt in aller Munde, aber in gehäkelter Ausführung hat sie keiner! So sieht eine Packung Papiertaschentücher doch gleich viel hübscher aus.

Alternativ eignet sich das Täschchen auch prima als Handyhülle, in die viele der gängigen Smartphone-Modelle hineinpassen.Der bunte Muster- und Farbenmix macht sie zum Hingucker und fordert Ihre Kreativität und Fantasie bezüglich Farbwahl und Gestaltung heraus.

Was Sie wissen müssen

Bei der Hülle können Sie sich für zwei Verschlussvarianten entscheiden: Entweder Sie arbeiten in der letzten Runde ein Gummi ein oder Sie häkeln nach der letzten Runde noch einen Riegel an – beide Varianten sind einfach umzusetzen, Sie dürfen also Ihren ganz persönlichen Geschmack entscheiden lassen.

Ganz wichtig

Gehäkelt wird in Runden, es wird also nicht gewendet. **Jede Runde** beginnt als Ersatz für die erste Masche mit Luftmaschen, d. h. 1 Lm für 1 fM, 2 Lm für 1 hStb, 3 Lm für 1 Stb, 4 Lm für 1 DStb, und endet mit einer Kettmasche in die oberste der Anfangsluftmaschen.
Der Riegel wird in Reihen gehäkelt.

Benötigtes Material

- ca. 30 g Baumwollgarn in verschiedenen Farben, Catania von Schachenmayr oder Cotton Quick von Gründl,
- Häkelnadel Nr. 3 für die Hülle
- Häkelnadel Nr. 2,5 für den gehäkelten Riegel
- Knopf
- evtl. dünnes Haargummi

Los geht's

Hülle

Die Hülle wird am Boden begonnen.

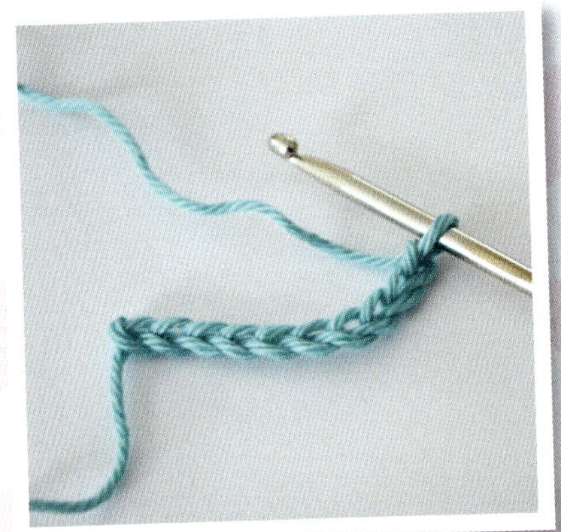

Schlagen Sie mit Häkelnadel Nr. 3 zunächst 10 Lm an.

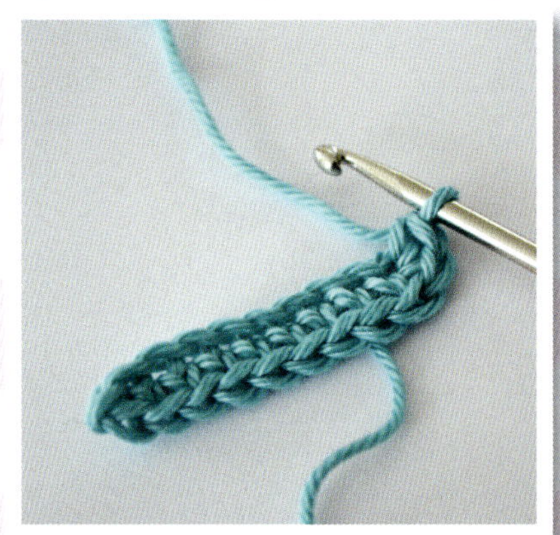

1. Runde: 1 fM in die zweite Masche ab Nadel häkeln. Dann 7 fM. Am Ende der Luftmaschenkette (also in die allererste Lm der Arbeit) 3 fM in dieselbe Masche häkeln.

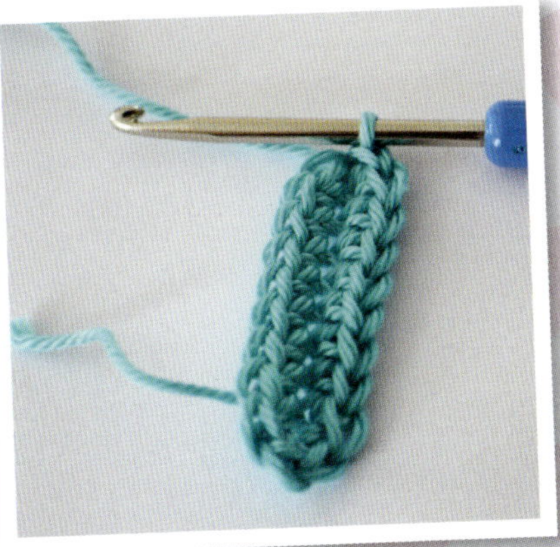

Dann häkeln Sie um die Kurve auf der anderen Seite der Luftmaschenkette weiter, und zwar 8 fM, Runde mit 1 Km beenden (= 20 M).

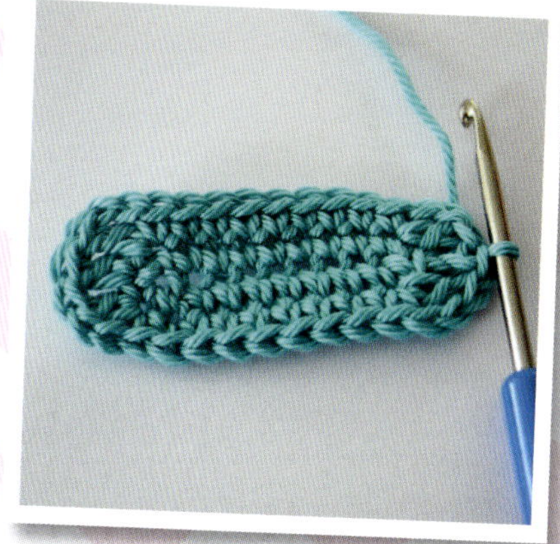

2. Runde: Beginnen Sie mit 3 Lm (= 1. Stb). Jetzt kommt auch schon die
1. Ecke: (1 Stb + 2 Lm + 1 fM in dies. M), dann 8 fM,
2. Ecke: (1 fM + 2 Lm + 1 Stb in dies. M), 1 Stb,
3. Ecke: (1 Stb + 2 Lm + 1 fM in dies. M), wieder 8 fM,
4. Ecke: (1 fM + 2 Lm + 1 Stb in dies. M), Runde mit 1 Km beenden.
Durch die 4 eingearbeiteten Ecken bekommt das Täschchen einen rechteckigen Boden.

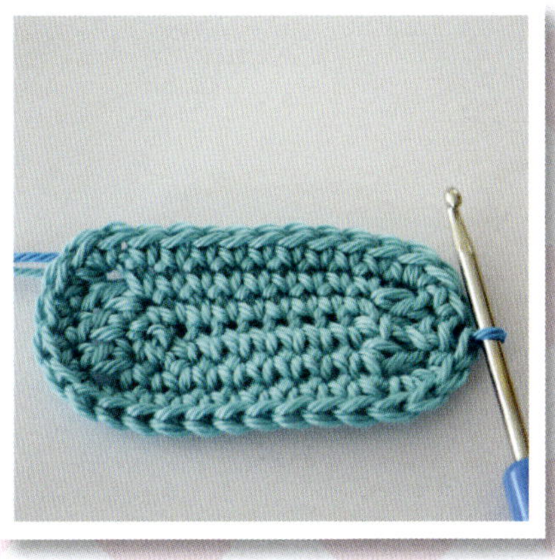

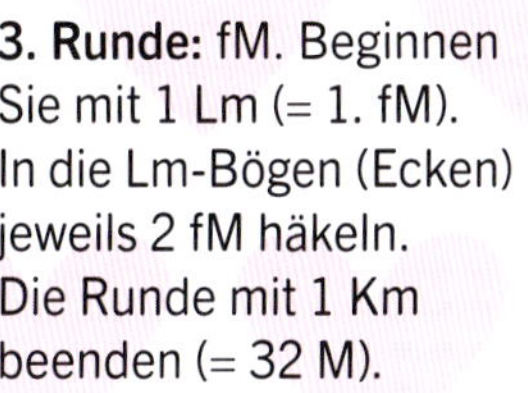

3. Runde: fM. Beginnen Sie mit 1 Lm (= 1. fM). In die Lm-Bögen (Ecken) jeweils 2 fM häkeln. Die Runde mit 1 Km beenden (= 32 M).

Der Boden der Hülle ist jetzt fertig.
Ab jetzt wird es keine Ecken-Besonderheiten und keine Zunahmen mehr geben, sodass es über die gesamte Arbeit bei 32 Maschen in jeder Runde bleibt.

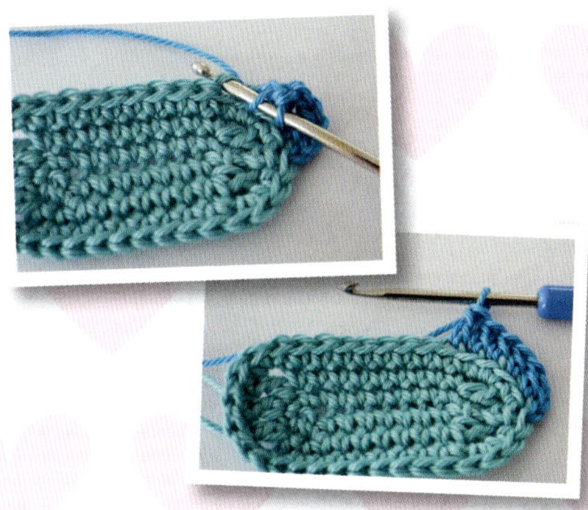

4. Runde: Stb, dabei die Nadel nur in das **hintere** Maschenglied einstechen.

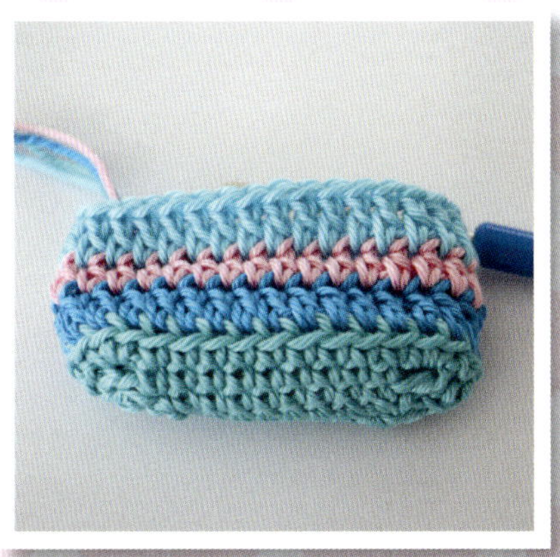

5. Runde: hStb.
6. Runde: Stb.

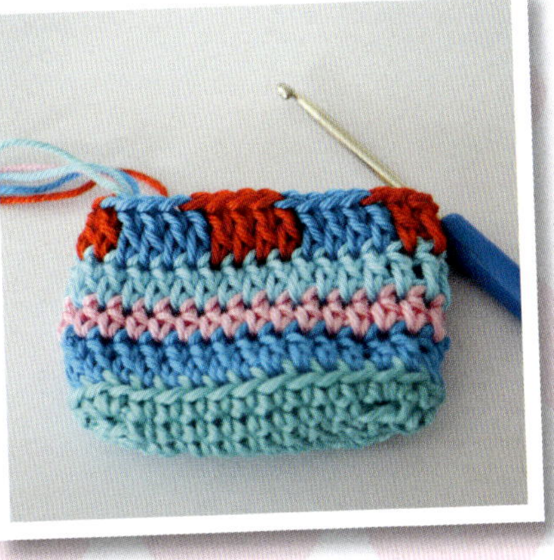

7. Runde: DStb, aber zweifarbig! Hierbei immer 2 oder 4 DStb im Farbwechsel, das gibt einen sehr schönen Effekt. Das Muster geht aufgrund der Maschenzahl genau auf, egal ob Sie alle 2 oder 4 Maschen die Farbe wechseln.

Tipp

Wenn Sie Häkelneuling sind und Ihnen der Farbwechsel innerhalb der Runde zu mühselig ist, häkeln Sie die Runde einfach einfarbig.

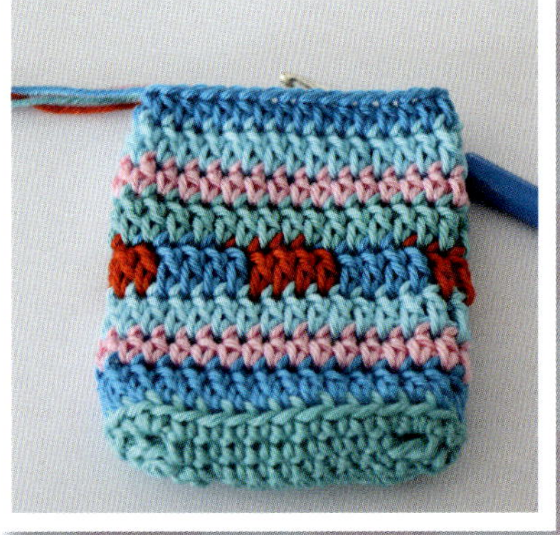

8. Runde: Stb.
9. Runde: hStb.
10. Runde: Stb.
11. Runde: hStb.
Nach der 11. Runde den Faden abschneiden und versäubern.

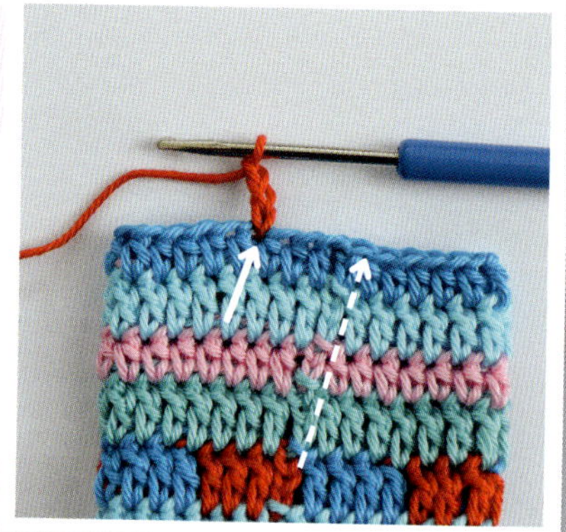

Um den schräg nach rechts verlaufenden Übergang der Runden ein wenig auszugleichen, schlingen Sie den Faden für die neue Runde 4 Maschen nach links versetzt an (siehe Pfeile).

Dreiecksmuster

12. Runde: Dreiecksmuster, das in Stb gehäkelt wird.
Damit das Muster zur Geltung kommt, muss **zweifarbig** gearbeitet werden!

Beginnen Sie mit 3 Lm (= 1. Stb), dann noch 2 Stb in dieselbe Einstichstelle. Jetzt die Farbe wechseln und in die nächsten 3 Maschen je 1 Stb häkeln, diese aber nur zur Hälfte abmaschen – die Schlingen verbleiben auf der Nadel.

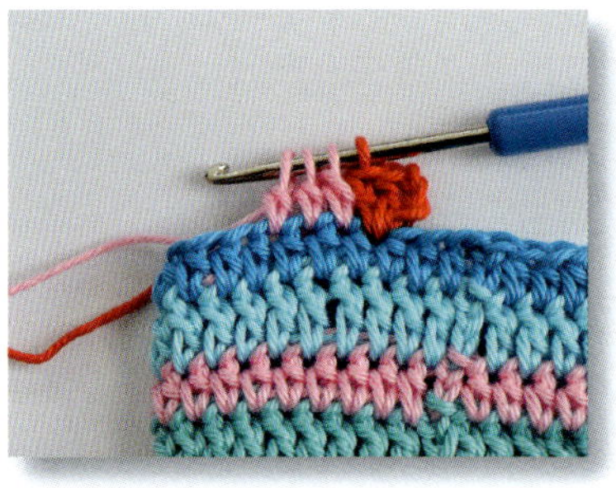

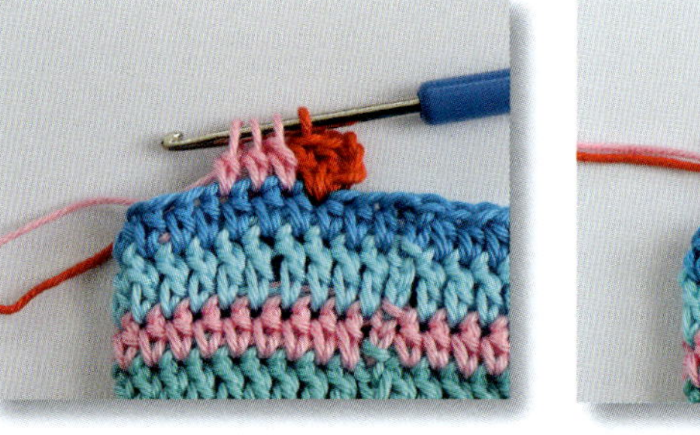

Maschen Sie dann die 3 Stb zusammen ab, indem Sie den Faden durch alle 4 Schlingen auf der Nadel ziehen.

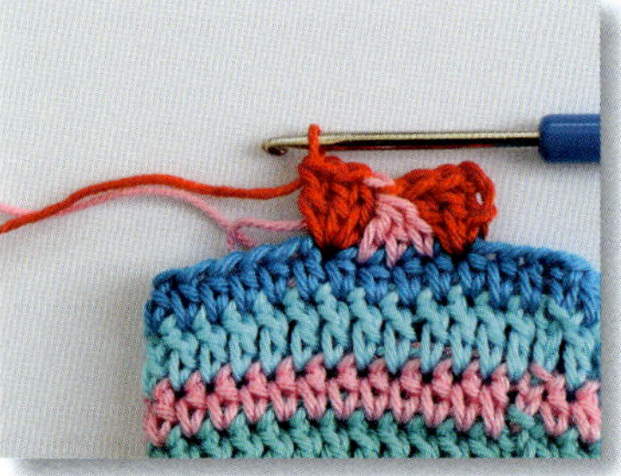

Als Nächstes wieder in der ersten Farbe 3 Stb in dieselbe M arbeiten.

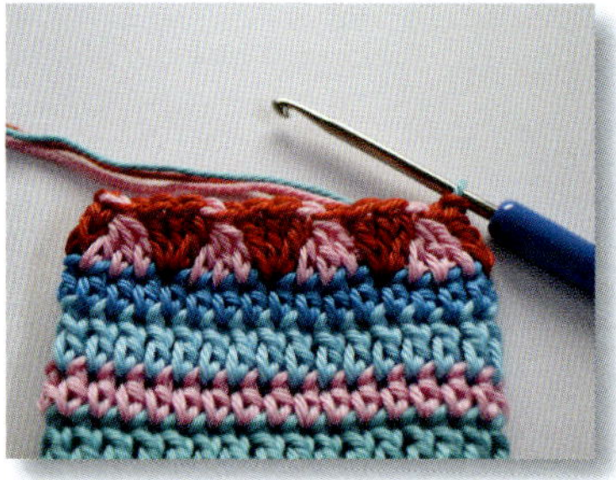

Die beschriebene Abfolge bis zum Rundenende wiederholen und die Runde mit 1 Km beenden.
So sieht die Runde im Dreiecksmuster fertig aus.

Tipp

Auch hier gilt wieder: Falls Sie sich das mehrfarbige Muster als Häkelanfänger nicht zutrauen, häkeln Sie hier stattdessen einfach in nur einer Farbe eine normale Stäbchenrunde! Auf jede Masche einfach 1 Stb häkeln.

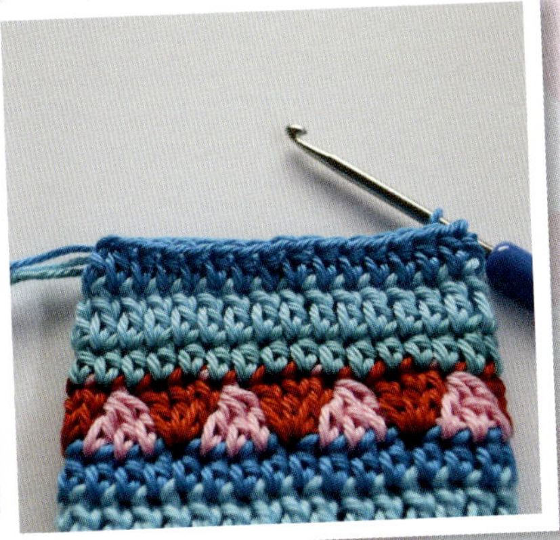

13. Runde: hStb.
14. Runde: Stb.
15. Runde: hStb.

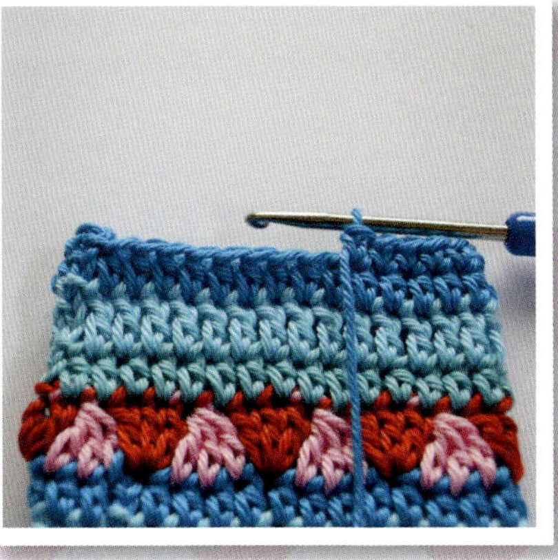

16. Runde: Mit 1 Lm beginnen und zunächst 22 fM häkeln.

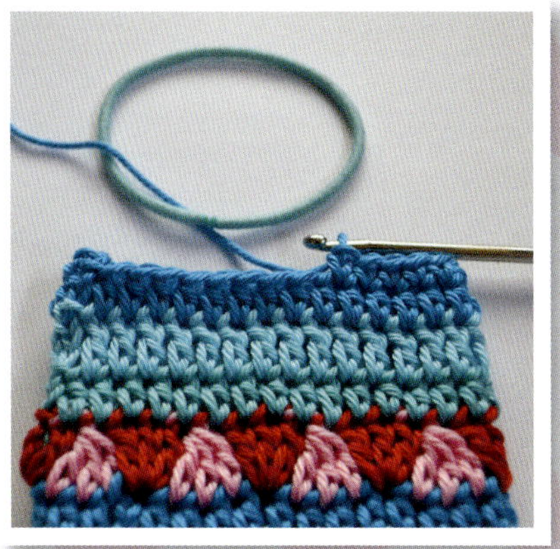

Nun das Wollknäuel durch das Haargummi stecken …

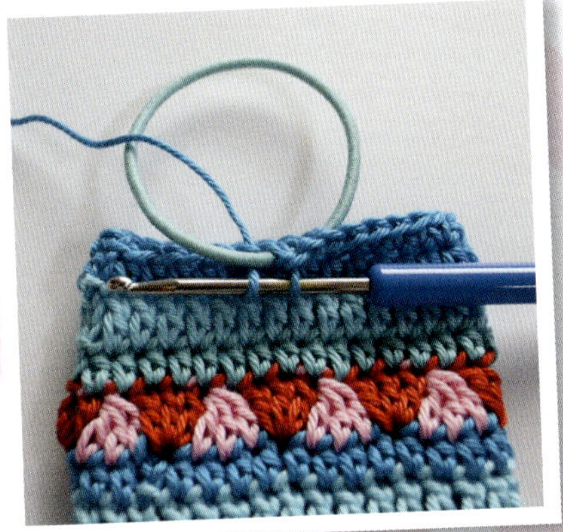

… und über die folgenden 5 fM das Gummi mit einhäkeln.

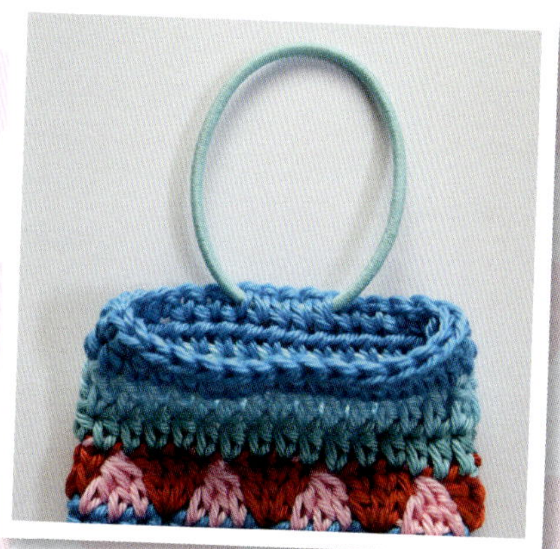

Danach bis zum Rundenende ganz normal feste Maschen häkeln und die Runde mit 1 Km beenden. Falls noch nicht geschehen, alle Fäden innen gut vernähen.

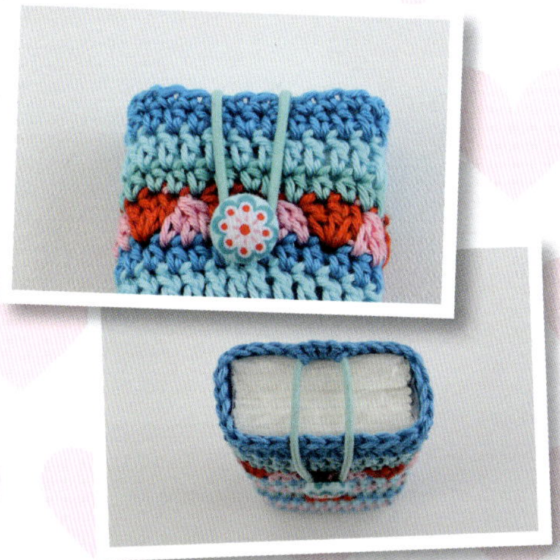

Zum Schluss noch einen farblich passenden Knopf nach Wunsch positionieren und annähen – fertig!

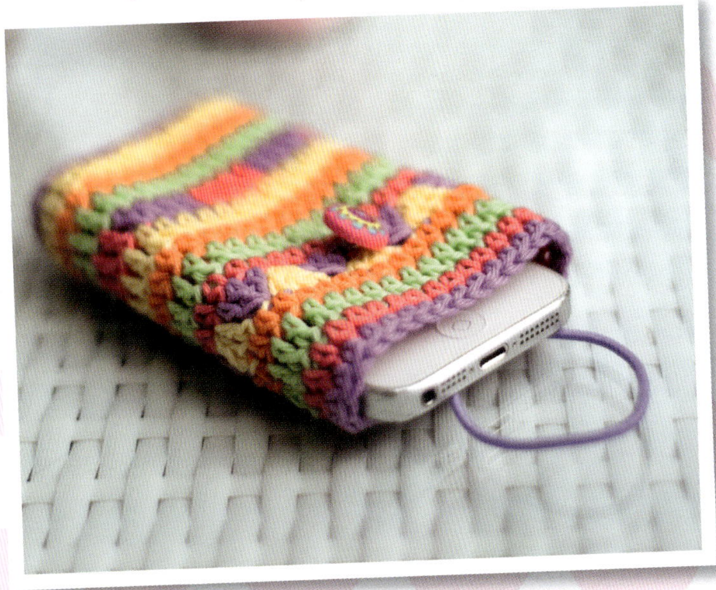

Alternative:

Gehäkelter Verschlussriegel

Wenn Sie kein Haargummi zur Hand haben oder Ihnen der Gummi-Verschluss nicht gefällt, können Sie auch einen Riegel aus festen Maschen häkeln. Der Riegel wird in Reihen mit Häkelnadel Nr. 2,5 gehäkelt.

Als Erstes müssen Sie die hintere Mitte der Hülle ausloten. Stecken Sie je nach Einsatzzweck eine Packung Taschentücher oder das Handy in die Hülle.

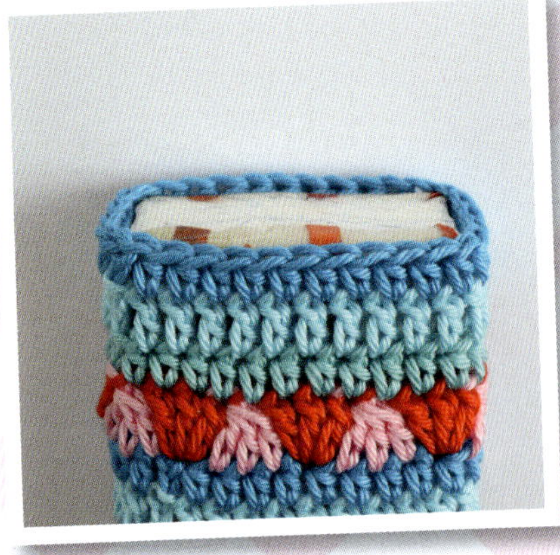

Der Riegel muss über die hinten mittig liegenden 6 Maschen gearbeitet werden.

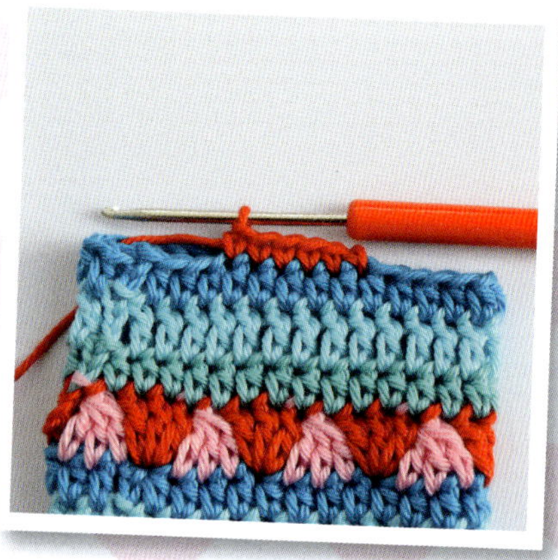

1. Reihe: Schlingen Sie den Faden auf der hinteren Seite der Hülle an, häkeln Sie 1 Lm (= 1. fM) und 5 fM. Wenden.

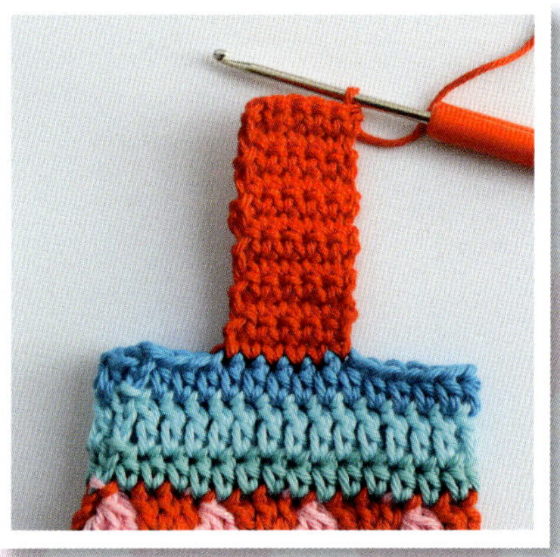

2. – 12. Reihe: fM, dabei immer mit 1 Lm (= 1. fM) beginnen. Nach jeder Reihe wenden.

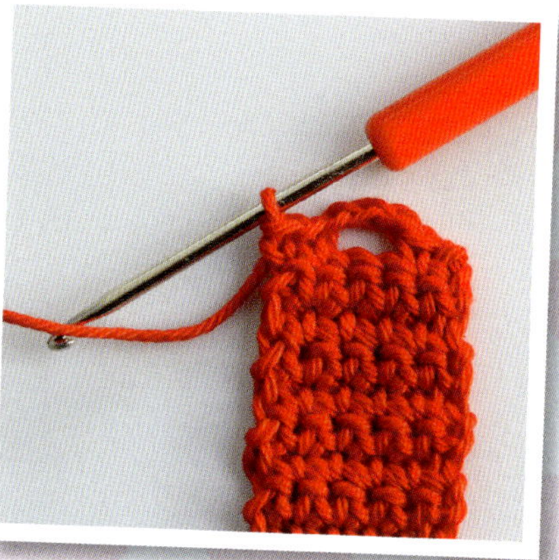

13. Reihe: 1 Lm (= 1. fM), 1 fM, 3 Lm, 2 M der Vorrunde übergehen, 2 fM. Wenden.

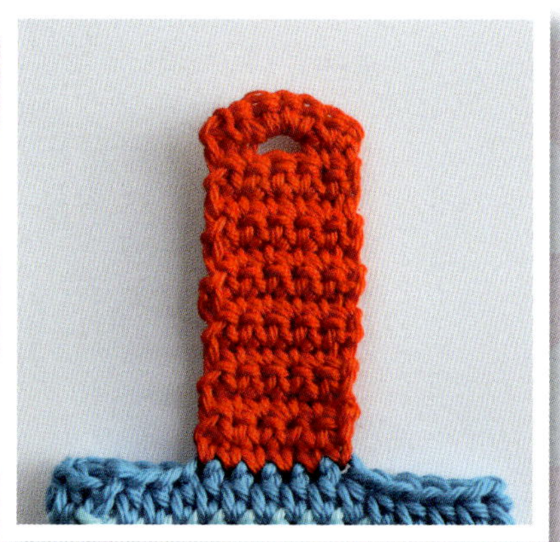

14. Reihe: 1 Lm (= 1. fM), 1 fM, 3 fM in den Lm-Bogen (= Knopfloch), 2 fM. Faden abschneiden und versäubern.

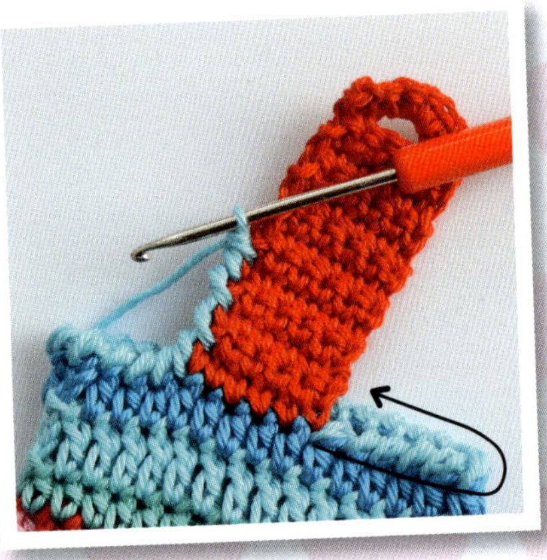

Abschließend können Sie den oberen Rand der Hülle inklusive Riegel zur Stabilisierung mit Krebsmaschen (siehe Seite 20) umhäkeln. Beginnen Sie damit am besten hinten rechts neben dem Riegel.

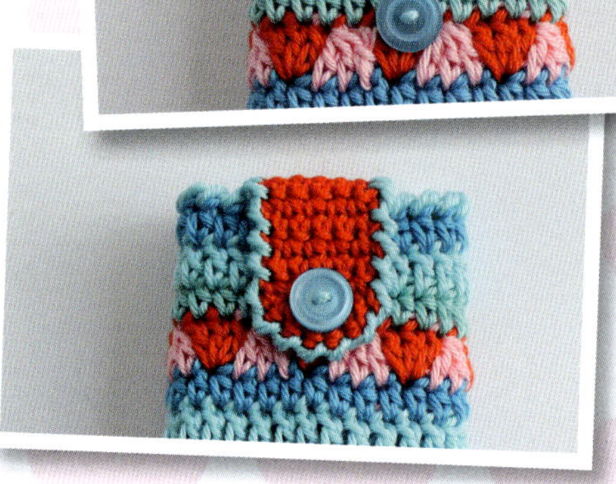

Zum Schluss einen passenden Knopf fest annähen und die Fäden versäubern.

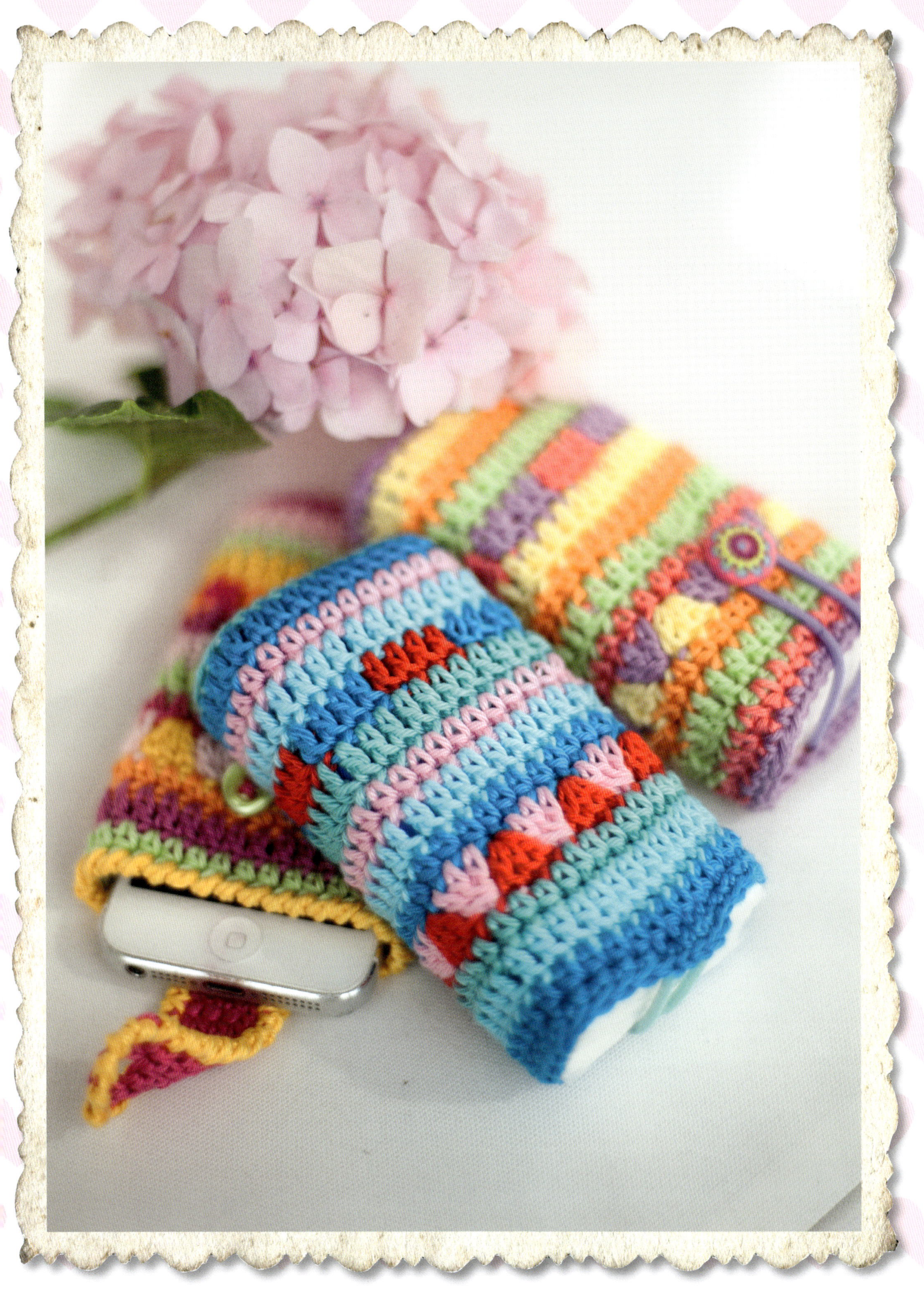

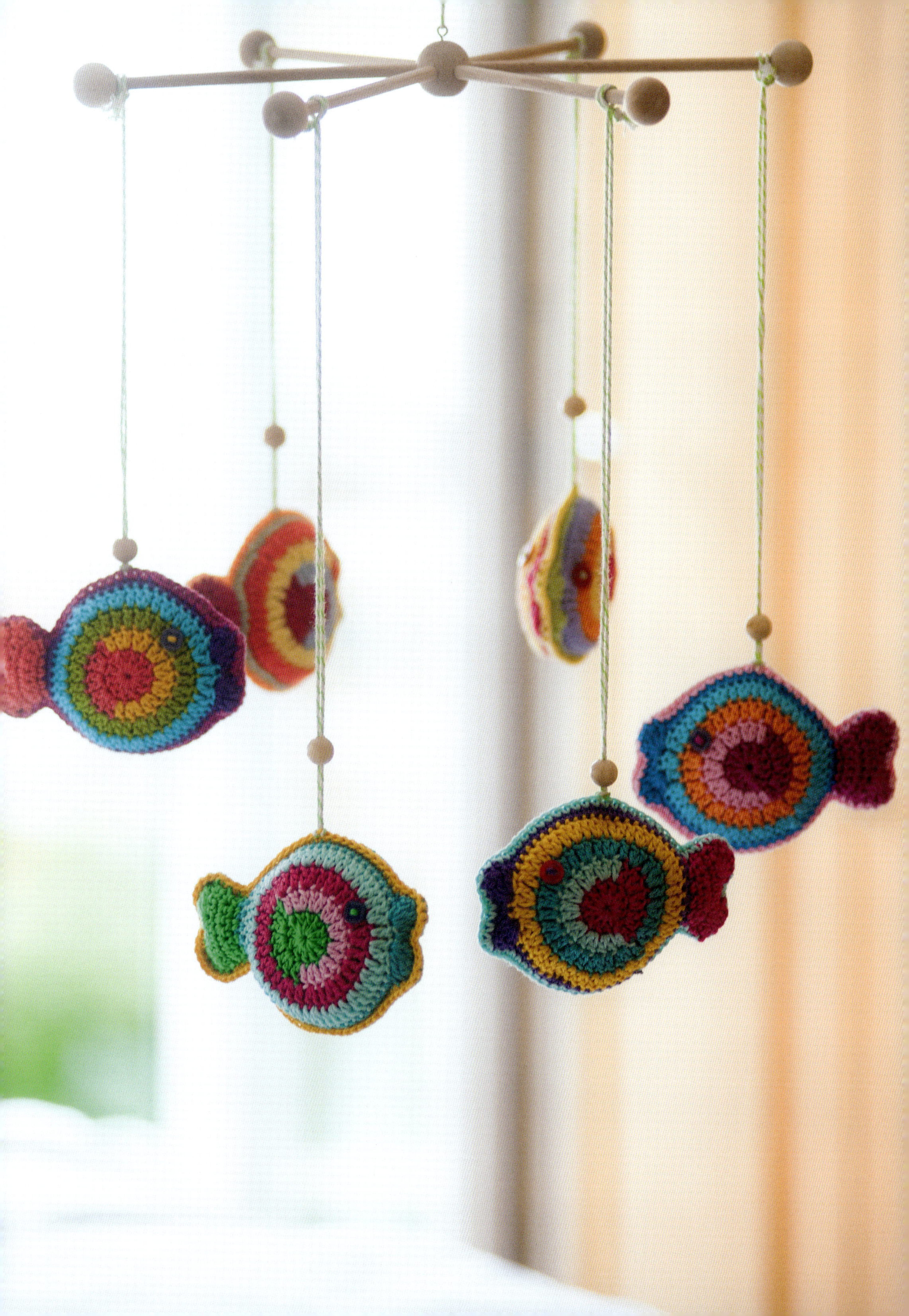

Kunterbunte Fische

Diese kleinen, farbenfrohen Fische sind ganz schnell gehäkelt und machen als Taschenbaumler, Deko-Anhänger oder als bunter Blickfang im Kinderwagen eine prima Figur! Dekorativ sind sie auch im WC oder Badezimmer, und sie setzen als Tischdeko, beispielsweise zum Fischmenü, bunte Akzente.

Was Sie wissen müssen

Für einen kunterbunten Fisch benötigen Sie zwei identische Teile, die anschließend zusammengehäkelt und dann mit Füllwatte ausgestopft werden – dies ist ein tolles und überschaubares Projekt für Anfänger!

Ganz wichtig

Der Fischkörper wird in Runden gehäkelt. **Jede Runde** beginnt als Ersatz für die erste Masche mit Luftmaschen, d. h. 1 Lm für 1 fM, 2 Lm für 1 hStb, 3 Lm für 1 Stb, 4 Lm für 1 DStb, und endet mit einer Kettmasche in die oberste der Anfangsluftmaschen. Die Schwanzflosse wird in Wende-Reihen gehäkelt.

Benötigtes Material

- ca. 30 g Baumwollgarn oder -reste in verschiedenen Farben, Catania von Schachenmayr oder Cotton Quick von Gründl
- Häkelnadel Nr. 2,5
- Bastelwatte/Füllwatte
- Stopfnadel
- Kleine Knöpfe als Augen (soll der Fisch als Kuscheltierchen oder Kleinkindspielzeug dienen, empfiehlt es sich, statt angenähter Knöpfe die Augen einfach mit Wolle aufzusticken)
- evtl. Aufhängebändchen oder Kordel und Perlen

Los geht's

4 Lm anschlagen und mit 1 Km in die 1. Lm zum Ring schließen.

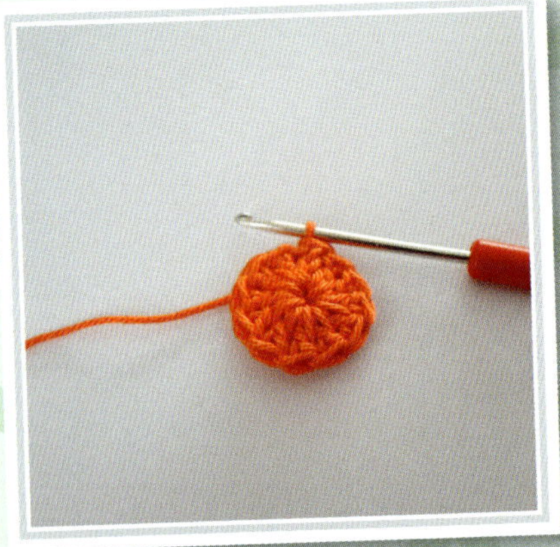

1. Runde: Stb. Beginnen Sie mit 3 Lm (= 1. Stb) und häkeln Sie noch 11 weitere Stb in den Ring. Mit 1 Km die Runde beenden (= 12 M).

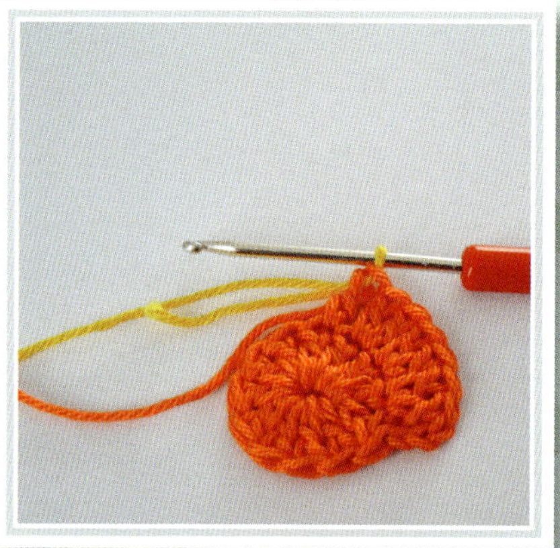

2. Runde: Stb, dabei jede M verdoppeln, also in jede M 2 Stb häkeln (= 24 M).

Ganz wichtig hier: Häkeln Sie die ersten 8 Stb (inkl. der Anfangs-Lm als Ersatz für das 1. Stb) in derselben Farbe wie die erste Runde und wechseln Sie dann die Farbe! So werden die Seitenflossen der Fische farblich dargestellt!

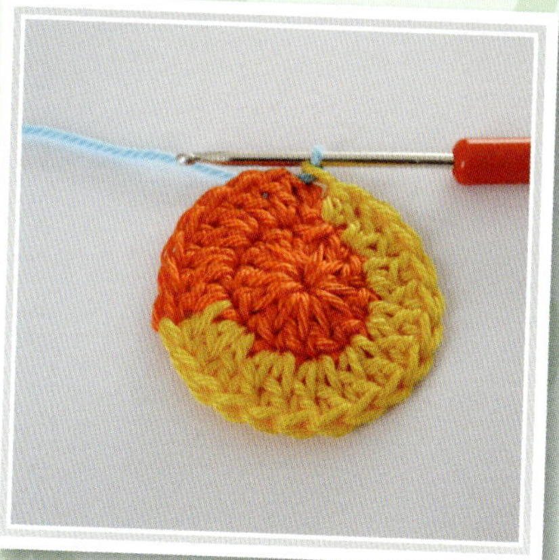

Beenden Sie die Runde wie vorgegeben – also in jede Masche 2 Stb häkeln – in der neuen Farbe.

Tipp

Ein schönerer Übergang beim Wechsel der Farben ergibt sich, wenn Sie bei der Kettmasche am Ende der Runde bereits den neuen Faden durchholen.

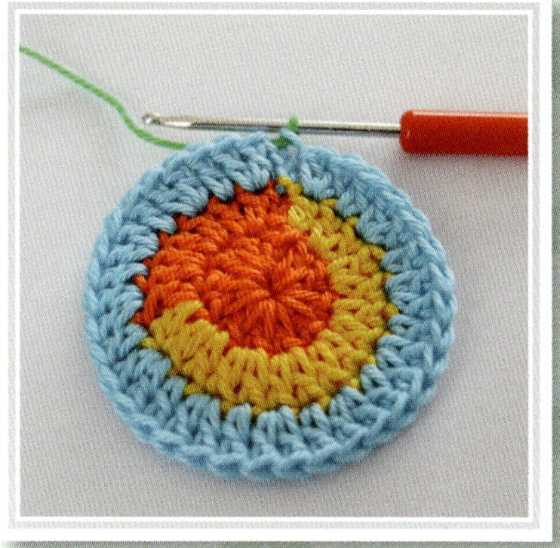

3. Runde: Stb, dabei jede 2. M verdoppeln (= 36 M).

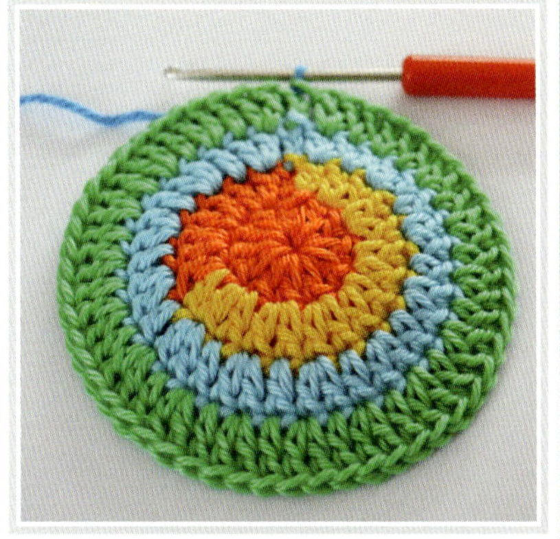

4. Runde: Stb, dabei auch hier wieder jede 2. M verdoppeln (= 54 M).

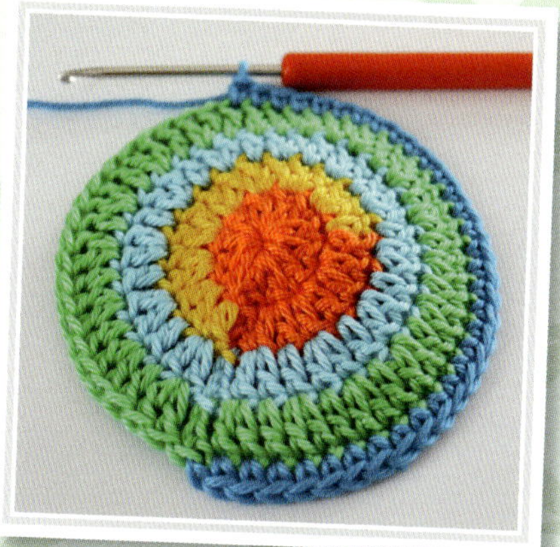

5. Runde: In dieser Runde wird das Maul des Fisches gehäkelt. Beginnen Sie mit 1 Lm und häkeln Sie dann noch 33 fM.

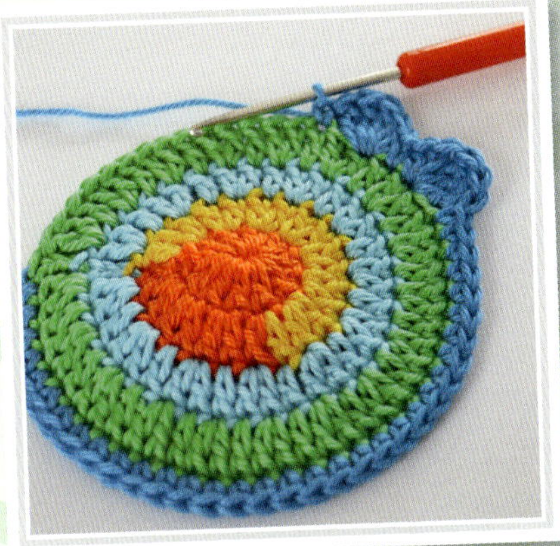

Nun 1 M überspringen, (3 DStb + 1 Stb + 1 hStb in dies. M), 1 fM, (1 hStb + 1 Stb + 3 DStb in dies. M) 1 M überspringen …

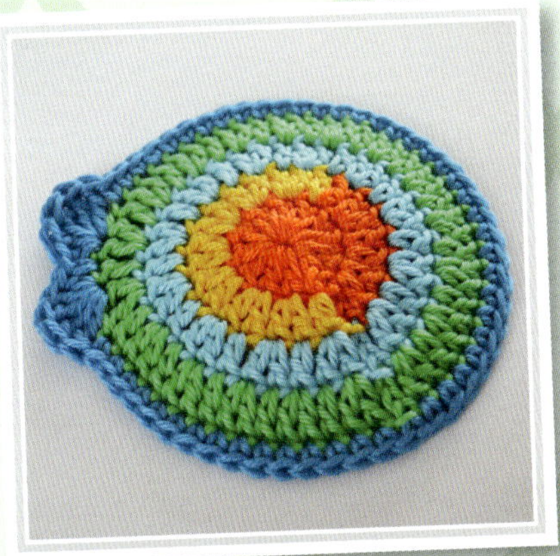

… und 15 fM bis zum Ende der Runde, mit 1 Km die Runde beenden. Faden abschneiden und versäubern.

Schwanzflosse anhäkeln

Für die Schwanzflosse müssen Sie den Faden neu anschlingen, und zwar zählen Sie hierzu ab der Km (End-/Start-Masche) der letzten Runde 7 M vorwärts, also nach links (siehe Pfeile):
In die 7. M einstechen und den Faden durchholen. Ich nehme stets für die Schwanzflosse dieselbe Farbe wie für die Seitenflosse (Runden 1 und 2).

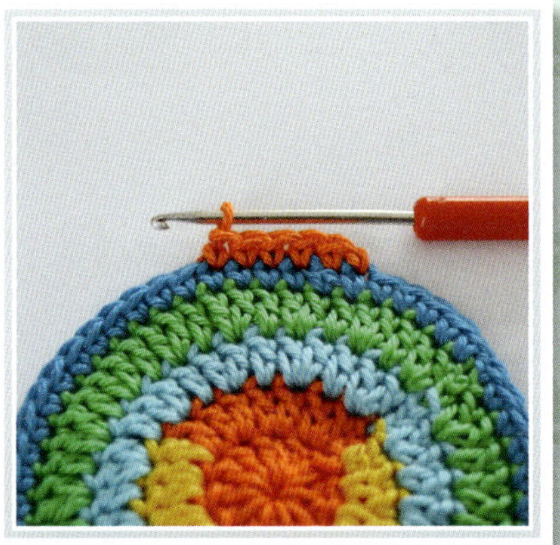

1. Reihe: fM. Beginnen Sie mit 1 Lm und häkeln Sie 5 fM (= 6 M). Wenden.

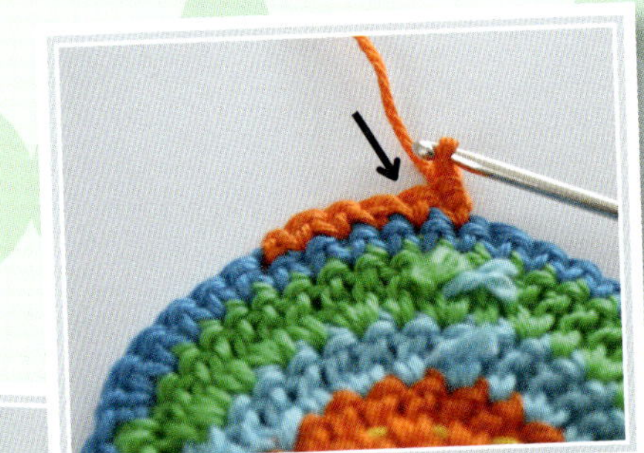

2. Reihe: fM. Beginnen Sie mit 1 Lm und nehmen Sie 2 M zu, indem Sie in die zweite und in die vorletzte Masche der Vorreihe jeweils 2 fM häkeln (= 8 M). Wenden.
Der Pfeil im Bild zeigt die nächste Einstichstelle nach der Anfangs-Lm.

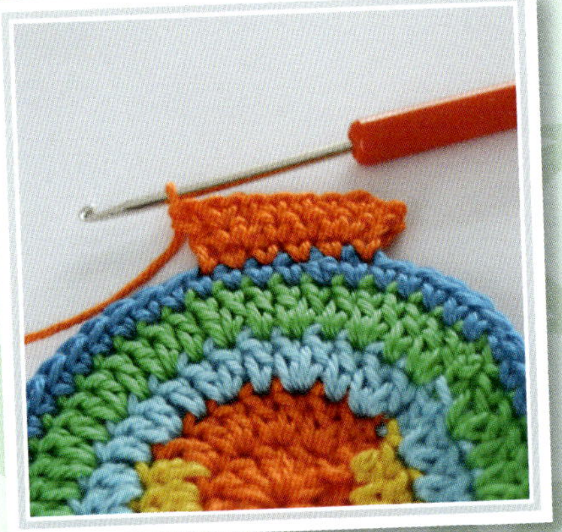

3. Reihe: Wie Reihe 2, d. h. je 1 M in der 2. und der vorletzten M zunehmen (= 10 M). Wenden.

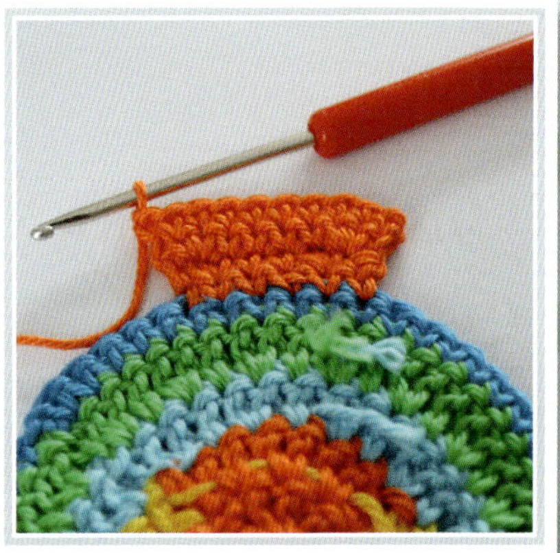

4. Reihe: fM, dabei mit 1 Lm beginnen, keine Zunahmen (= 10 M). Wenden.

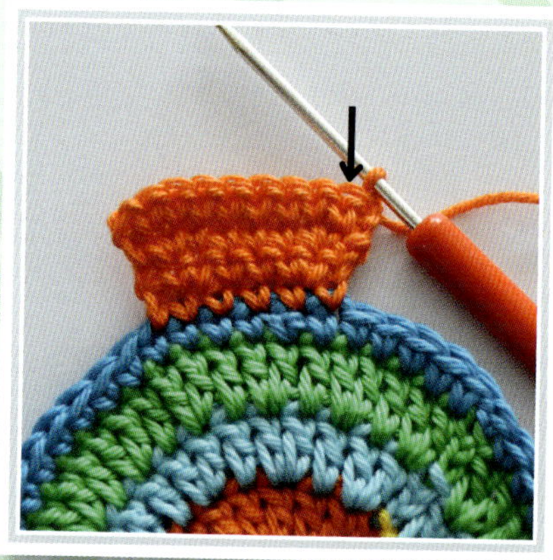

5. Reihe: Hier häkeln Sie jetzt keine Ersatzluftmaschen am Beginn der Reihe, sondern starten mit 1 hStb direkt in die nächste M (siehe Pfeil).

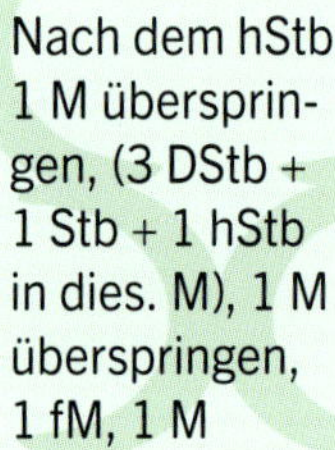

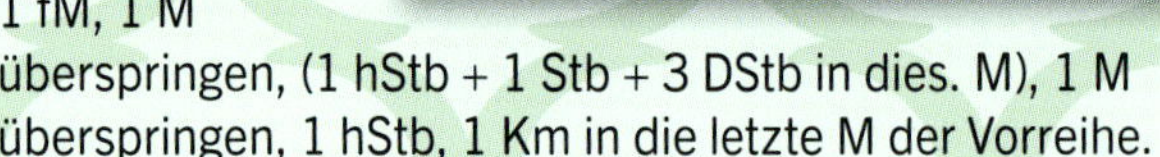

Nach dem hStb 1 M überspringen, (3 DStb + 1 Stb + 1 hStb in dies. M), 1 M überspringen, 1 fM, 1 M überspringen, (1 hStb + 1 Stb + 3 DStb in dies. M), 1 M überspringen, 1 hStb, 1 Km in die letzte M der Vorreihe.

Nun den Faden abschneiden und versäubern.

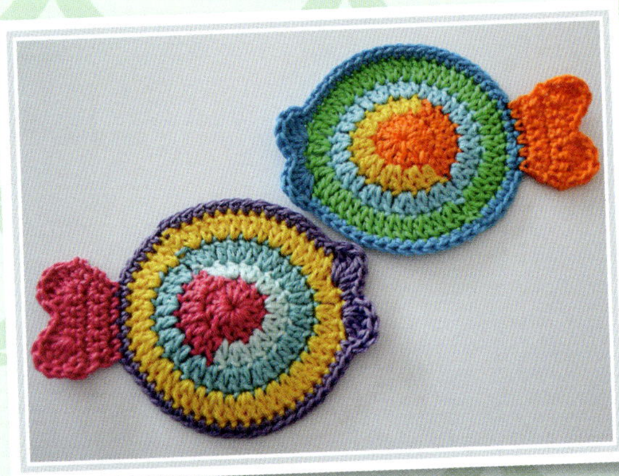

Häkeln Sie auf die gleiche Weise ein weiteres Teil. Sie können natürlich für die zweite Seite andere Farben nehmen, so hat Ihr Fisch später von jeder Seite eine andere Ansicht.

Augen anbringen

Jetzt müssen Sie Ihrem Fisch noch Augen geben. Ich habe für meine Fische bunte Knöpfe genommen und diese mit Wolle und einer Stopfnadel aufgenäht. Falls Sie keine geeigneten Knöpfe zur Hand haben oder der Fisch ein Kleinkindspielzeug werden soll, können Sie die Augen aber auch einfach mit Wolle und Nadel aufsticken.

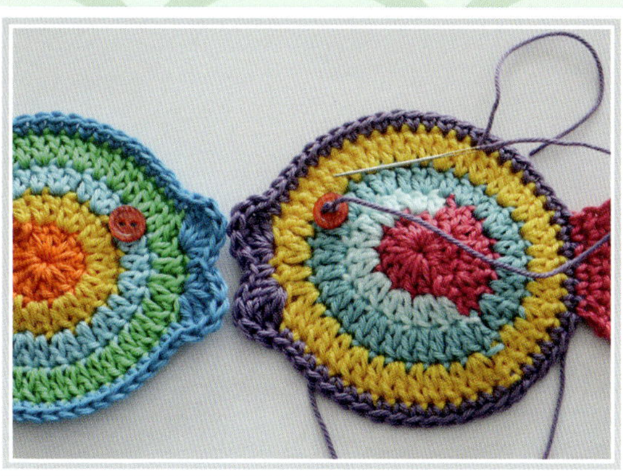

Teile verbinden

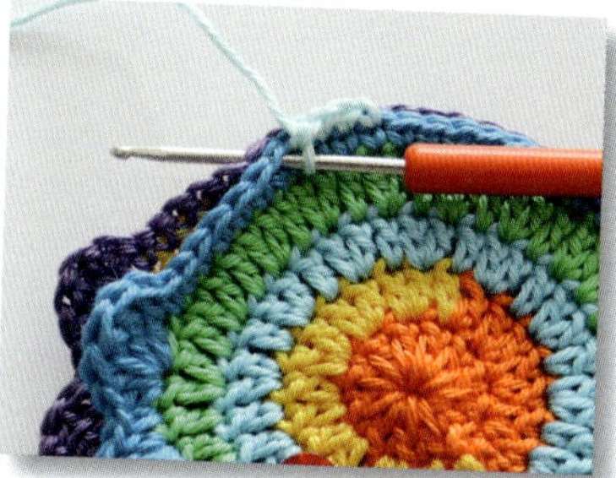

Legen Sie beide Teile links auf links zusammen und verbinden Sie sie, indem Sie feste Maschen häkeln – dabei müssen Sie durch die Maschen beider Teile stechen.

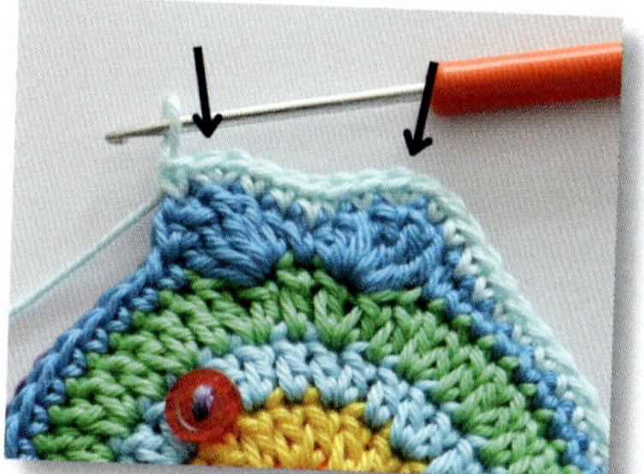

Bitte beachten Sie: An jeweils der höchsten Stelle der „Lippen“ …

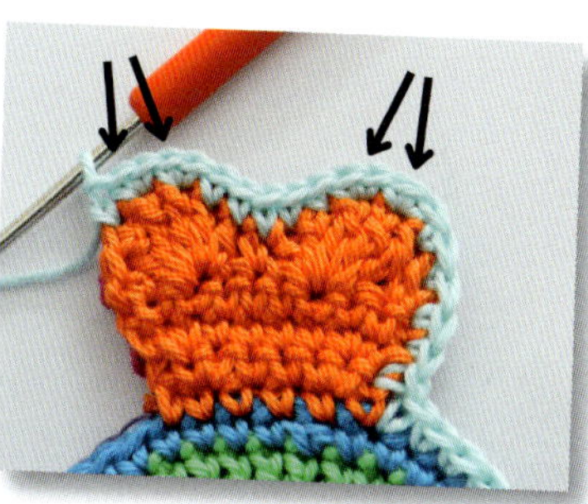

… und der Schwanzflosse häkeln Sie 3 fM in dieselbe Masche (siehe Pfeile).

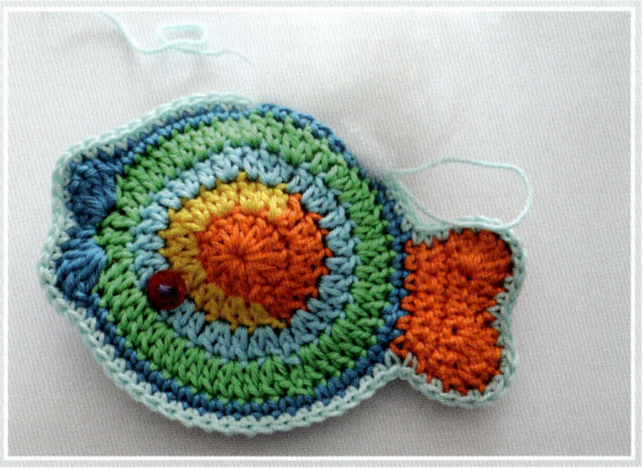

Kurz vor Ende der Reihe lassen Sie eine kleine Öffnung, stopfen den Fisch schön fest aus und verschließen dann die Öffnung, indem Sie feste Maschen bis zum Ende weiterhäkeln.

Tipp

Hübsch machen sich die Fische als Mobile. Es geht ganz einfach: An die Fische eine Kordel anbringen, an einen fertig gekauften Mobilestern (Bastelbedarf) hängen und fertig ist der Blickfang fürs Kinderzimmer.

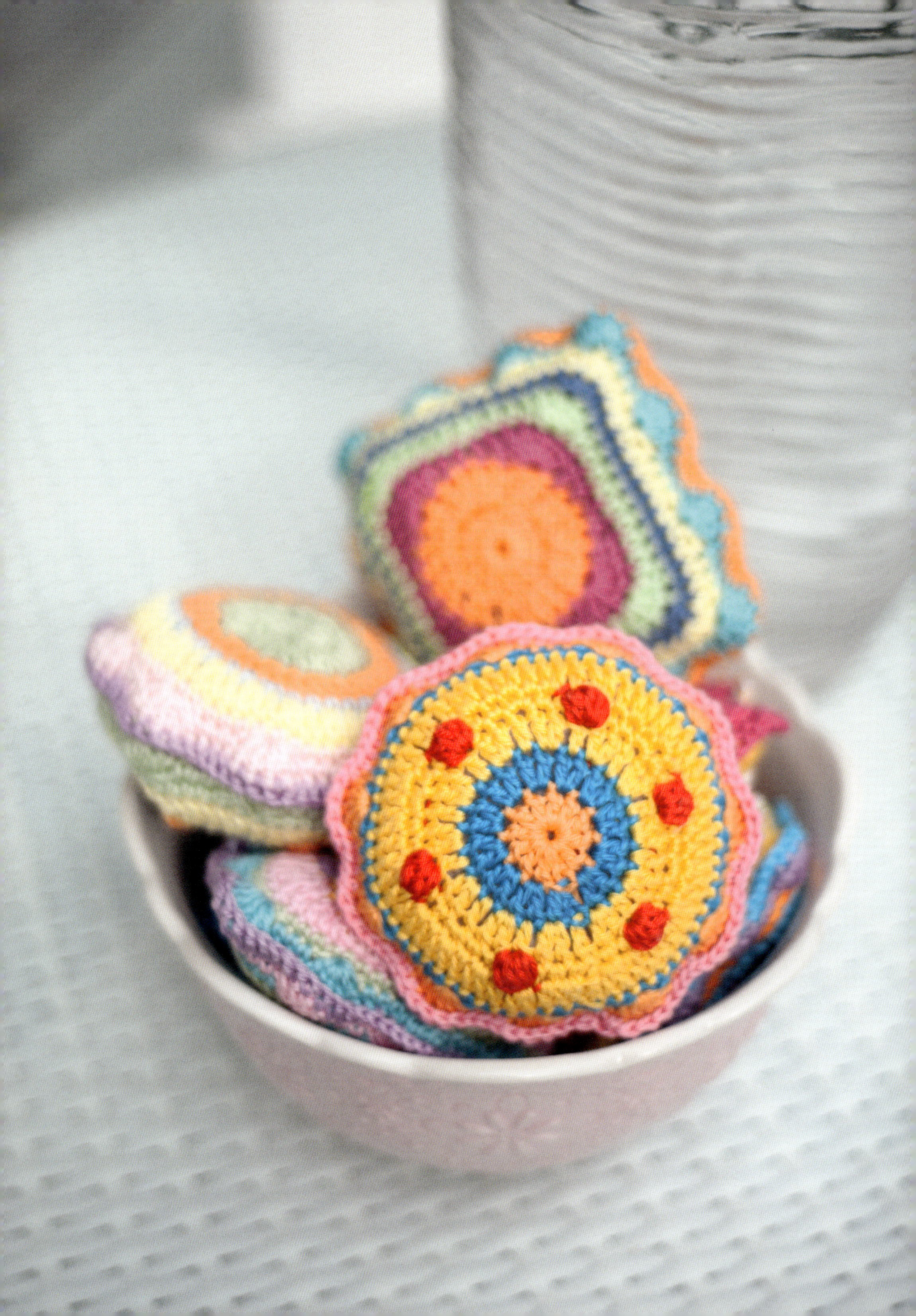

Taschenbaumler & Nadelkissen

Bei diesem Projekt haben Sie die Qual der Wahl:

Ob Sie sich für Ihre Lieblingstasche einen kunterbunten Taschenbaumler oder für den Nähtisch ein neues ausgefallenes Nadelkissen häkeln möchten, ob Sie Deko-Hänger oder Applikationen für Kleidung, Taschen und Accessoires zaubern möchten - Sie allein sind der Designer und entscheiden, welche Form Sie für welches Projekt wählen: rund, quadratisch oder herzförmig!

Was immer Ihnen am liebsten ist ...

Was Sie wissen müssen

Für ein Nadelkissen oder einen Taschenbaumler sind zwei nahezu identische Teile zu häkeln, die anschließend zusammengehäkelt und dann mit Füllwatte ausgestopft werden. Sie können alternativ auch nur Vorder- oder Rückseite als Applikation zum Aufnähen auf Kleidung, Taschen oder Kissen häkeln.
Die drei Formen sind unterschiedlich anspruchsvoll zu häkeln: Am einfachsten ist die runde Form, dann Quadrat und etwas schwieriger ist das Herz. Hier müssen Sie konzentriert den Angaben zu den einzelnen aufeinanderfolgenden Maschen folgen!

Ganz wichtig

Gehäkelt wird in Runden. **Jede Runde** beginnt als Ersatz für die erste Masche mit Luftmaschen, d. h. 1 Lm für 1 fM, 2 Lm für 1 hStb, 3 Lm für 1 Stb, 4 Lm für 1 DStb, und endet mit einer Kettmasche in die oberste der Anfangsluftmaschen.

Benötigtes Material

- Baumwollgarn oder -reste in verschiedenen Farben, Catania von Schachenmayr oder Cotton Quick von Gründl
- Häkelnadel Nr. 2,5
- Bastelwatte/Füllwatte
- Stopfnadel
- evtl. Aufhängebändchen oder Kordel und Perlen

Los geht's

Die beiden ersten Häkel-Runden sind für alle drei Formen identisch! Auch das Füllen und Schließen erfolgt immer auf die gleiche Weise, daher werde ich das nur einmal, bei der ersten Form, beschreiben.

Runde Form Vorderseite

4 Lm anschlagen und mit 1 Km in die 1. Lm zum Ring schließen.

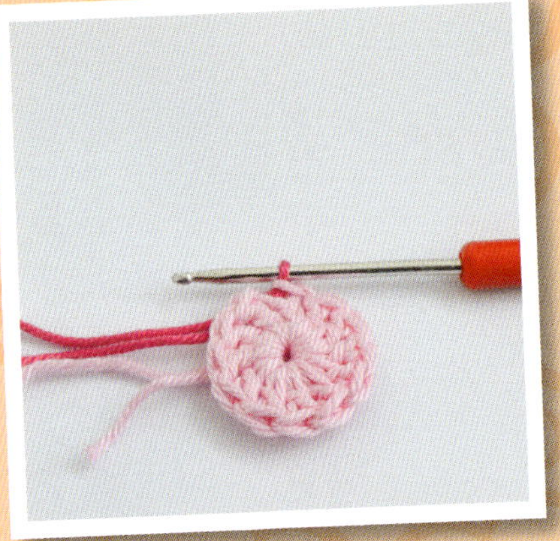

1. Runde: Stb. Beginnen Sie mit 3 Lm (= 1. Stb) und häkeln Sie 11 Stb in den Ring. Mit 1 Km die Runde beenden (= 12 M).

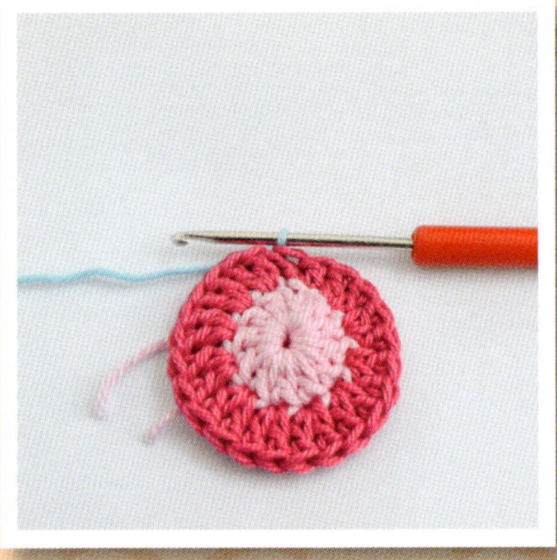

2. Runde: Stb, dabei jede M verdoppeln, d. h. in jede M 2 Stb häkeln (= 24 M).

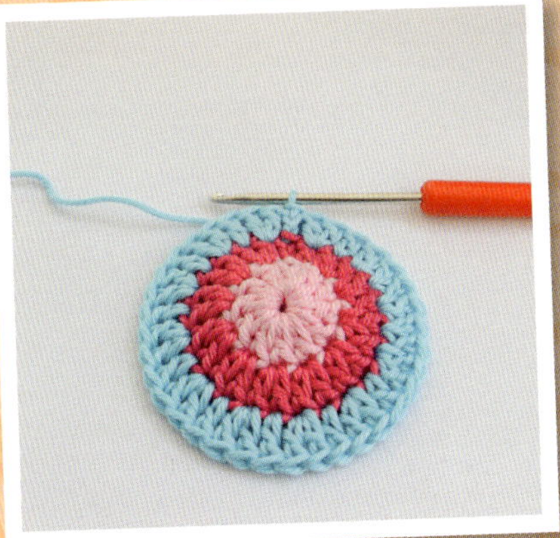

3. Runde: Stb, dabei jede 2. M verdoppeln, d. h. in jede 2. M 2 Stb häkeln (= 36 M).

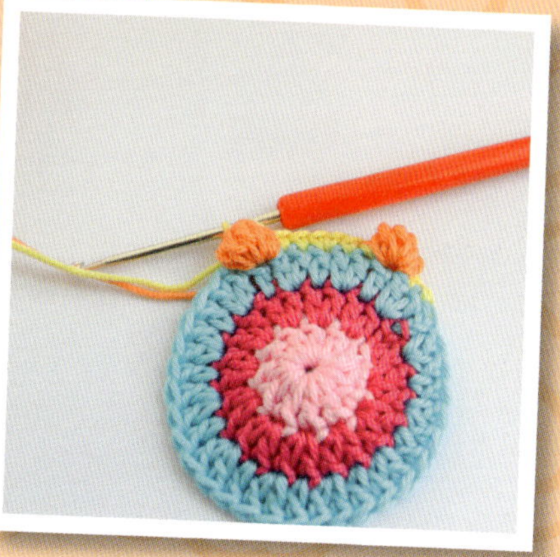

4. Runde: fM mit Noppen.Beginnen Sie mit 1 Lm (= 1. fM), 2 fM, dann folgt die 1. Noppe (siehe Seite 19). Danach * 2 fM, (2 fM in dies. M), 2 fM, 1 Noppe.

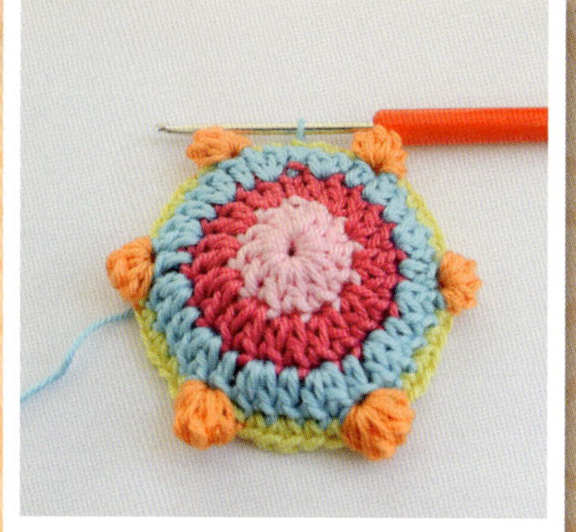

Ab * noch 4 x wiederholen. Nach der 6. Noppe noch 2 fM und 1 letzte fM in die Masche, aus der die Anfangs-Lm kommt, häkeln, Runde mit 1 Km beenden (= 42 M).

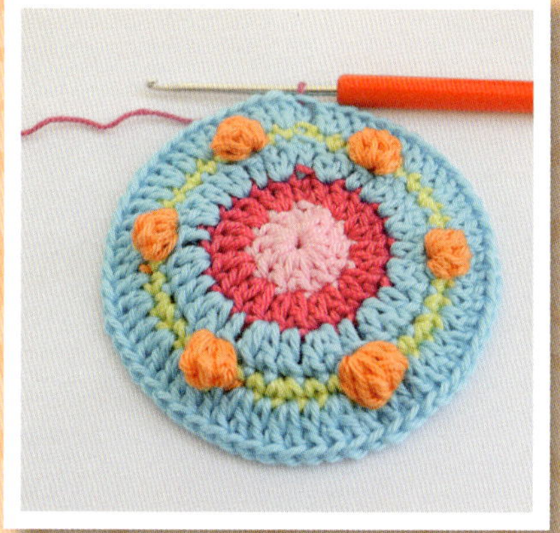

5. Runde: Stb, dabei wieder jede 2. M verdoppeln (= 63 M).

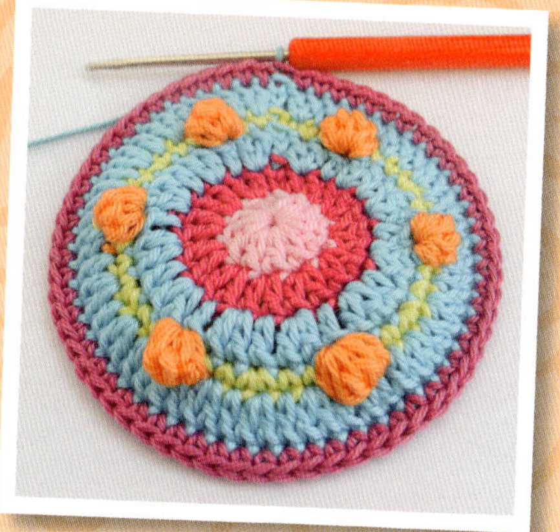

6. Runde: fM (= 63 M).

Tipp

Ein schönerer Übergang beim Wechsel der Farben ergibt sich, wenn Sie bei der Kettmasche am Ende der Runde bereits den neuen Faden durchholen.

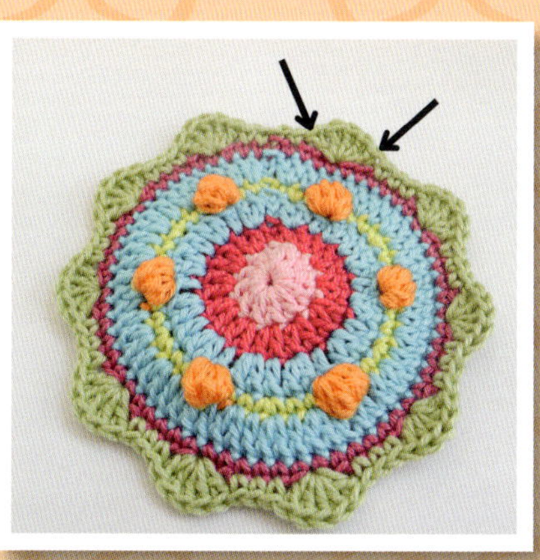

7. Runde: Muschelmuster. Beginnen Sie mit 1 Lm (= 1. fM), 2 fM, * 1 M übergehen, (5 Stb in dies. M), 1 M übergehen, 3 fM. Ab * fortlaufend wiederholen.

Am Ende der Runde müssen Sie vor und nach der letzten Muschel je 2 M übergehen (siehe Pfeile), damit das Muster aufgeht! Danach noch 1 fM und 1 Km. Fertig!

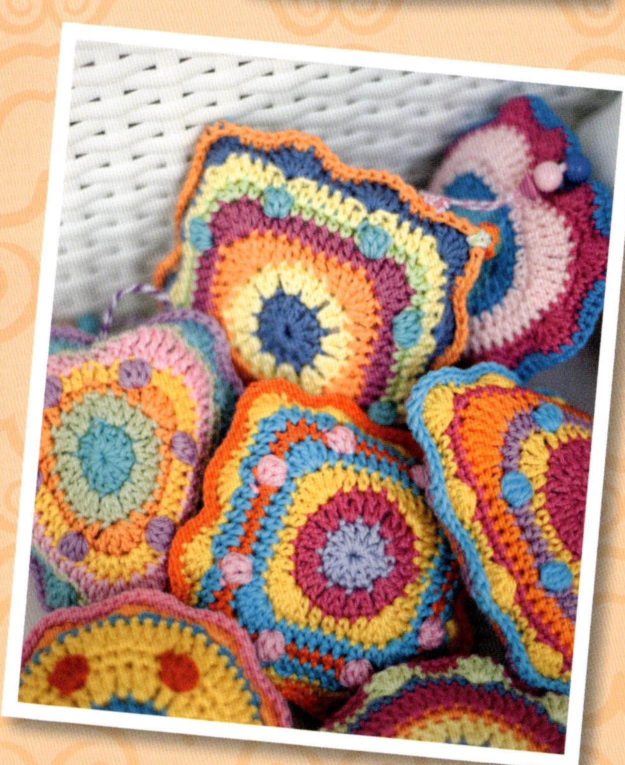

Runde Form Rückseite

1. –3. Runde: wie Vorderseite.
4. Runde: fM, dabei jede 6. M verdoppeln, d. h. in jede 6. M 2 fM häkeln (= 42 M).

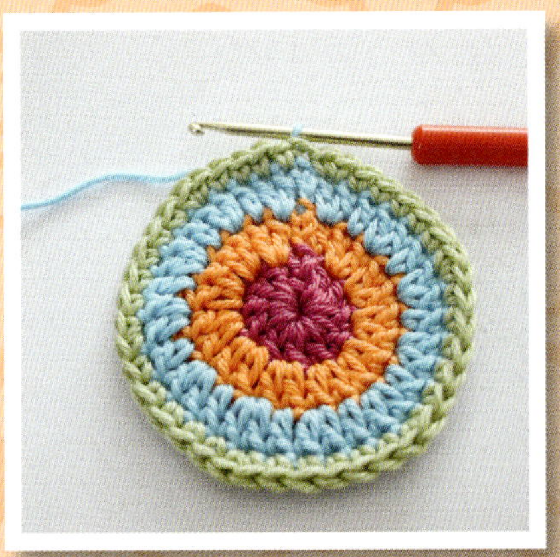

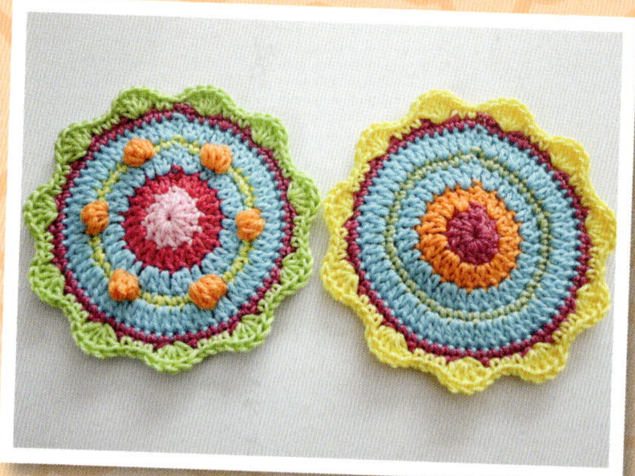

5. – 7. Runde: wie Vorderseite

Vorder- und Rückseite verbinden

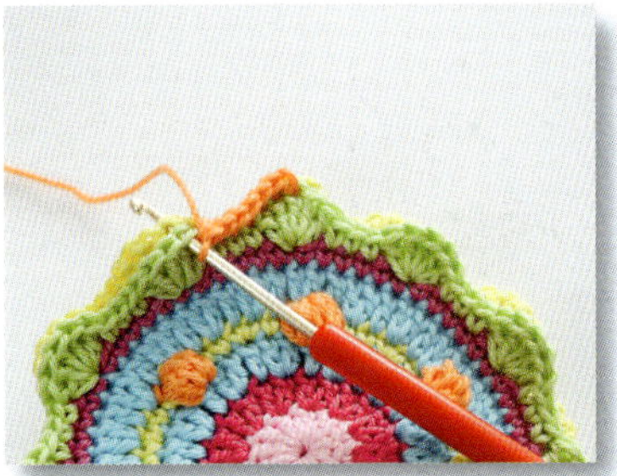

Legen Sie beide Teile links auf links zusammen und verbinden Sie sie, indem Sie rundherum feste Maschen häkeln – dabei müssen Sie durch die Maschen beider Teile stechen.

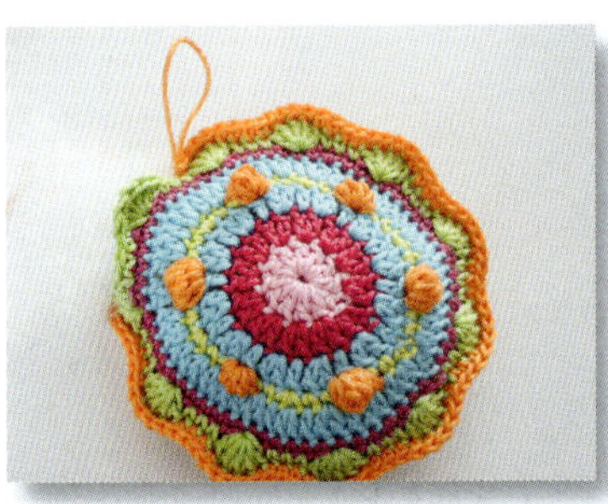

Kurz vor Ende des Umhäkelns mit festen Maschen lassen Sie eine kleine Öffnung, stopfen die Arbeit schön gleichmäßig mit Füllwatte aus und verschließen dann die Öffnung, indem Sie bis zum Ende feste Maschen häkeln.

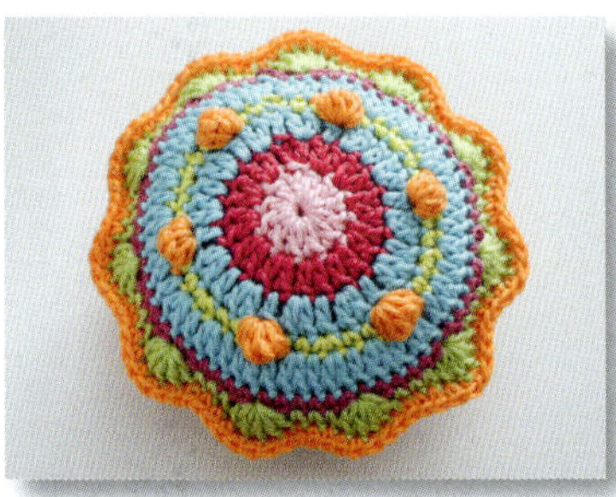

Die nun noch außen liegenden Fäden dieser letzten Runde auf eine Stopfnadel auffädeln und nach innen vernähen.

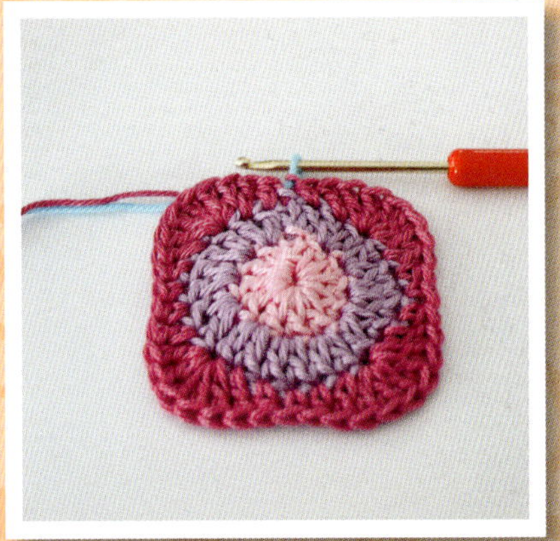

Quadratische Form - Vorderseite

1. + 2. Runde: wie bei der runden Form.
3. Runde: Beginnen Sie mit 1 Lm (= 1. fM), dann
1 hStb, 1 Stb, (5 Stb in dies. M) (= 1. Ecke),
1 Stb, 1 hStb, 1 fM, 1 hStb, 1 Stb, (5 Stb in dies. M) (= 2. Ecke),
1 Stb, 1 hStb, 1 fM, 1 hStb, 1 Stb, (5 Stb in dies. M) (= 3. Ecke),
1 Stb, 1 hStb, 1 fM, 1 hStb, 1 Stb, (5 Stb in dies. M) (= 4. Ecke),
1 Stb, 1 hStb, 1 Km (= 40 M).

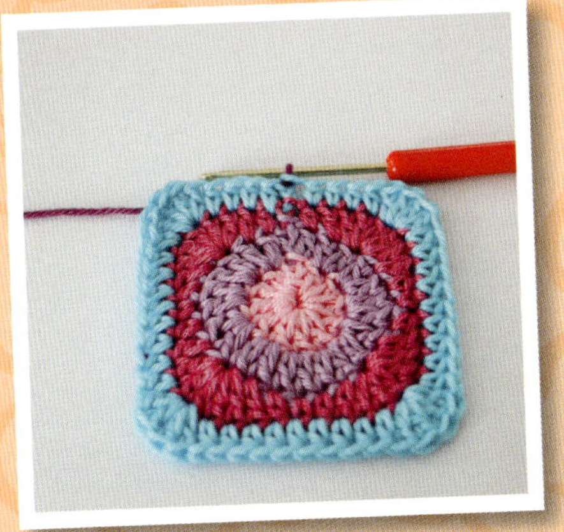

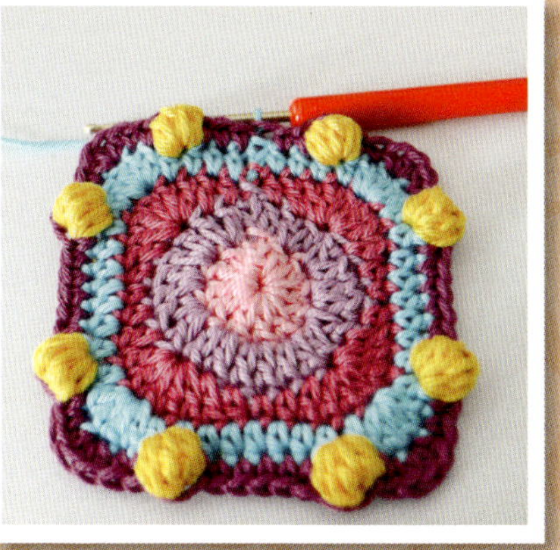

4. Runde: Beginnen Sie mit 2 Lm (= 1. hStb), dann 4 hStb, (4 Stb in dies. M) (= 1. Ecke), 9 hStb, (4 Stb in dies. M) (= 2. Ecke), 9 hStb, (4 Stb in dies. M) (= 3. Ecke), 9 hStb, (4 Stb in dies. M) (= 4. Ecke), 4 hStb, 1 Km (= 52 M).

5. Runde: fM mit Noppen. Beginnen Sie mit 1 Lm (= 1. fM), 3 fM und häkeln Sie dann die erste Noppe (siehe Seite 19). Direkt nach der Noppe geht es weiter mit * 2 fM, (3 hStb in dies. M), 2 fM, 1 Noppe, 6 fM, 1 Noppe. Ab * noch 3 x wiederholen, aber nach der 8. Noppe nur noch 2 fM, 1 Km (= 60 M).

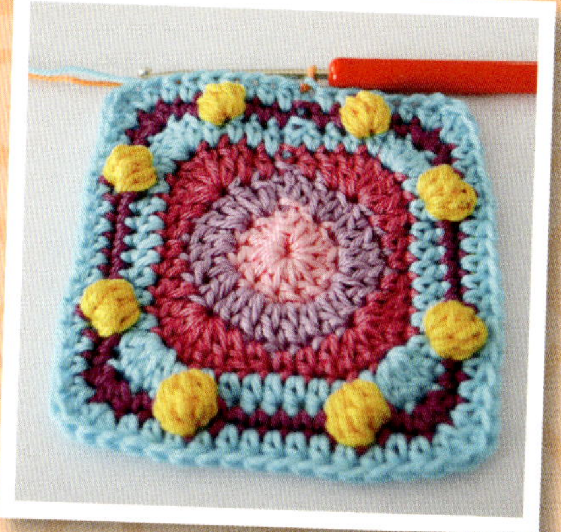

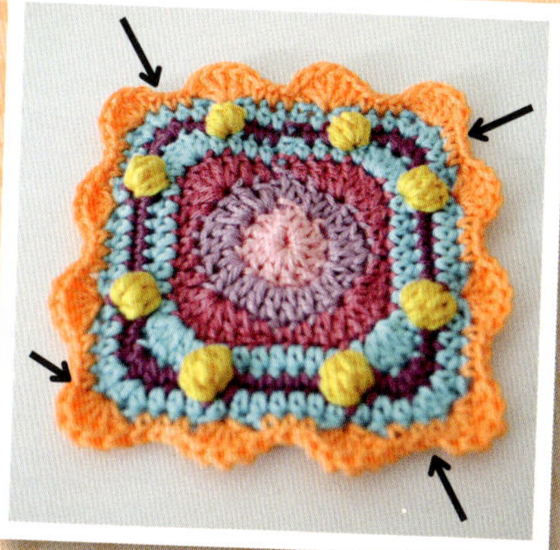

6. Runde: Beginnen Sie mit 2 Lm (= 1. hStb), 7 hStb, dann * (1 hStb + 1 Stb in dies. M), (1 Stb + 1 hStb in dies. M), 13 hStb, ab * noch 2 x wiederholen, dann (1 hStb + 1 Stb in dies. M), (1 Stb + 1 hStb in dies. M), 5 hStb, 1 Km (= 68 M).

7. Runde: Muschelmuster. Beginnen Sie mit 1 Lm (= 1. fM), 3 fM, 1 M überspringen, (5 Stb in dies. M), 1 M überspringen, 3 fM, fortlaufend wiederholen. Besonderheit in dieser Runde: Immer vor der Eck-Muschel (siehe Pfeile) keine Masche überspringen, dann geht das Muster genau auf!

Quadrat Rückseite

1. – 7. Runde: wie Vorderseite, aber ohne Noppen.

In der 5. Runde anstatt 1 Noppe einfach 1 fM häkeln.

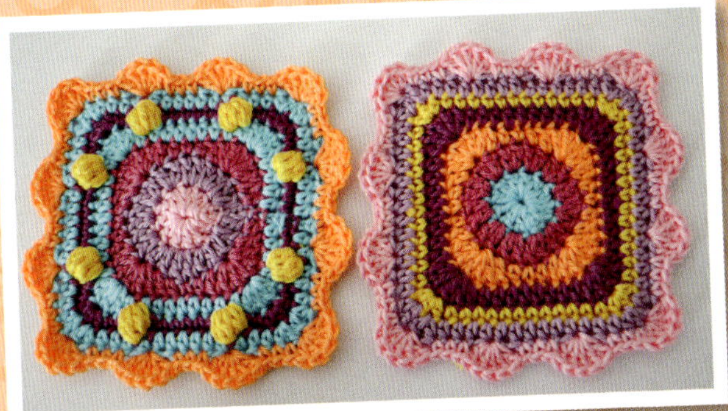

Beide Teile, wie bei der runden Form beschrieben, verbinden, füllen und schließen.

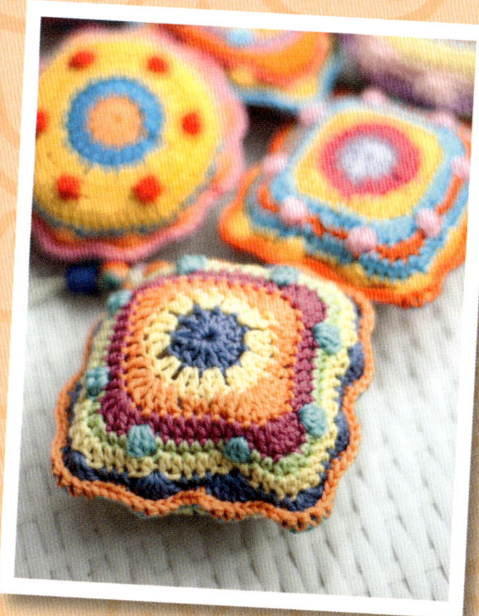

Herzform Vorderseite

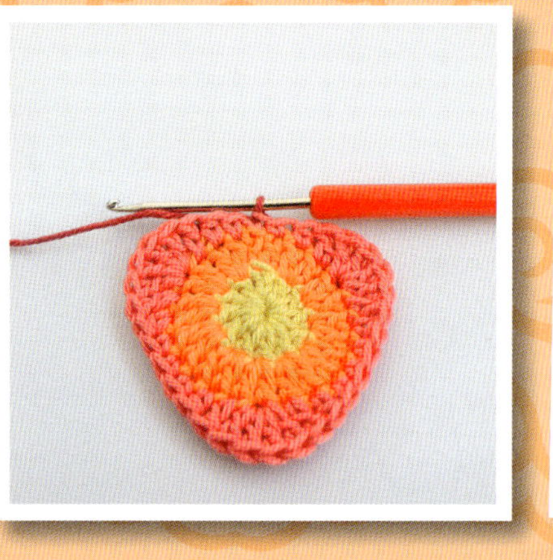

1. + 2. Runde: wie bei der runden Form.
3. Runde: Beginnen Sie mit 1 Lm (= 1. fM), 1 fM, 1 hStb, 1 Stb, (4 Stb in dies. M) (= 1. Ecke), 1 Stb, 1 hStb, 3 fM, 1 hStb, 1 Stb, (4 Stb in dies. M) (= 2. Ecke), 1 Stb, 1 hStb, 3 fM, 1 hStb, 1 Stb, (4 Stb in dies. M) (= 3. Ecke), 1 Stb, 1 hStb, 1 fM, 1 Km (= 33 M).

4. Runde: hStb mit Noppen. Beginnen Sie mit 2 Lm (= 1. hStb), 2 hStb, dann die erste Noppe (siehe Seite 19). Nach der Noppe geht es so weiter: * 1 hStb, (3 hStb in dies. M), (3 hStb in dies. M), 1 hStb, 1 Noppe, 5 hStb, 1 Noppe, ab * bis Rundenende wiederholen, nach der 6. Noppe noch 2 hStb, 1 Km (= 45 M).

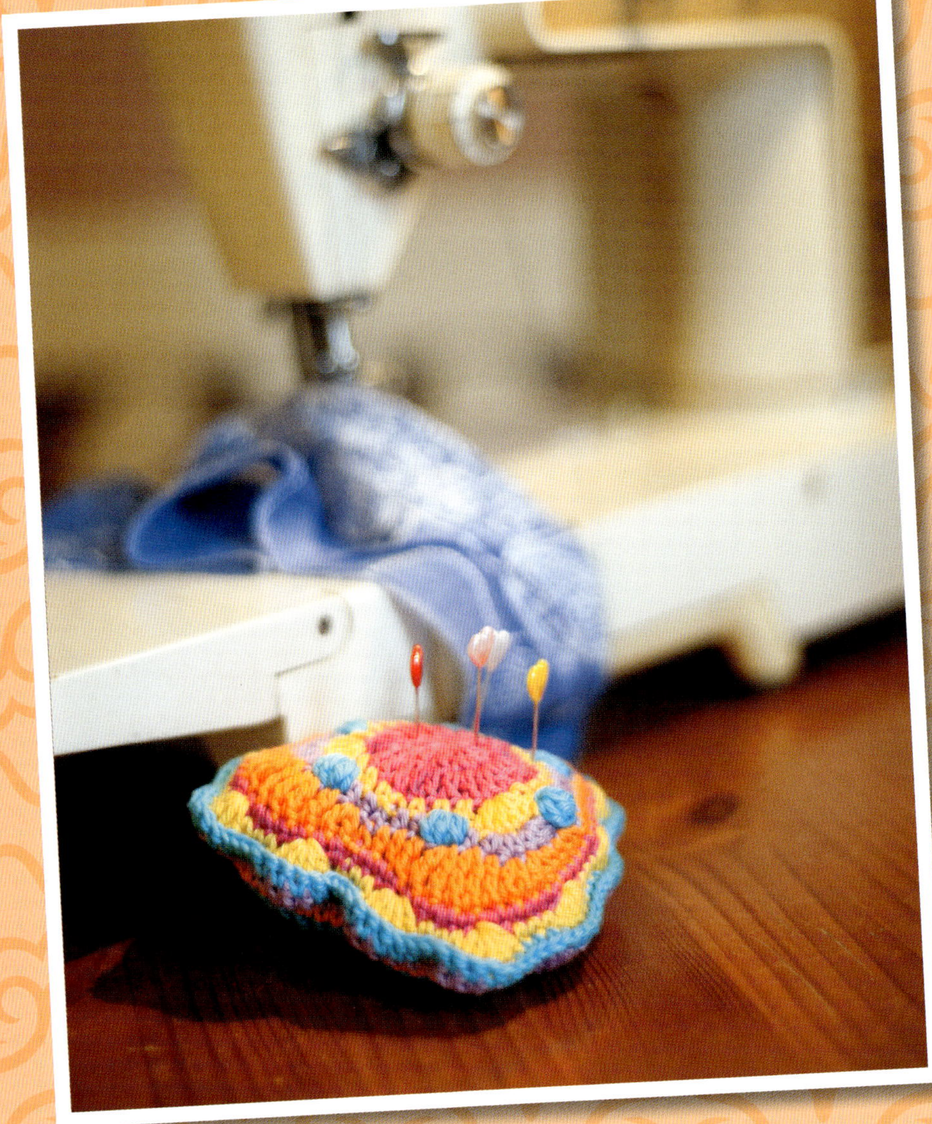

Tipp

In Runde 5 bitte konzentrieren – für das Gelingen der Herzform ist entscheidend, dass jede einzelne Masche an ihrem Platz ist. Im Zweifel oder wenn Sie nicht auf die finale Maschenzahl kommen: Immer wieder nachzählen und Masche für Masche abgleichen – notfalls aufribbeln und nochmal häkeln.

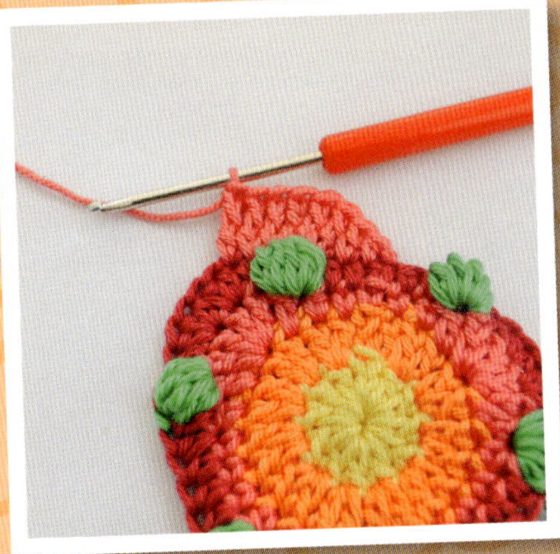

5. Runde: Beginnen Sie mit 1 Lm (= 1. fM), 1 hStb, 1 Stb, 1 DStb, (2 DStb in dies. M), (2 DStb in dies. M), 1 DStb,

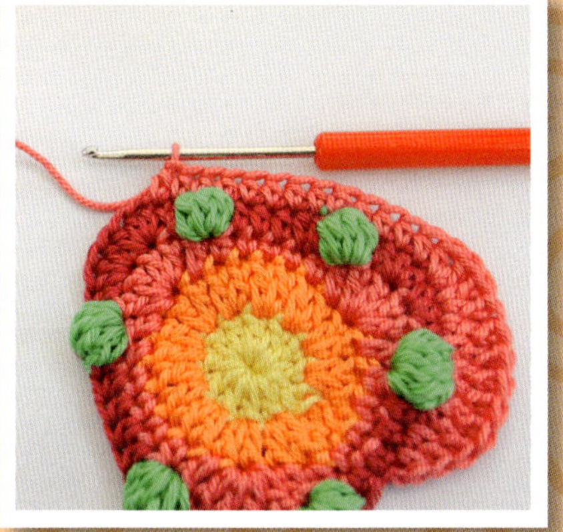

(2 Stb in dies. M), (1 Stb + 1 hStb in dies. M), 13 hStb,

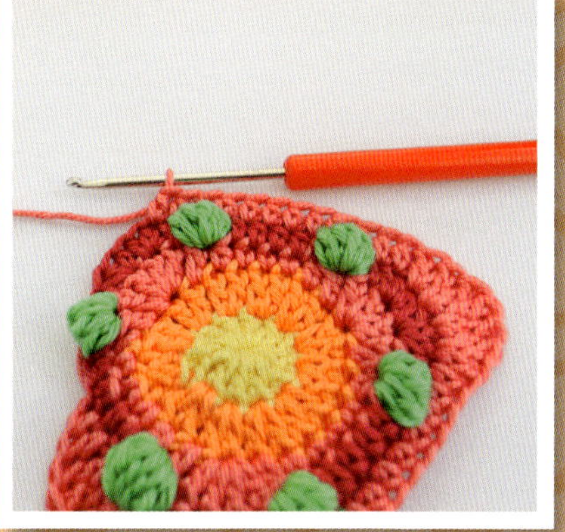

(2 Stb in dies. M), (2 DStb in dies. M), (2 DStb in dies. M), (2 Stb in dies. M), 12 hStb,

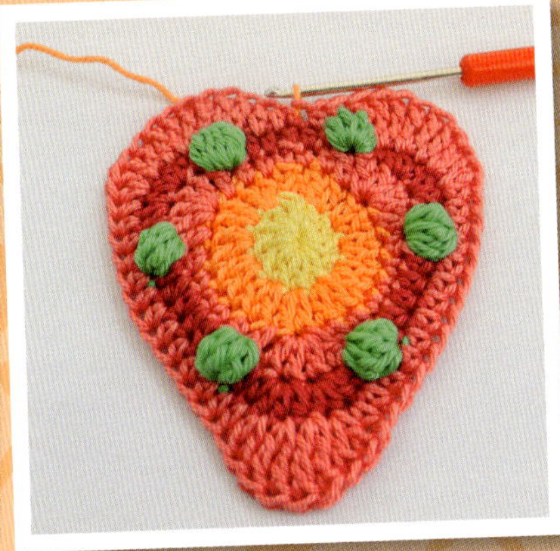

und schließlich (1 hStb + 1 Stb in dies. M), (2 Stb in dies. M), 1 DStb, (2 DStb in dies. M), (2 DStb in dies. M), 1 DStb, (1 Stb + 1 hStb in dies. M), 1 Km (= 58 M).

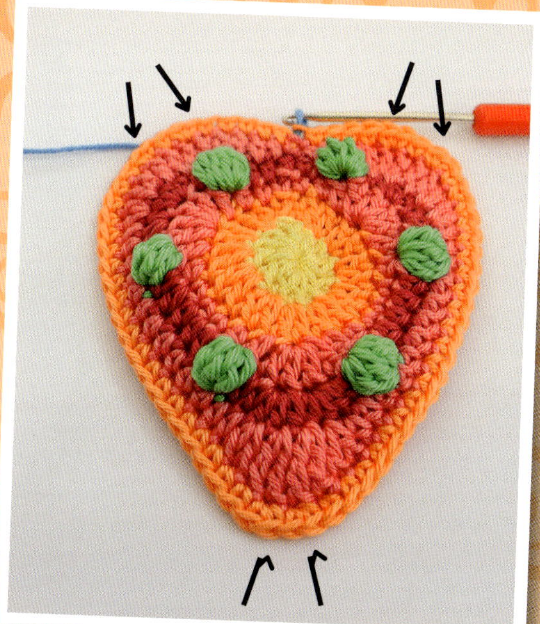

6. Runde: fM.
Beginnen Sie mit 1 Lm (= 1. fM), dann 5 fM, (2 fM in dies. M), 1 fM, (2 fM in dies. M), 20 fM, (2 fM in dies. M), (2 fM in dies. M.), 20 fM, (2 fM in dies. M), 1 fM, (2 fM in dies. M), 4 fM, 1 Km (= 64 M).
Die Pfeile verdeutlichen lediglich, wo die Zunahmen erfolgen, ansonsten ist das eine einfache Runde komplett aus festen Maschen!

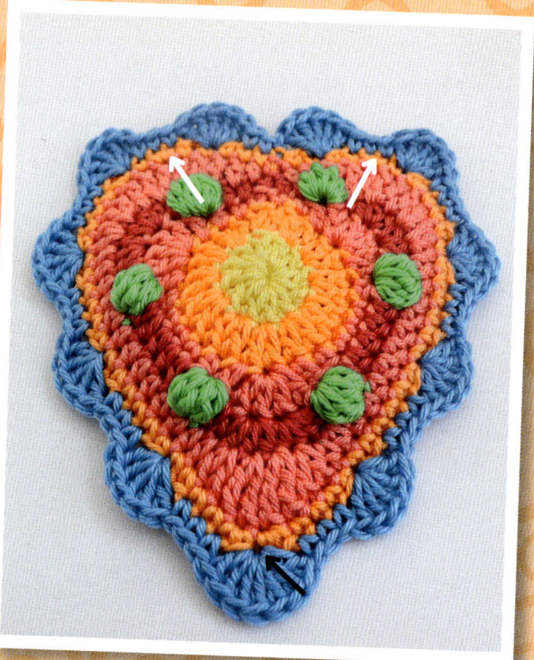

7. Runde: Muschelmuster.
Beginnen Sie mit 1 Lm (= 1. fM), 2 fM,
* 1 M überspringen, (5 Stb in dies. M), 1 M überspringen, 3 fM, ab * bis Rundenende wiederholen.

Hier gibt es 2 Ausnahmen:
1. Vor der zweiten Muschel und nach der vorletzten Muschel (weiße Pfeile) überspringen Sie keine Masche! So geht das Muster genau auf!
2. An der unteren Herzspitze (schwarzer Pfeil) häkeln Sie 7 Stb in dieselbe Masche!

Herzform - Rückseite

1. – 4. Runde: wie Vorderteil, aber in der 4. Runde ohne Noppen! Anstelle 1 Noppe wird einfach 1 hStb gehäkelt.
5. – 7. Runde: wie Vorderteil.

Beide Teile, wie bei der runden Form beschrieben, verbinden, füllen und schließen.

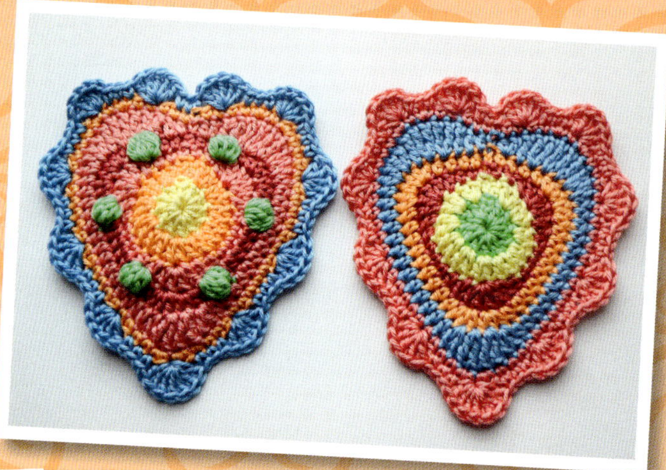

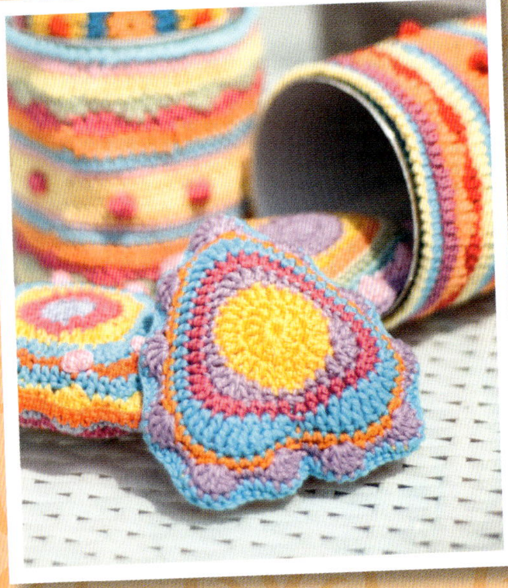

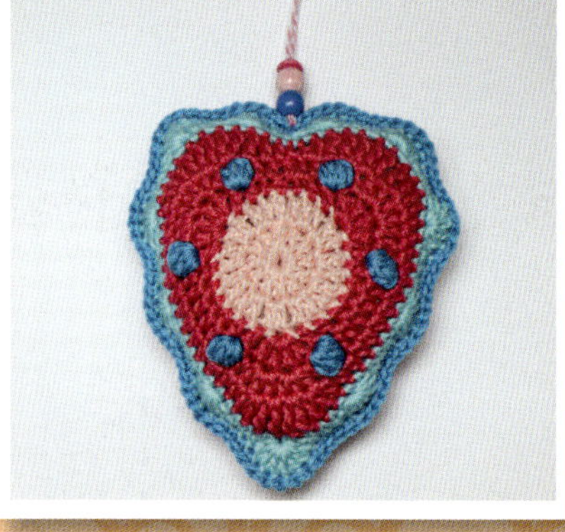

Für die Verwendung als Taschenbaumler oder Deko-Anhänger ziehen Sie oben mittig mithilfe einer Stopfnadel zwischen zwei Maschen eine Kordel oder ein Bändchen ein, auf das Sie nach Belieben noch ein paar bunte Holzperlen auffädeln können.

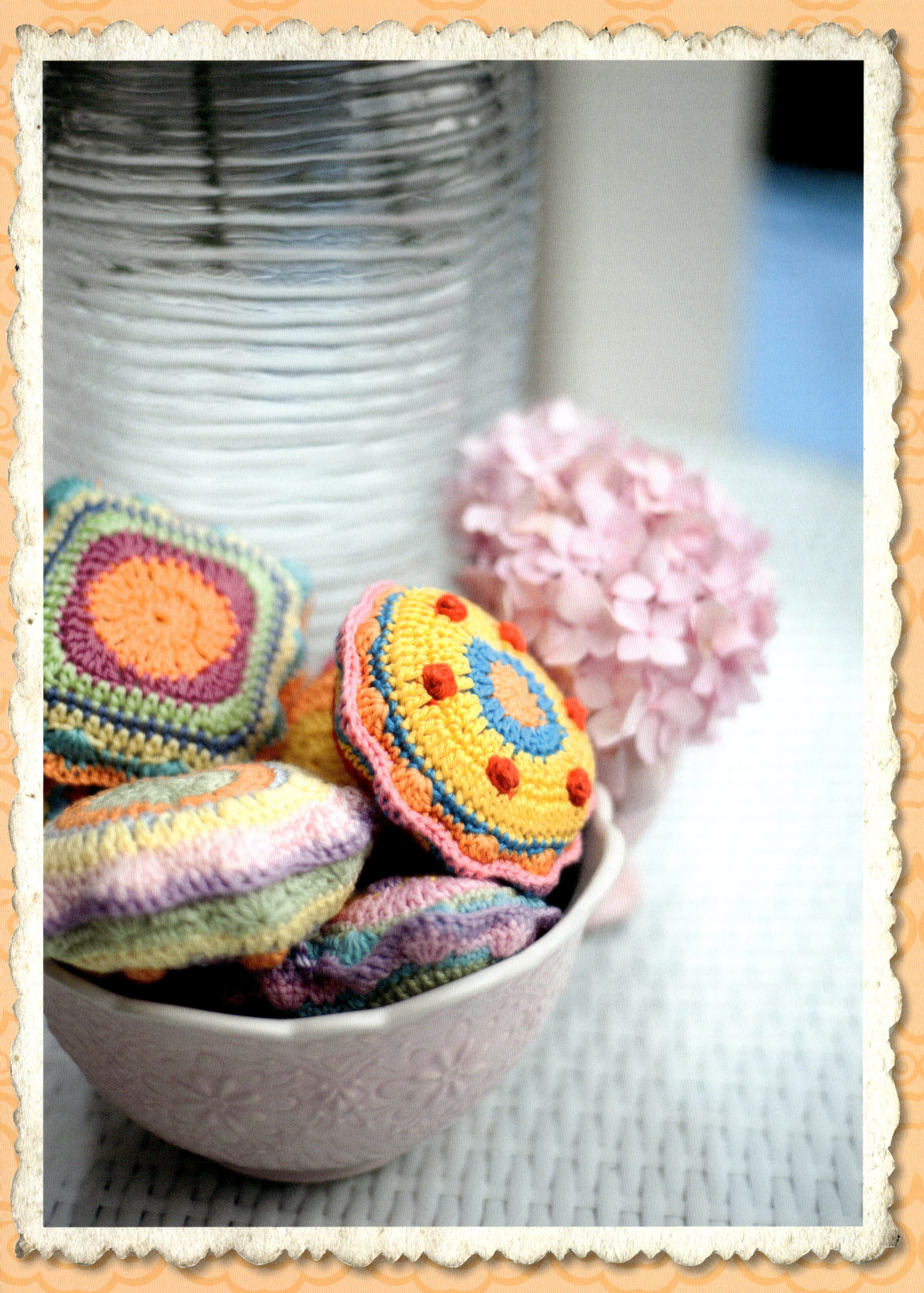

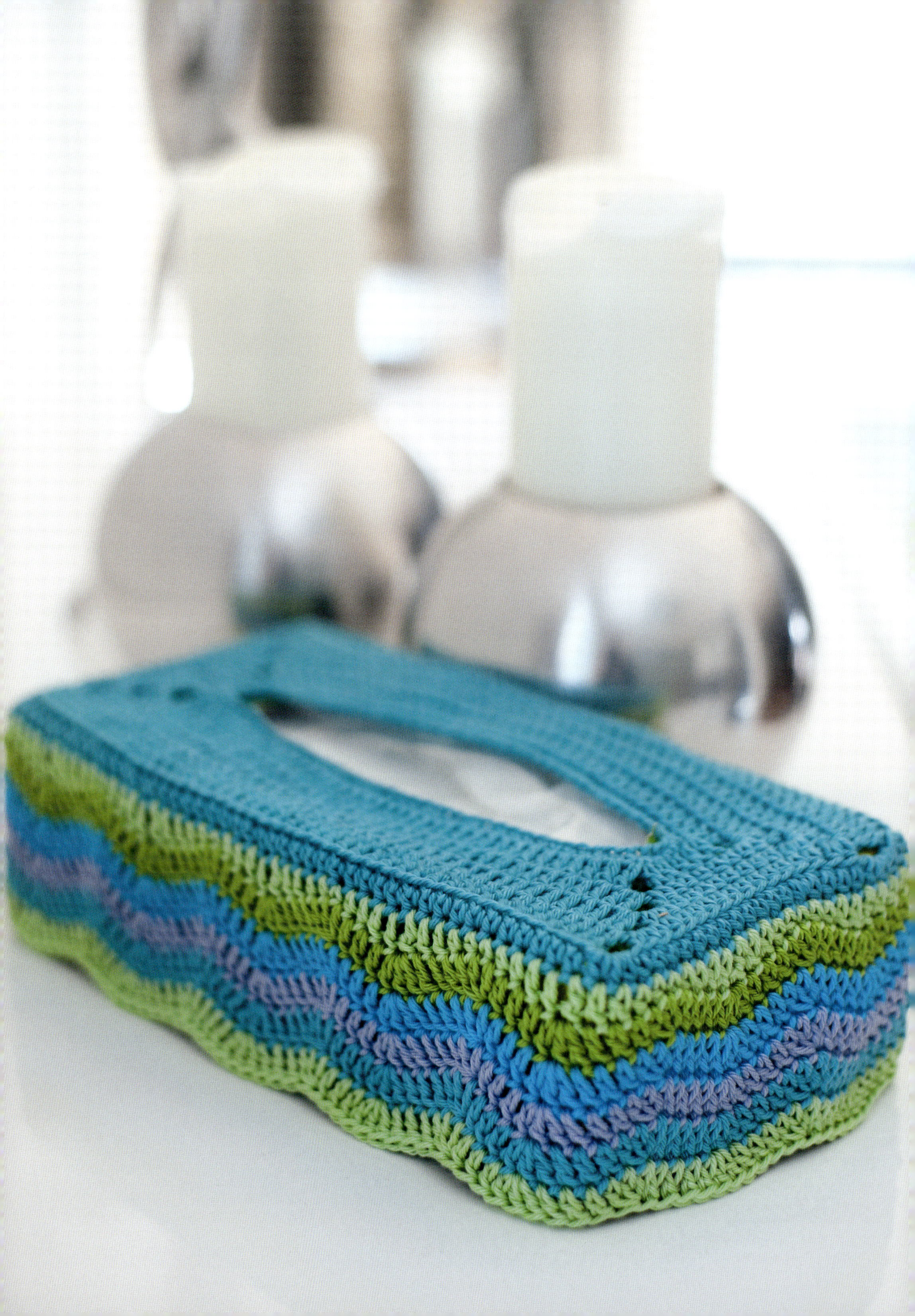

Buntwellige Tücherbox-hüllen

Verpassen Sie den meist langweilig bedruckten Kosmetiktücherboxen eine herrlich bunte Hülle im Wellendesign!

Ob im Kinderzimmer, auf der Wickelkommode, in Bad oder Gäste-WC oder als ausgefallene Geschenkidee – mit diesem bunten Mäntelchen wird der Pappkarton zum Hingucker und damit sogar in jedem erdenklichen Raum deko-tauglich.

Was Sie wissen müssen

Die rechteckigen Kosmetiktücherboxen gibt es in nahezu jedem Supermarkt und Drogeriemarkt. Die quadratischen Boxen sind etwas schwieriger zu finden, vor allem bei den Discountern gibt es meist nur das rechteckige Format. Daher erhalten Sie hier Anleitungen für das Häkeln beider Formen, damit Sie in jedem Fall die hübsche Häkelhülle auch verwenden können.

Ganz wichtig

Gehäkelt wird in Runden. **Jede Runde** beginnt als Ersatz für die erste Masche mit Luftmaschen, d. h. 1 Lm für 1 fM, 2 Lm für 1 hStb, 3 Lm für 1 Stb, 4 Lm für 1 DStb, und endet mit einer Kettmasche in die oberste der Anfangsluftmaschen.

Benötigtes Material

- ca. 50 g Baumwollgarn bzw. -reste in verschiedenen Farben, Catania v. Schachenmayr oder Cotton Quick v. Gründl
- Häkelnadel Nr. 2,5
- handelsübliche quadratische Tücherbox (Abmessungen ca. 11,5 x 11,5 cm) oder handelsübliche rechteckige Tücherbox (Abmessungen ca. 23 x 11,5 cm)

Los geht's

Rechteckige Form

80 Lm anschlagen und mit 1 Km in die 1. Lm zum Kreis schließen.

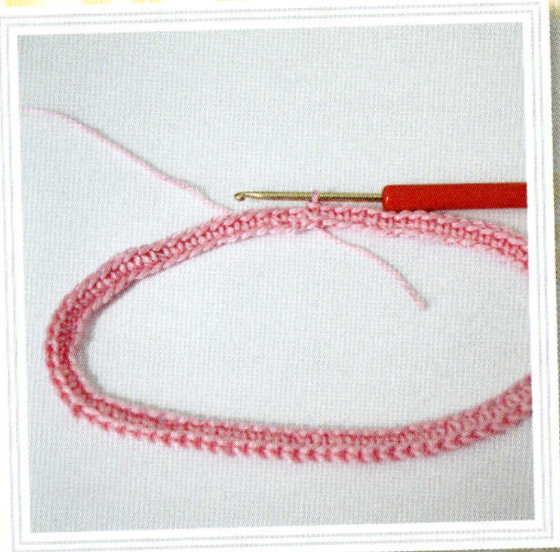

1. Runde: fM. Beginnen Sie mit 1 Lm (= 1. fM) und häkeln Sie fM über alle folgenden Lm. Mit 1 Km die Runde beenden (= 80 M).

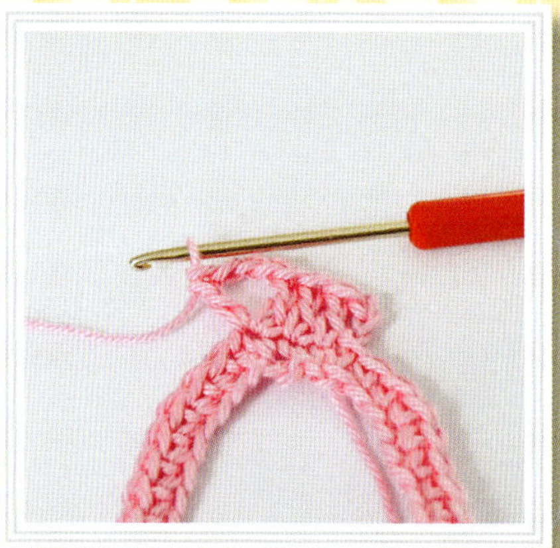

2. Runde: In dieser Runde werden nun bereits die Ecken angelegt, die dem Kreis die rechteckige Form geben. Beginnen Sie mit 3 Lm (= 1. Stb), dann 2 Stb, nun für die 1. Ecke (1 Stb + 3 Lm + 1 Stb in dies. M),

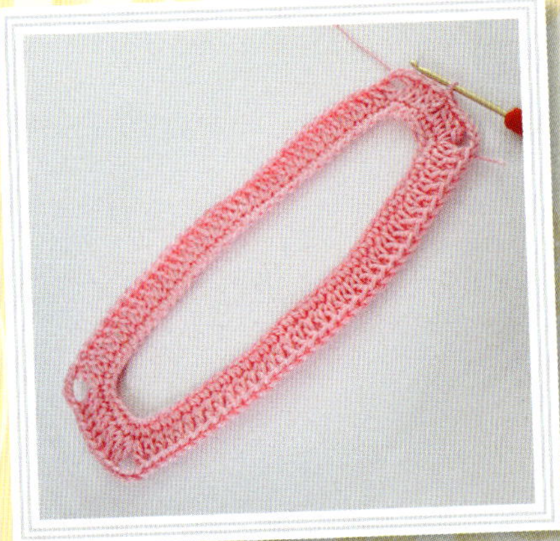

weiter geht es über die lange Seite mit 33 Stb, für die 2. Ecke (1 Stb + 3 Lm + 1 Stb in dies. M), 5 Stb, für die 3. Ecke (1 Stb + 3 Lm + 1 Stb in dies. M), 33 Stb, für die 4. Ecke (1 Stb + 3 Lm + 1 Stb in dies. M), 2 Stb, 1 Km (= 7 Stb pro Kurzseite, 35 Stb pro Langseite).

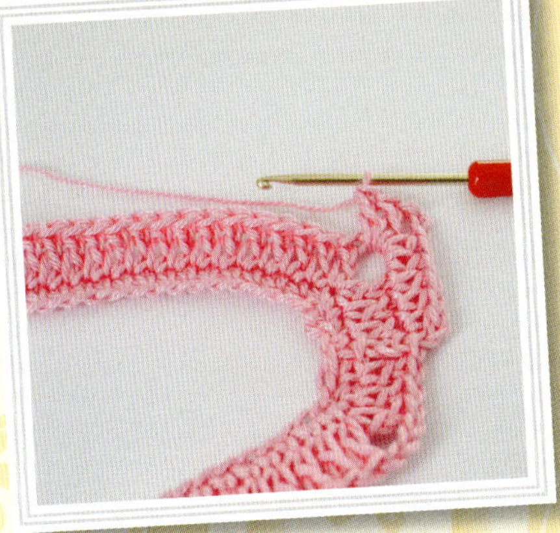

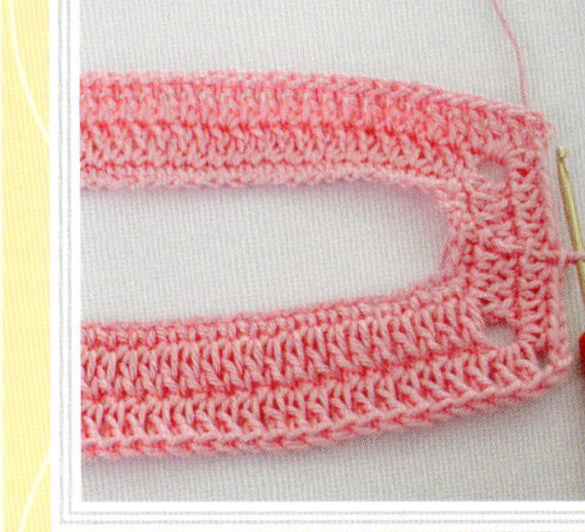

3. Runde: Beginnen Sie mit 2 Lm (= 1. hStb), 3 hStb, dann in den Lm-Bogen der 1. Ecke (2 hStb + 3 Lm + 2 Stb), 35 Stb, in den Lm-Bogen der 2. Ecke (2 Stb + 3 Lm + 2 hStb), 7 hStb, in den Lm-Bogen der 3. Ecke (2 hStb + 3 Lm + 2 Stb), 35 Stb, in den Lm-Bogen der 4. Ecke (2 Stb + 3 Lm + 2 hStb), 3 hStb, 1 Km (= 11 hStb pro Kurzseite, 39 Stb pro Langseite).

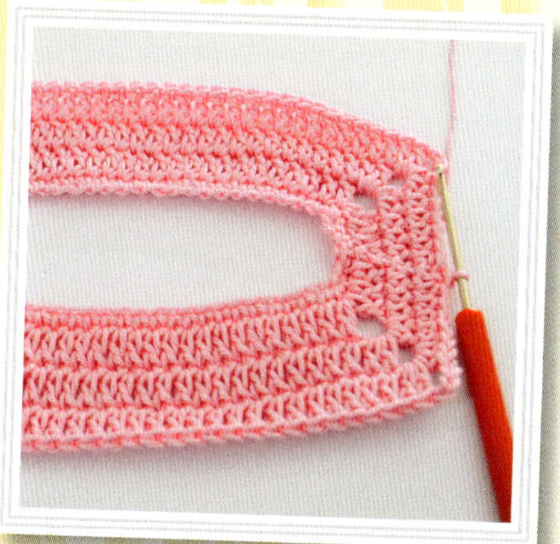

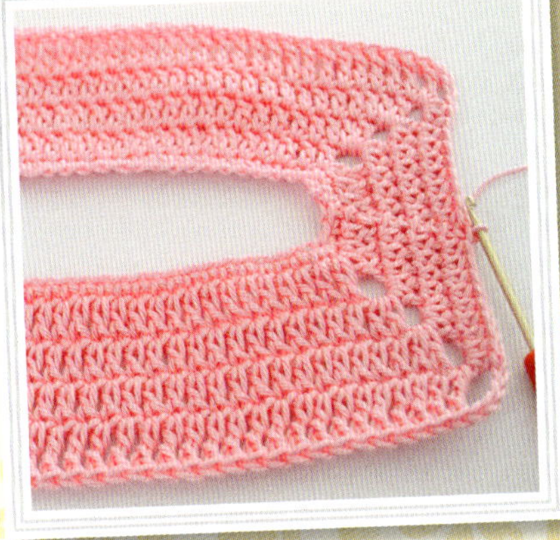

4. Runde: Beginnen Sie mit 2 Lm (= 1. hStb), 5 hStb, dann in den Lm-Bogen der 1. Ecke (2 hStb + 3 Lm + 2 Stb), 39 Stb, in den Lm-Bogen der 2. Ecke (2 Stb + 3 Lm + 2 hStb), 11 hStb, in den Lm-Bogen der 3. Ecke (2 hStb + 3 Lm + 2 Stb), 39 Stb, in den Lm-Bogen der 4. Ecke (2 Stb + 3 Lm + 2 hStb), 5 hStb, 1 Km (= 15 hStb pro Kurzseite, 43 Stb pro Langseite).

5. Runde: Beginnen Sie mit 2 Lm (= 1. hStb), dann 7 hStb, in den Lm-Bogen der 1. Ecke (2 hStb + 4 Lm + 1 DStb), 43 DStb, in den Lm-Bogen der 2. Ecke (1 DStb + 4 Lm + 2 hStb), 15 hStb, in den Lm-Bogen der 3. Ecke (2 hStb + 4 Lm + 1 DStb), 43 DStb, in den Lm-Bogen der 4. Ecke (1 DStb + 4 Lm + 2 hStb), 7 hStb, 1 Km (= 19 hStb pro Kurzseite, 45 DStb pro Langseite).

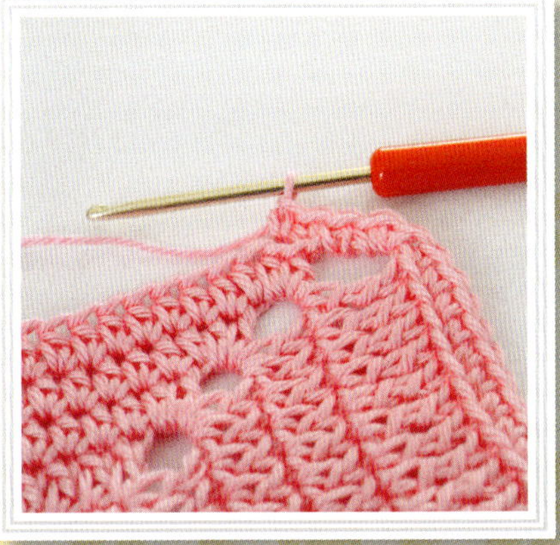

6. Runde: fM. Auf jede Masche der Vorrunde 1 fM ins hintere Maschenglied häkeln. In die Lm-Bögen (Ecken) je 3 fM arbeiten (= 140 M).

Ab jetzt erfolgen keine Zunahmen mehr, die Maschenzahl von 140 bleibt bis zur letzten Runde konstant.

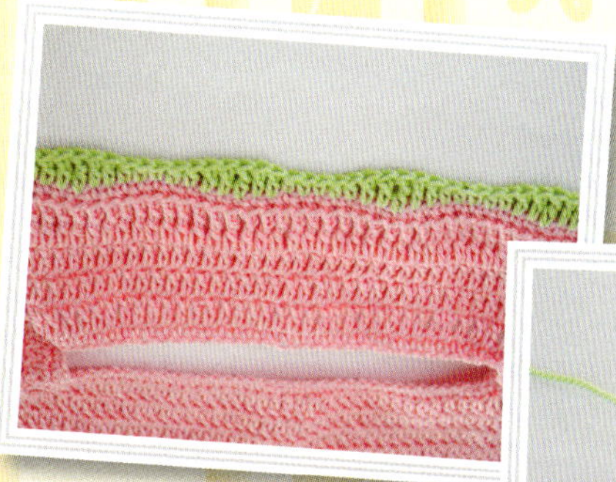

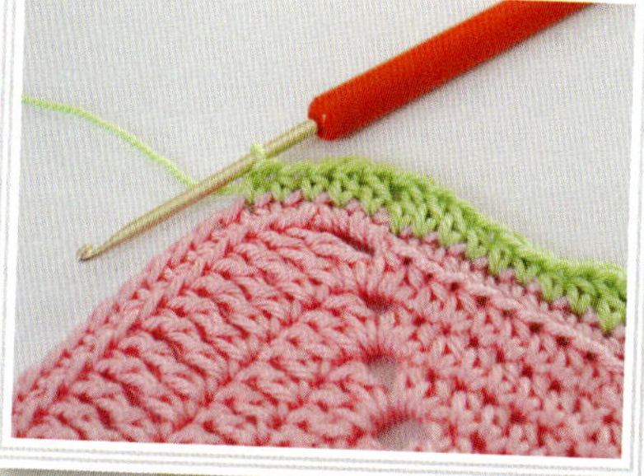

7. Runde: Beginnen Sie mit 4 Lm (= 1. DStb), dann *2 Stb, 2 hStb, 1 fM, 2 hStb, 2 Stb, 1 DStb, ab * bis zum Rundenende fortlaufend wiederholen, Runde mit 1 Km beenden.

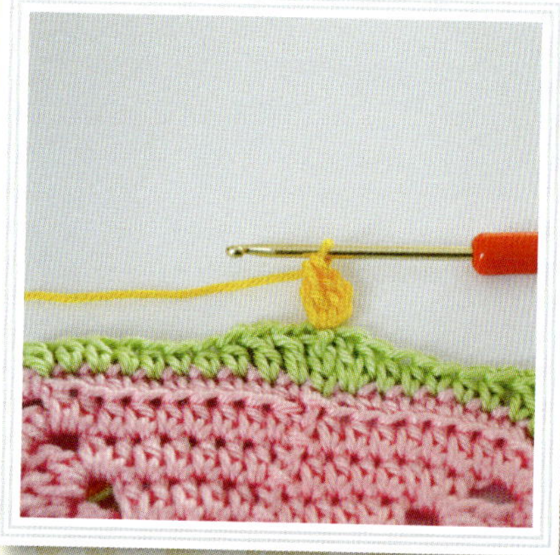

8. Runde: Wellenmuster. Für das Wellenmuster wird stets der folgende Ablauf gehäkelt: * 3 Stb, 3 Stb zus. abmaschen, 3 Stb, 3 Stb in dies. M, ab * fortlaufend wiederholen. Man beginnt jede Runde auf dem Gipfel einer Welle. Da dies ein Päckchen aus 3 Stb ist, die in dieselbe Masche eingestochen werden, beginnen Sie mit 3 Lm (= 1. Stb), 1 Stb in dies. Masche,

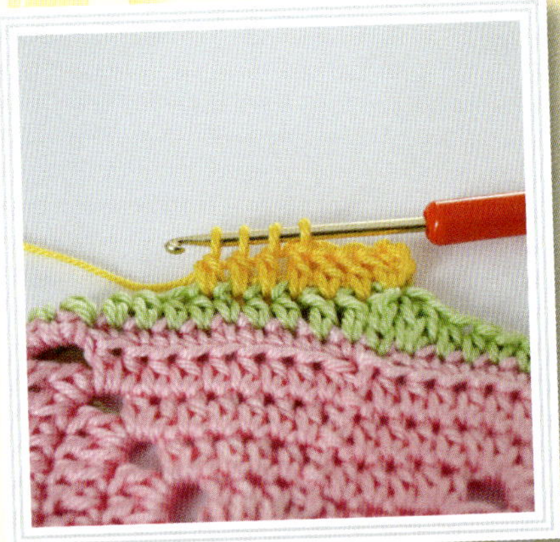

dann 3 Stb, die nächsten 3 Stb zus. abmaschen, d. h. die Stb jeweils nur zur Hälfte häkeln, sodass von jedem Stb eine Schlinge auf der Nadel bleibt. Insgesamt sind also 4 Schlingen auf der Nadel.

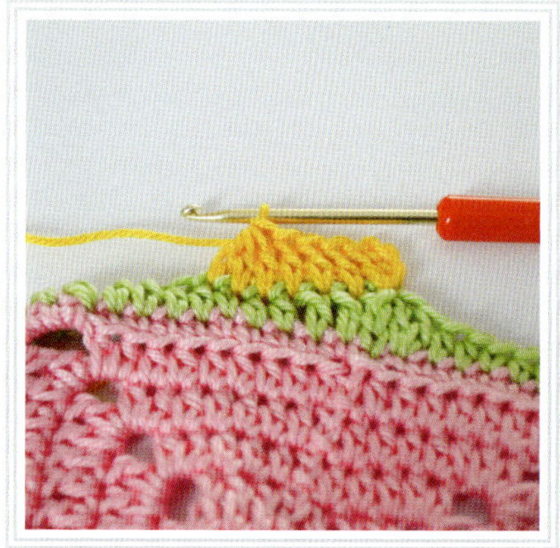

Anschließend den Faden durch alle 4 Schlingen auf der Nadel ziehen.

Tipp

Für einen nahezu unsichtbaren Rundenübergang habe ich bei diesem Modell nach jeder Runde den Faden abgeschnitten und über der gleichen Masche die nächste Farbe neu angeschlungen.

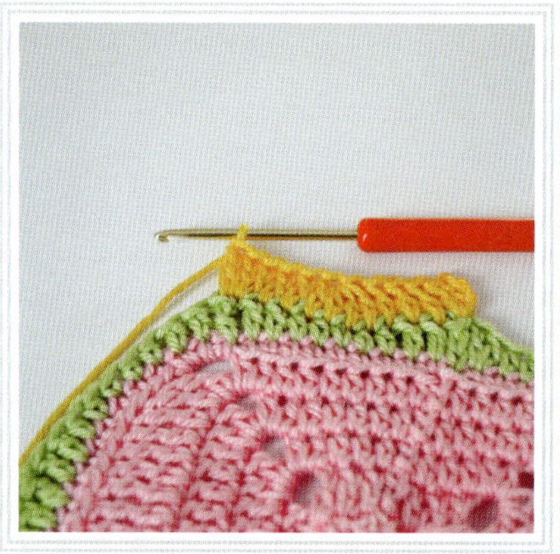

Dann * 3 Stb, (3 Stb in dies. M), 3 Stb, 3 Stb zus. abmaschen, ab * fortlaufend bis zum Rundenende wiederholen.

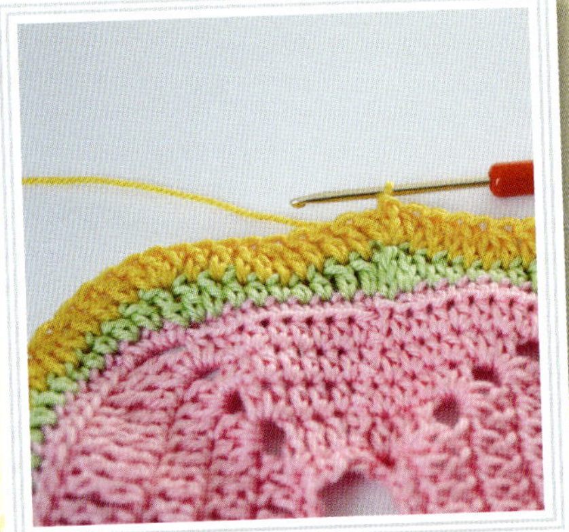

Zuletzt in die Masche, aus der die Anfangsluftmaschen der Runde kommen, ein letztes Stäbchen häkeln, damit das Dreierpack Stäbchen komplett ist. Die Runde mit 1 Km beenden.

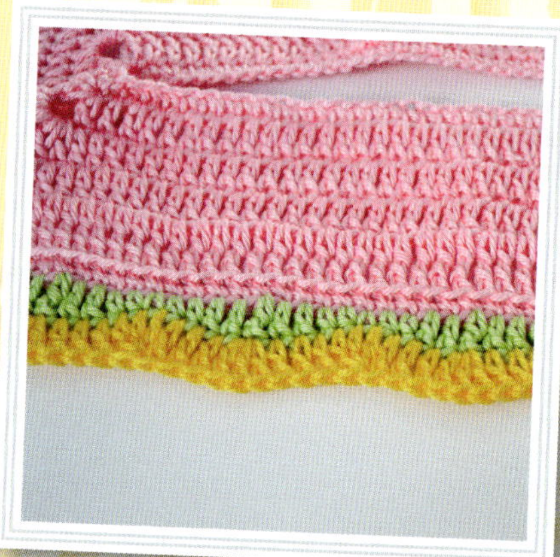

So sieht die Runde fertig aus.

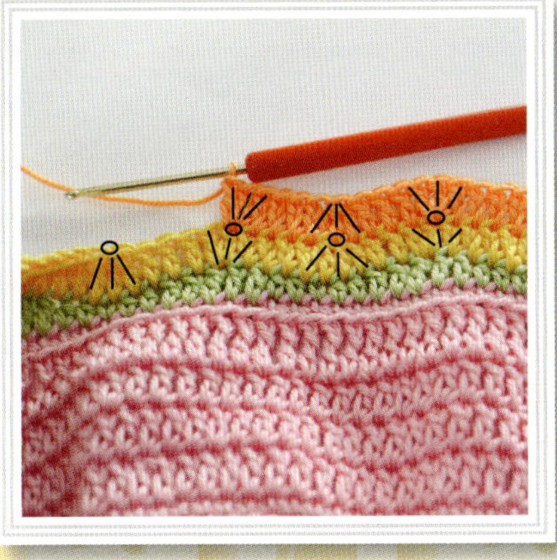

9. Runde: wie die 8. Runde im Wellenmuster.
Achten Sie darauf, dass das mittlere der drei zusammen abzumaschenden Stäbchen genau auf das zusammen abgemaschte Stäbchen der Vorrunde gehäkelt wird und die drei Stäbchen, die in dieselbe Masche eingestochen werden, stets in das mittlere Stäbchen des Dreierpacks der Vorrunde gearbeitet werden. Die Grafik im Bild verdeutlicht das Muster und die Anordnung der Stäbchengruppen.

10. – 12. Runde: wie die 8. Runde.
Jetzt sollte die Tücherbox komplett von der Häkelhülle abgedeckt sein. Ansonsten können Sie einfach noch eine weitere Runde im Wellenmuster anhängen.

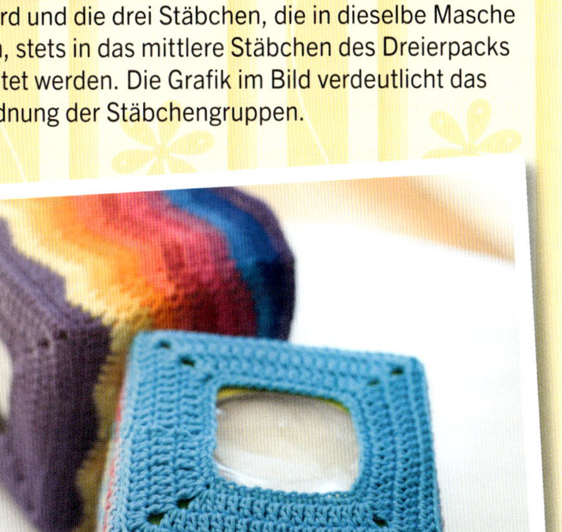

Quadratische Form

48 Lm anschlagen und mit 1 Km in die 1. Lm zum Kreis schließen.

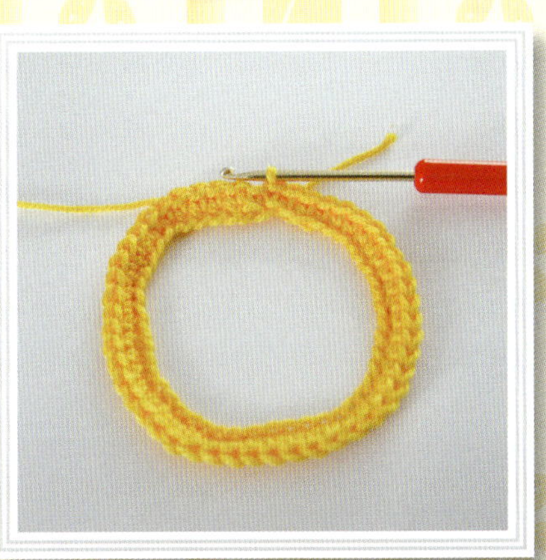

1. Runde: fM. Beginnen Sie mit 1 Lm (= 1. fM) und häkeln Sie fM über alle folgenden Lm. Mit 1 Km die Runde beenden (= 48 M).

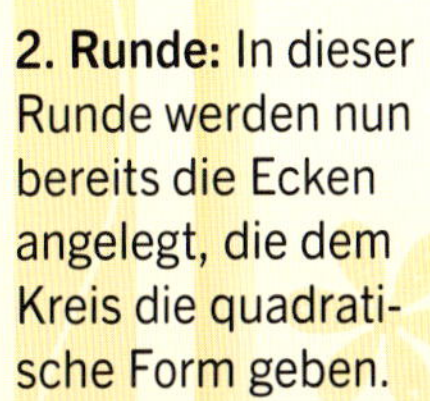

2. Runde: In dieser Runde werden nun bereits die Ecken angelegt, die dem Kreis die quadratische Form geben.
Beginnen Sie mit 3 Lm (= 1. Stb), dann 4 Stb, nun für die 1. Ecke * (2 Stb + 3 Lm + 2 Stb in dies. M), 11 Stb, ab * 3 x wiederholen, aber nach der 4. Ecke nur noch 6 Stb häkeln. Die Runde mit 1 Km beenden (= 15 M auf jeder Seite zwischen zwei Ecken).

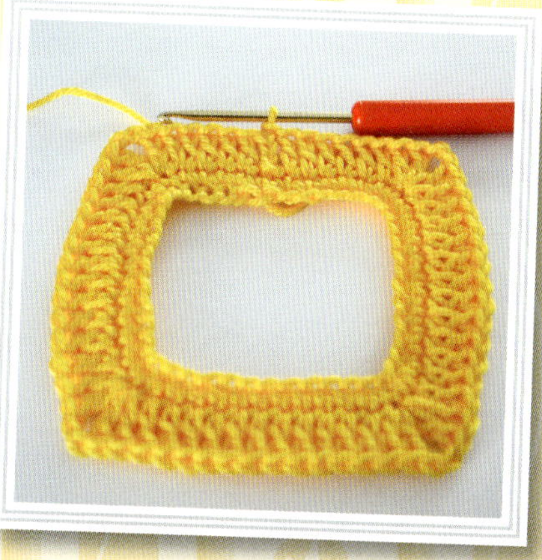

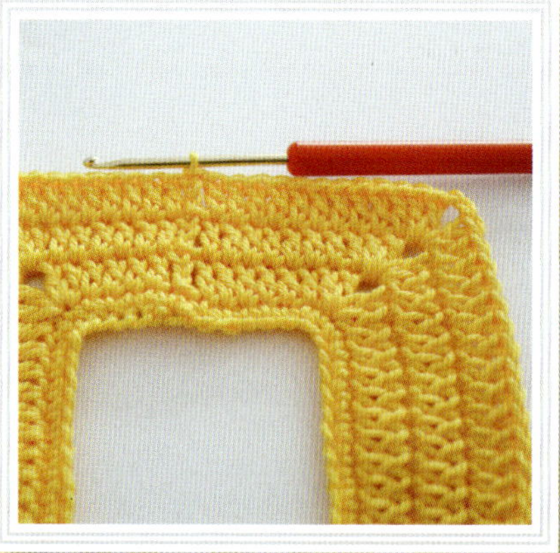

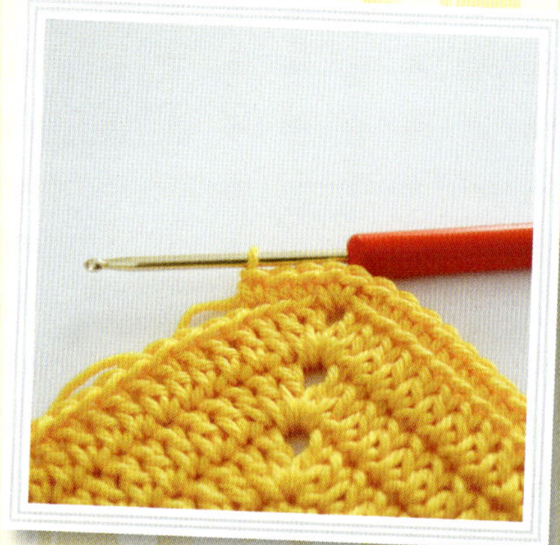

3. Runde: wie die 2. Runde. (= 19 M auf jeder Seite zwischen zwei Ecken)
4. Runde: wie die 2. Runde. (= 23 M auf jeder Seite zwischen zwei Ecken)

5. Runde: fM. Auf jede Masche der Vorrunde 1 fM ins hintere Maschenglied häkeln. In die Lm-Bögen (Ecken) je 2 fM arbeiten (= 100 M).
Ab jetzt erfolgen keine Zunahmen mehr, die Maschenzahl von 100 bleibt bis zur letzten Runde konstant.

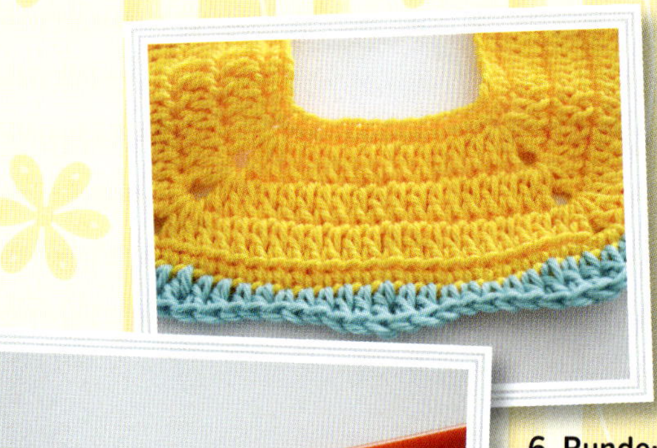

6. Runde: wie die 7. Runde der Rechteckform.

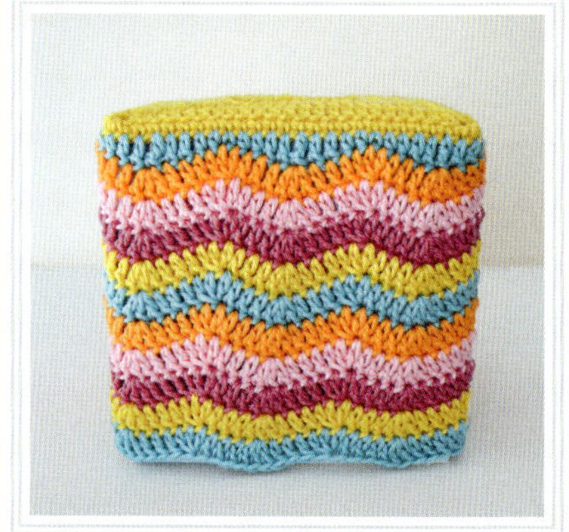

7. – 16. Runde: Wellenmuster.
Die Wellenmusterrunden werden bei der quadratischen Form genauso gearbeitet, wie bei der Rechteckform ab Runde 8 beschrieben.

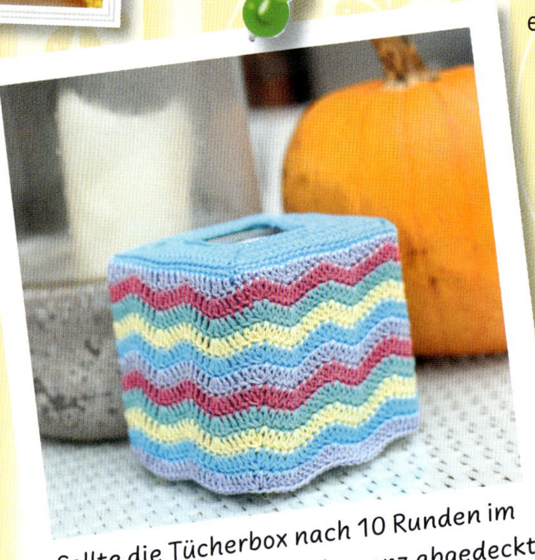

Sollte die Tücherbox nach 10 Runden im Wellenmuster noch nicht ganz abgedeckt sein, häkeln Sie einfach eine zusätzliche Wellenrunde.

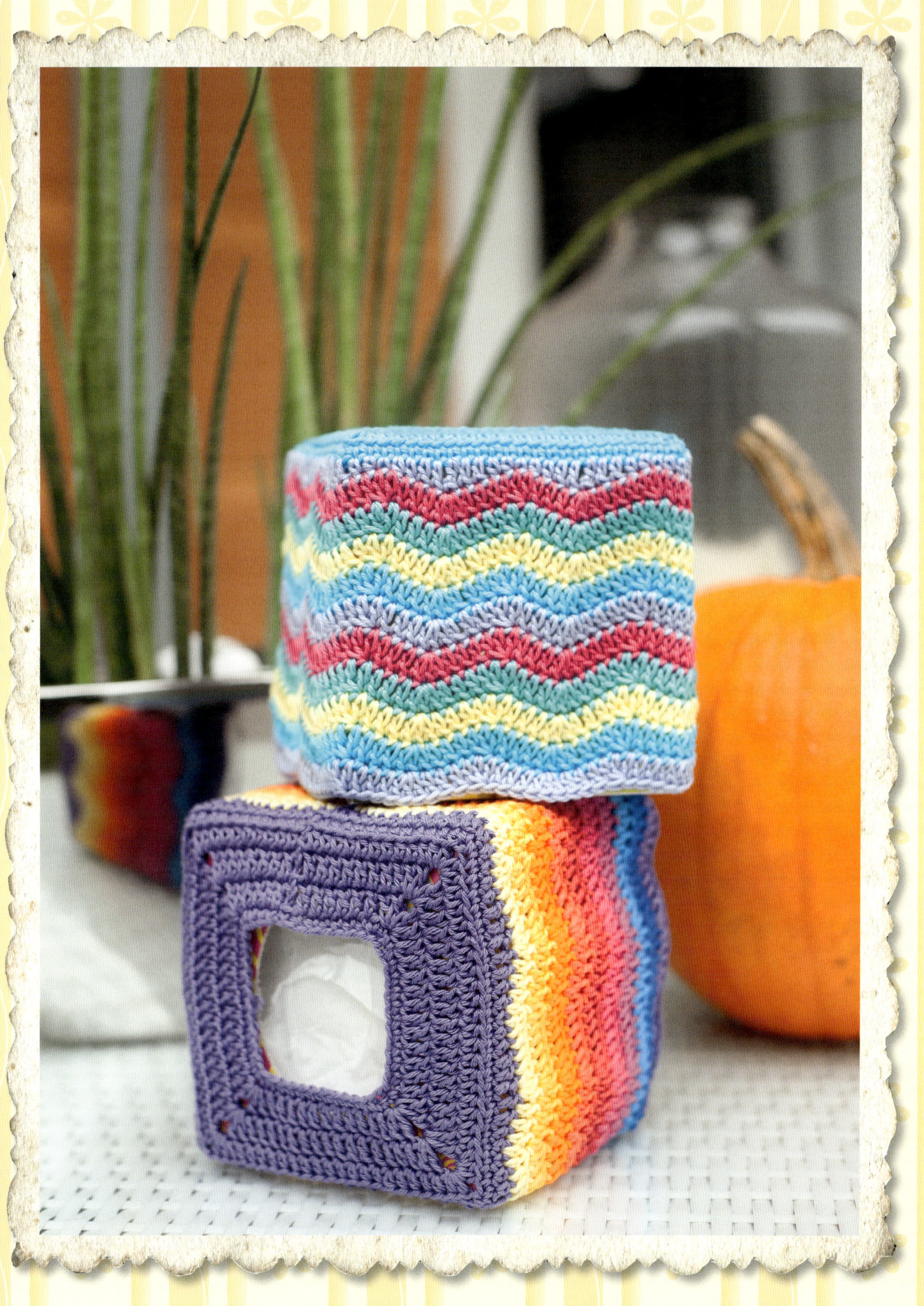

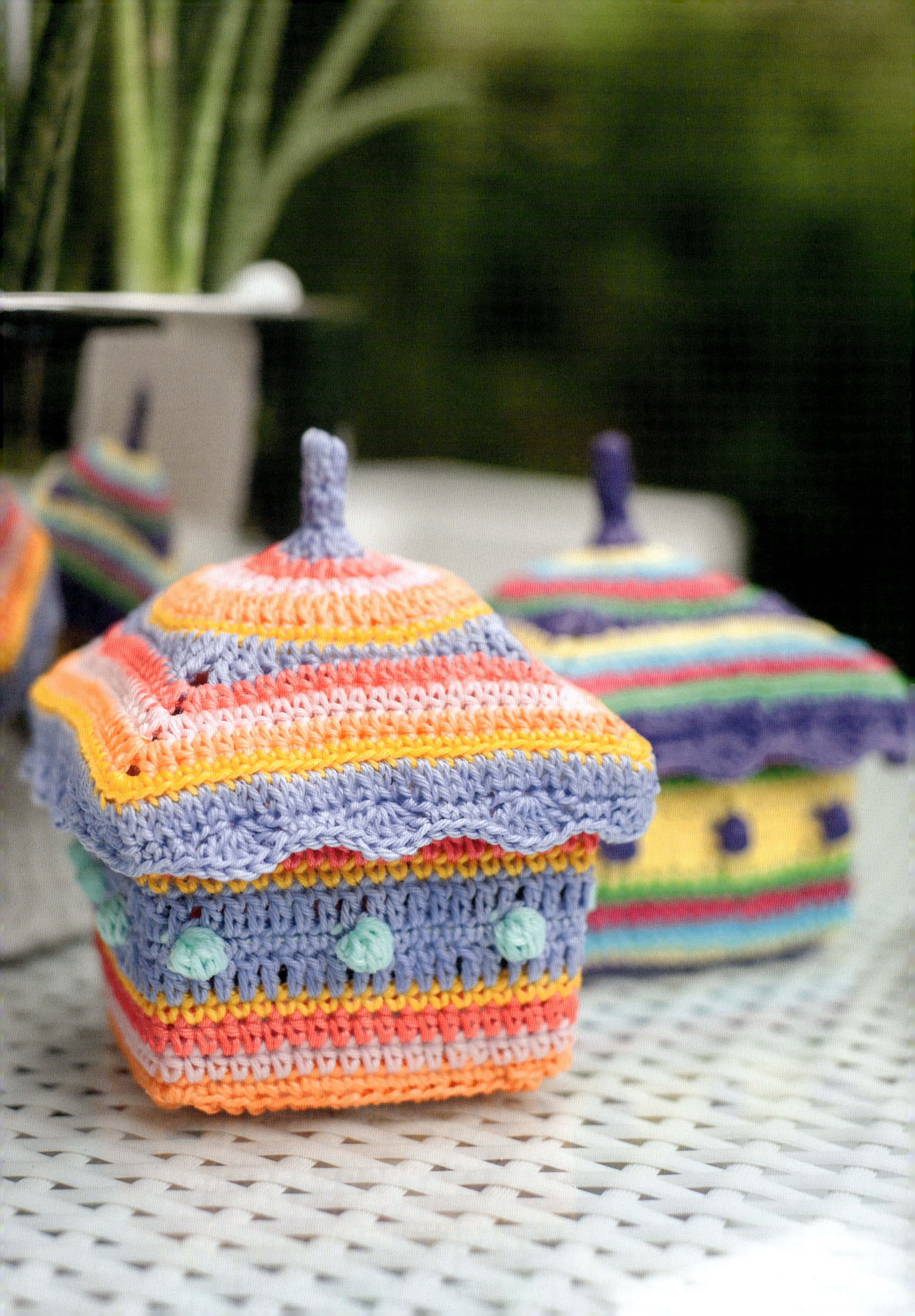

Häkelkörbchen Anastasia

Aus einem leeren Physalis-Körbchen können Sie nach dieser Anleitung ganz einfach ein zauberhaft buntes Körbchen gestalten, in dem Sie allerlei Krimskrams wie z. B. Knöpfe, Nähutensilien, Bänder, Muscheln, Steine aufbewahren können!

Auch als Deko-Objekt auf Tisch, in Regal oder Vitrine frischt es Ihre Wohnung farbenfroh auf!

Was Sie wissen müssen

Das Häkelkörbchen Anastasia ist passgenau für ein handelsübliches Physaliskörbchen ausgearbeitet worden. Da dies aber nicht in allen Regionen zu bekommen ist, kann man das Körbchen auch ohne dieses Gerüst häkeln – allerdings ist dann das Stärken bzw. Versteifen des Körbchens, wodurch es formstabil und belastbar wird, unerlässlich.

Benötigtes Material

- ca. 40 g Baumwollgarn oder -reste in verschiedenen Farben, Catania von Schachenmayr oder Cotton Quick von Gründl
- Häkelnadel Nr. 2,5
- leeres Physalis-Körbchen (ca. 10 x 10 cm groß)
- „Deco Festiger" von HobbyLine oder Ähnliches zum Stärken des Häkelkörbchens und des Deckels

Ganz wichtig

Gehäkelt wird in Runden. Jede Runde beginnt als Ersatz für die erste Masche mit Luftmaschen, d. h. 1 Lm für 1 fM, 2 Lm für 1 hStb, 3 Lm für 1 Stb, 4 Lm für 1 DStb, und endet mit einer Kettmasche in die oberste der Anfangsluftmaschen.

Los geht's

Körbchen

4 Lm anschlagen und mit 1 Km in die 1. Lm zum Ring schließen.

1. Runde: Beginnen Sie mit 3 Lm (= 1. Stb) und häkeln 11 Stb in den Ring, mit 1 Km beenden (= 12 M).
2. Runde: Stb, dabei in jede M 2 Stb häkeln (= 24 M).

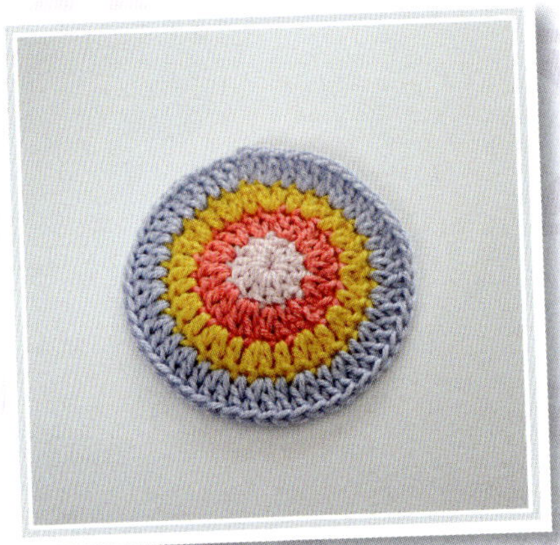

3. Runde: Stb, dabei in jede 2. M 2 Stb häkeln (= 36 M).
4. Runde: wie 3. Runde (= 54 M).

Tipp

Einen nahezu unsichtbaren Runden- und Farbwechsel erreichen Sie, indem Sie jede Runde an anderer Stelle neu beginnen. Das bietet sich gerade hier bei reinen Stäbchenrunden an.

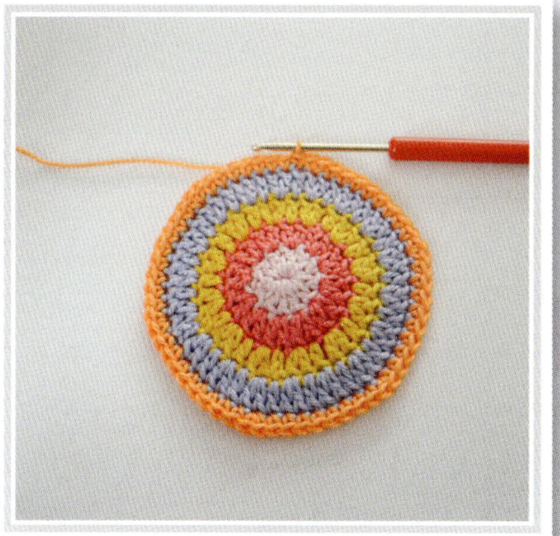

5. Runde: fM, dabei jede 9. M verdoppeln, d. h. in jede 9. Masche 2 fM häkeln (= 60 M).

6. Runde: Beginnen Sie mit 4 Lm (= 1. DStb), dann * 1 Stb, 2 hStb, 6 fM, 2 hStb, 1 Stb, 1 DStb, für die 1. Ecke (1 DStb + 2 Lm + 1 DStb in dies. M), 1 DStb. Ab * 3 x wiederholen, dabei entfällt bei der 3. Wiederholung das letzte DStb. Die Runde mit 1 Km beenden. Zwischen zwei Ecken liegen nun jeweils 16 M.

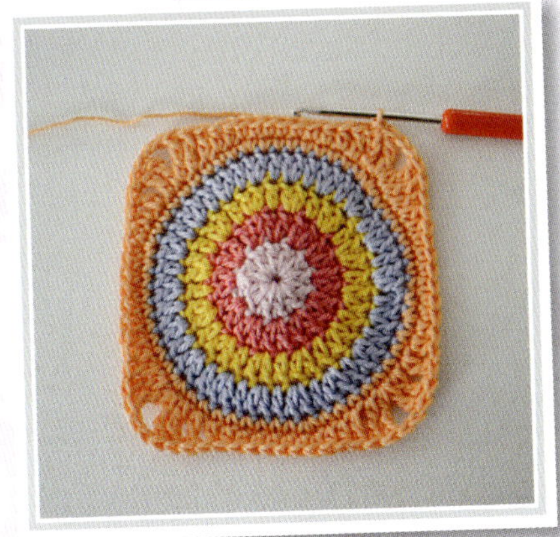

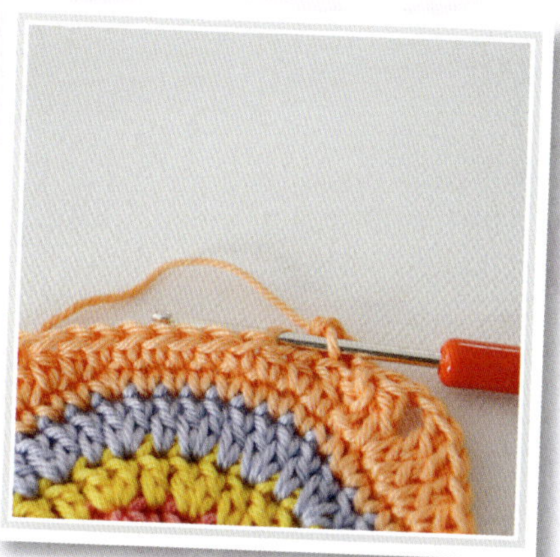

7. Runde: fM, dabei nur ins hintere Maschenglied einstechen.

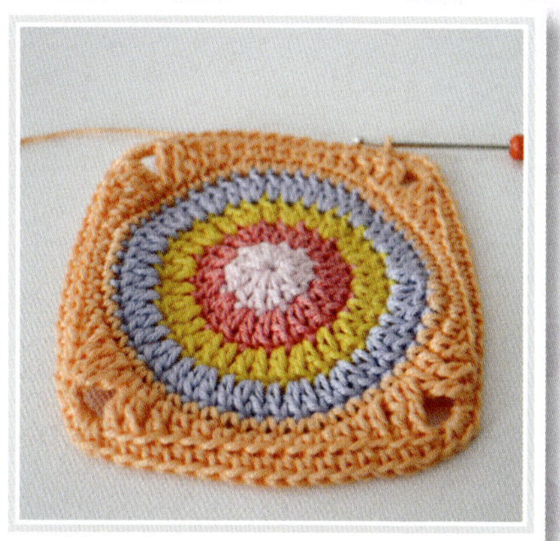

In die Lm-Bögen (= Ecken) jeweils 3 fM häkeln.

Ab jetzt wird das Körbchen gerade nach oben gehäkelt – es gibt keine Zunahmen mehr. Damit sich die Arbeit besser darstellen lässt, habe ich bei den folgenden Aufnahmen jeweils das Gitterkörbchen in das Häkelstück eingesetzt.

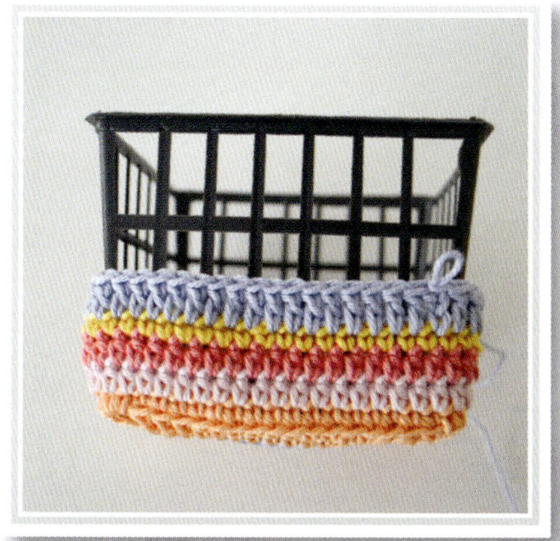

8. Runde: hStb.
9. Runde: hStb.
10. Runde: fM.
11. Runde: Stb.

Jetzt kommt der dekorative Bereich mit den farbigen Noppen, der aus 3 Runden besteht. Ich empfehle, die Runden 11 bis 13 in derselben Farbe und die Noppen unbedingt in einer anderen, kontrastierenden Farbe zu häkeln, damit die Noppen gut zur Geltung kommen!

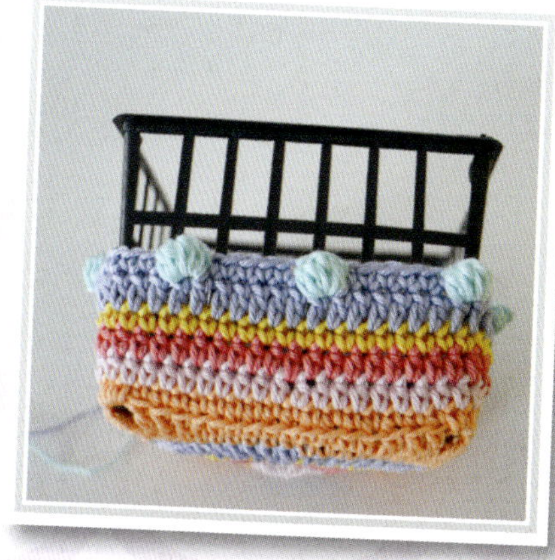

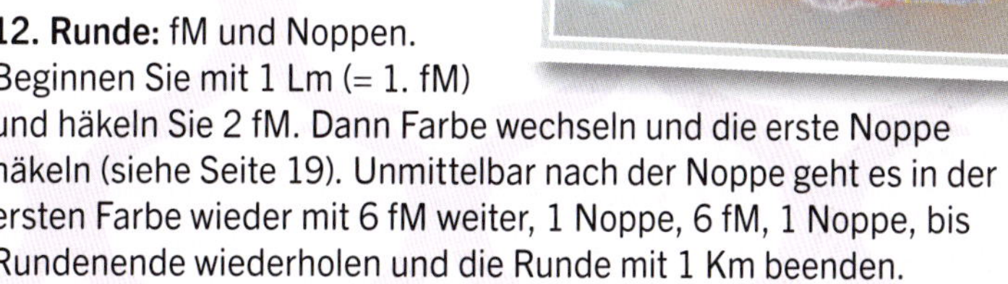

12. Runde: fM und Noppen. Beginnen Sie mit 1 Lm (= 1. fM) und häkeln Sie 2 fM. Dann Farbe wechseln und die erste Noppe häkeln (siehe Seite 19). Unmittelbar nach der Noppe geht es in der ersten Farbe wieder mit 6 fM weiter, 1 Noppe, 6 fM, 1 Noppe, bis Rundenende wiederholen und die Runde mit 1 Km beenden.
13. Runde: Stb.

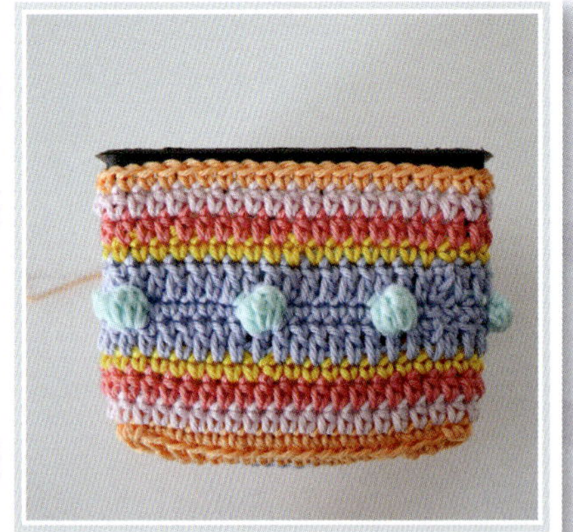

14. Runde: fM.
15. Runde: hStb.
16. Runde: hStb.
17. Runde: fM.
Faden abschneiden und alle Fäden ordentlich versäubern, damit auch die Innenseite des Körbchens schön aussieht.

Tipp

Falls Sie die Variante mit Innenkörbchen machen und die Höhe noch nicht ganz ausreicht (die letzte Häkelrunde sollte bis an den oberen Rand des Gitterkörbchens reichen), häkeln Sie einfach noch eine weitere Runde fM.

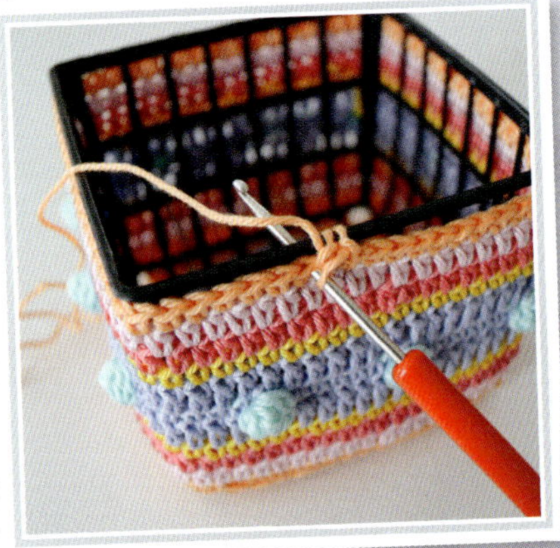

Jetzt wird das Gitterkörbchen mit festen Maschen eingehäkelt. Setzen Sie das leere Physalis-Körbchen in das Häkelkörbchen ein, richten Sie die Ecklöcher des Bodens genau auf den Korb aus und beginnen Sie, den Korb mit festen Maschen einzuhäkeln. Die Häkelnadel sticht dabei durch eine Masche und zwischen den Gitterstäben des Körbchens hindurch.

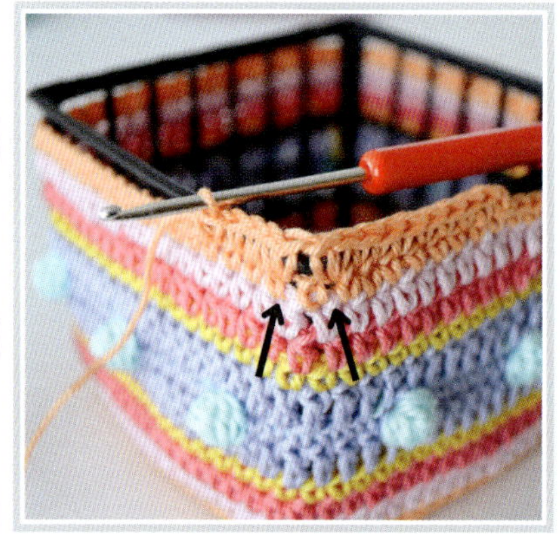

An den Ecken, wo das Gitterkörbchen etwas breiter ist, empfiehlt es sich, vor und nach der Korbecke 2 fM in eine Masche zu häkeln (siehe Pfeile).

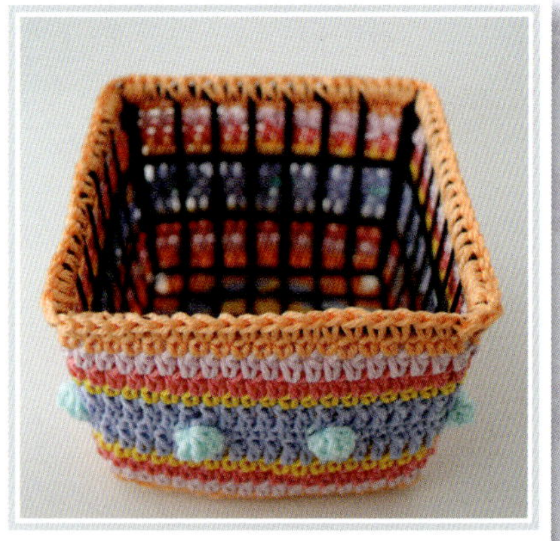

So sieht das fertige Körbchen aus.

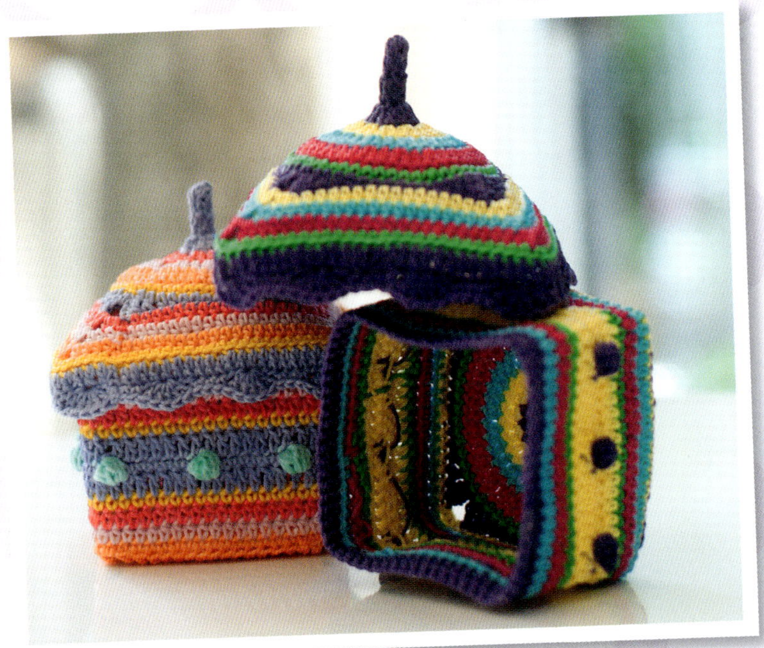

Deckel

4 Lm anschlagen und mit 1 Km in die 1. Lm zum Ring schließen.

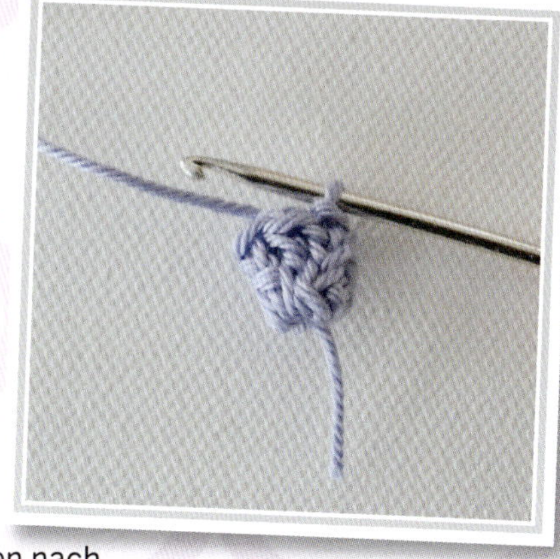

1. Runde: Beginnen Sie mit 3 Lm (= 1. Stb) und häkeln Sie 5 Stb in den Ring. Die Runde mit 1 Km beenden. Den Faden nach der Km schön festziehen. Es entsteht ein kleiner „Knopf", da 6 Stb für den Ring eigentlich zu wenig Füllung sind.

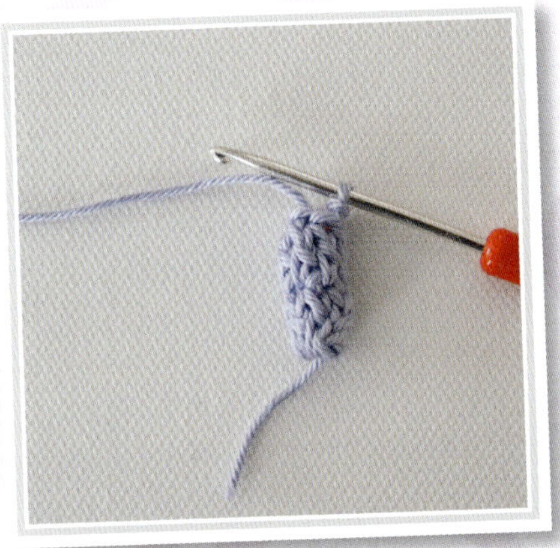

2. Runde: Stb. Auf jedes Stb je 1 Stb häkeln. Das ist nicht ganz einfach, weil die Maschen sehr eng beieinander sind, aber ab der nächsten Runde wird es einfacher.

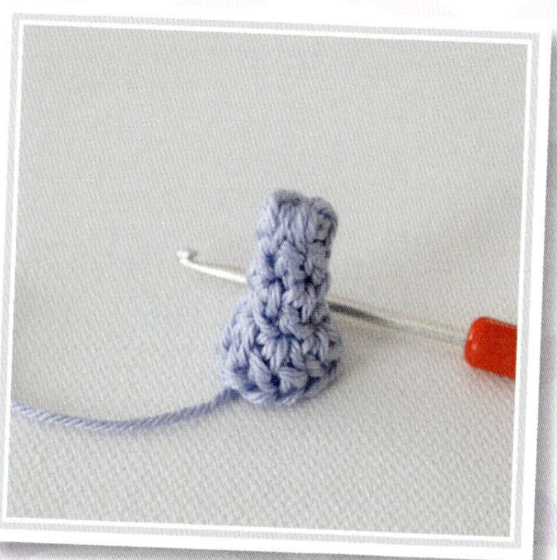

3. Runde: Stb, dabei jede M verdoppeln, d. h. in jede M 2 Stb häkeln (= 12 M).

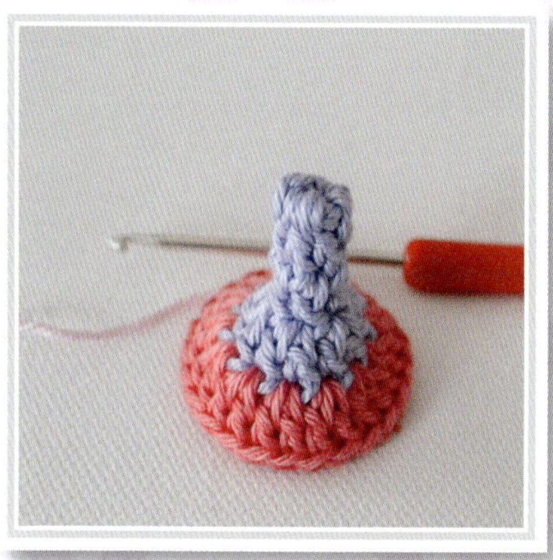

4. Runde: Stb, dabei wieder jede M verdoppeln, also in jede M 2 Stb häkeln (= 24 M).

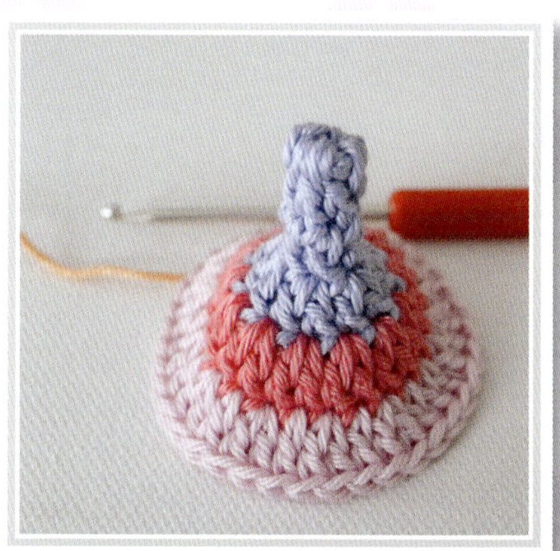

5. Runde: Stb, dabei jede 2. M verdoppeln, d. h. in jede 2. M 2 Stb häkeln (= 36 M).

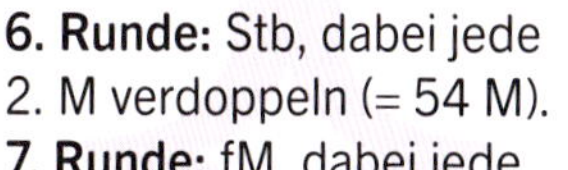

6. Runde: Stb, dabei jede 2. M verdoppeln (= 54 M).
7. Runde: fM, dabei jede 9. M verdoppeln, d. h. in jede 9. M 2 fM häkeln (= 60 M).
8. Runde: Beginnen Sie mit 4 Lm (= 1. DStb), dann * 1 DStb, 1 Stb, 2 hStb, 6 fM, 2 hStb, 1 Stb, 1 DStb, nun für die 1. Ecke (1 DStb + 2 Lm + 1 DStb in dies. M). Ab * 3 x wiederholen. Dabei für die letzte Ecke nur 1 DStb in die Masche, in der die Anfangs-Lm starten, und 2 Lm häkeln, Runde mit 1 Km beenden. Zwischen zwei Ecken liegen nun jeweils 16 M.

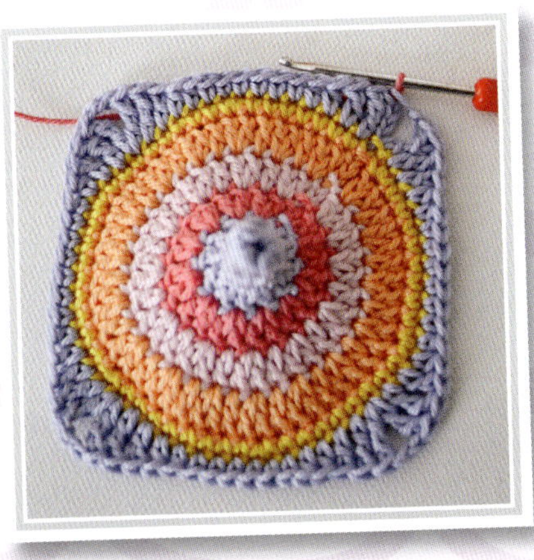

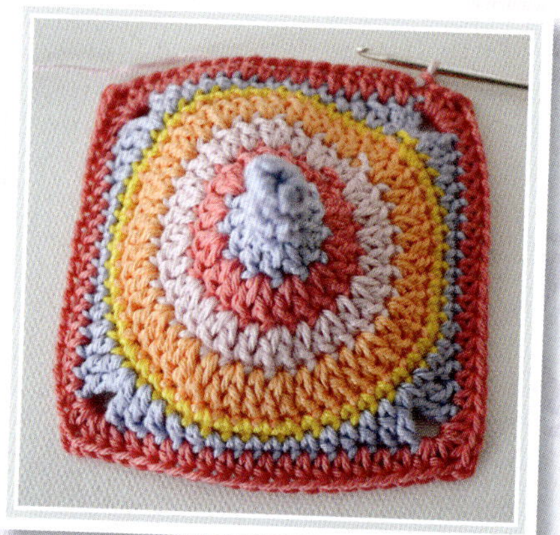

9. Runde: hStb. In die Lm-Bögen (Ecken) werden dabei stets 2 hStb + 2 Lm + 2 hStb gehäkelt.
Zwischen zwei Ecken liegen nun jeweils 20 M.

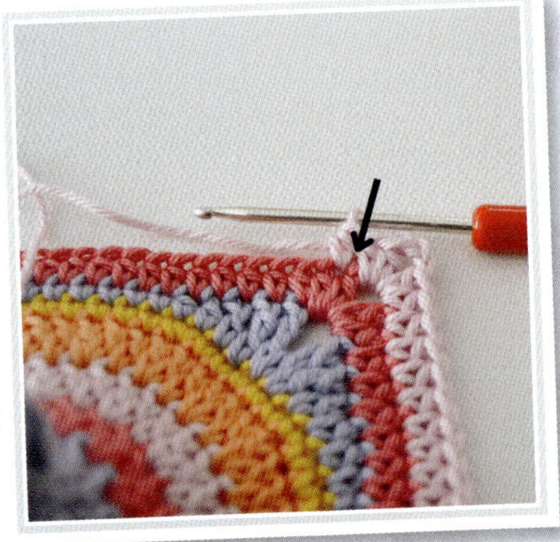

10. Runde: hStb. Auch hier wieder in die Lm-Bögen (Ecken) der Vorrunde 2 hStb + 2 Lm + 2 hStb häkeln, allerdings überspringen Sie hier aus Platzgründen die erste Masche direkt nach den Ecken (siehe Pfeil).
Dadurch befinden sich in dieser Runde auf jeder Seite 23 M.

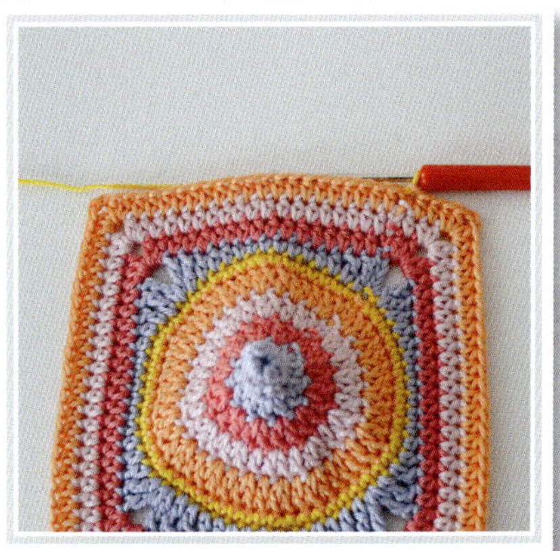

11. Runde: wie 10. Runde.
Auf jeder Seite befinden sich nun 26 M zwischen den Ecken.

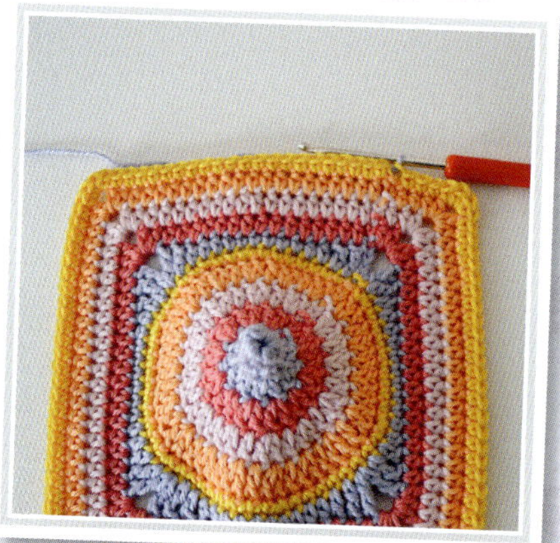

12. Runde: fM. Häkeln Sie in die Lm-Bögen (Ecken) der Vorrunde jeweils 4 fM und überspringen Sie wie schon in den beiden Runden zuvor jeweils die erste Masche nach der Ecke.

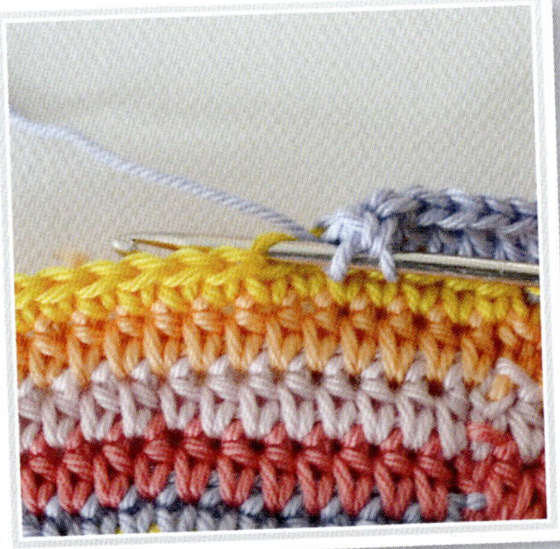

13. Runde: Stb in jede M, dabei nur ins hintere Maschenglied einstechen.

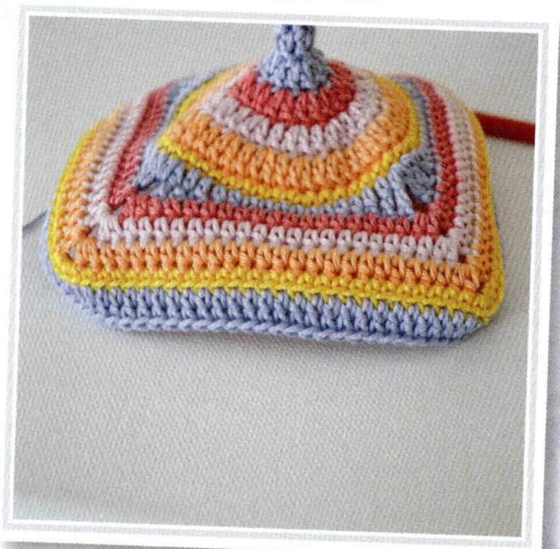

Hier sind keine Besonderheiten oder Zunahmen mehr zu beachten.

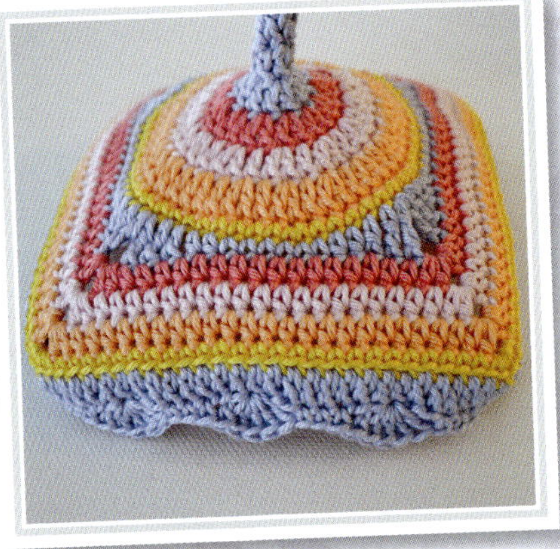

14. Runde: Wellenmuster. Beginnen Sie mit 1 Lm und häkeln Sie 2 fM, dann *2 M überspringen, (5 Stb in dies. M), 2 M überspringen, 3 fM. Ab * bis Rundenende wiederholen. Kurz vor Rundenende müssen Sie, damit der Rand eng genug wird und weil das Muster nicht genau aufgeht, zweimal 3 M übergehen und zum Schluss noch 2 oder 3 fM häkeln. Man überspringt damit durch größere Abstände eine Welle und zieht so den Wellenrand etwas enger zusammen. Die Runde mit 1 Km beenden.

Versteifen von Körbchen und Deckel

Sollten Sie beim Häkeln des Körbchens ohne das Gitterkörbchen ausgekommen sein, sieht Ihr Ergebnis so aus.

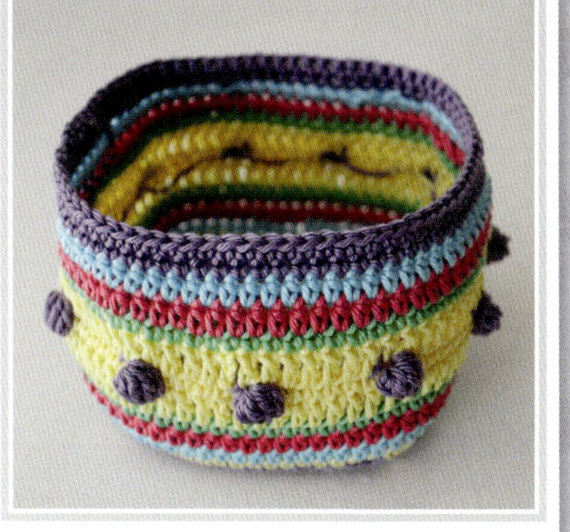

Damit es befüllt und belastet werden kann, muss es daher auf jeden Fall versteift werden. Das klappt auch ohne Innengerüst ganz gut, wie ich Ihnen im Folgenden zeigen werde.

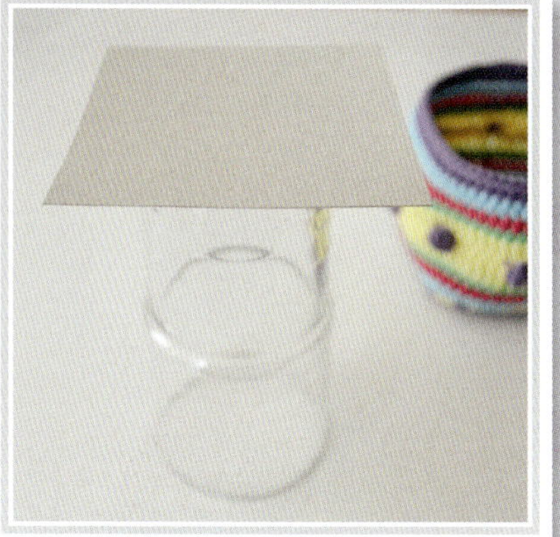

Schneiden Sie aus Pappe ein Quadrat zu, das genau auf die Bodenfläche des Körbchens passt. Legen Sie die Pappe oben auf ein umgedrehtes Glas …

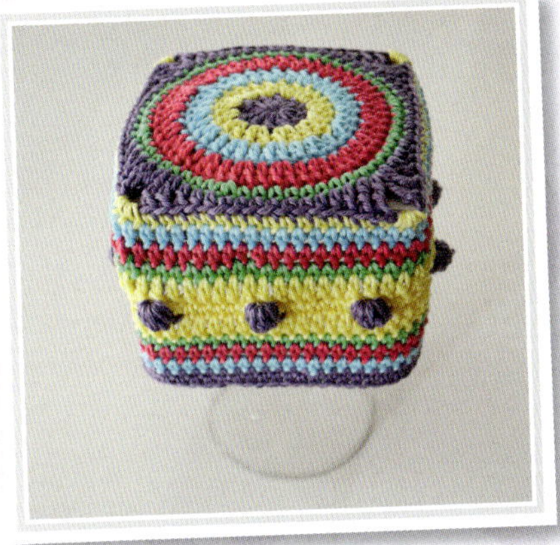

… und ziehen Sie das Häkelkörbchen darüber.
Richten Sie die Ecken des Körbchens genau auf die Ecken des Pappquadrates aus.

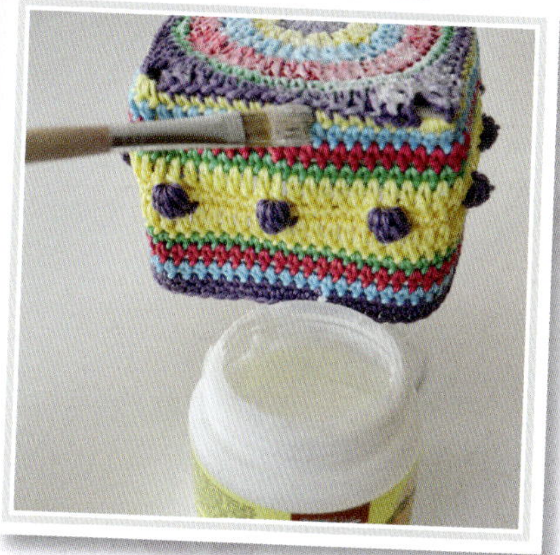

Jetzt können Sie das Körbchen mit dem Deko-Festiger komplett einpinseln. Beginnen Sie auf der Bodenfläche und arbeiten Sie dann rundherum Runde für Runde. Alle Maschen sollen bedeckt sein, aber tragen Sie den Festiger nicht zu dick auf.
Stützen Sie beim Einpinseln mit der freien Hand das Häkelkörbchen von innen – das erleichtert das Einpinseln erheblich.

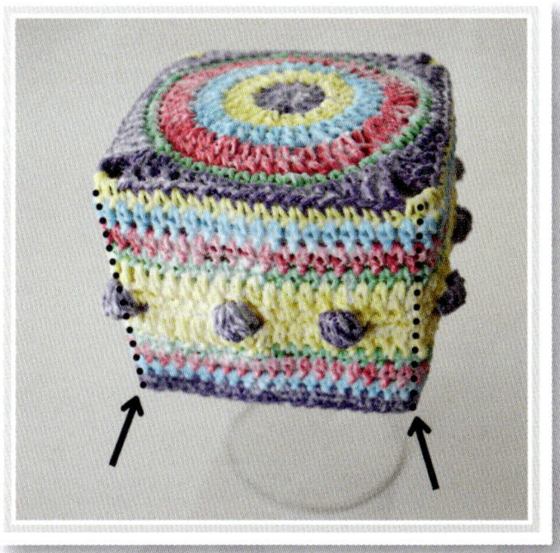

Nachdem Sie das Körbchen komplett eingepinselt haben, drücken Sie vor dem Aushärten/Trocknen jede Kante zwischen den Fingern zusammen (siehe Pfeile), um das Körbchen in seine quadratische Form zu bringen.

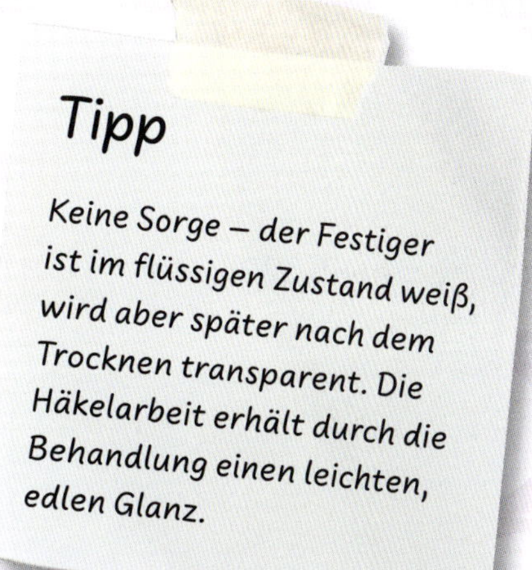

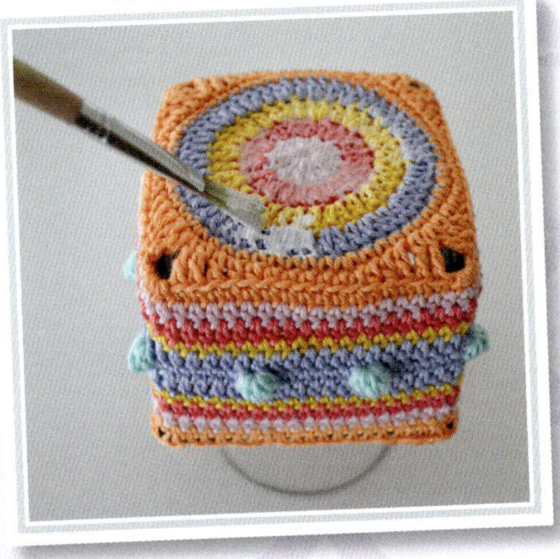

Falls Sie ein Körbchen mit eingehäkeltem Gitterkorb festigen möchten, müssen Sie es lediglich mit dem Boden nach oben auf ein umgedrehtes Glas stellen und es dann komplett einpinseln. Das ist natürlich wesentlich einfacher, weil der Korb durch das innenliegende quadratische Gitterkörbchen formstabil ist.

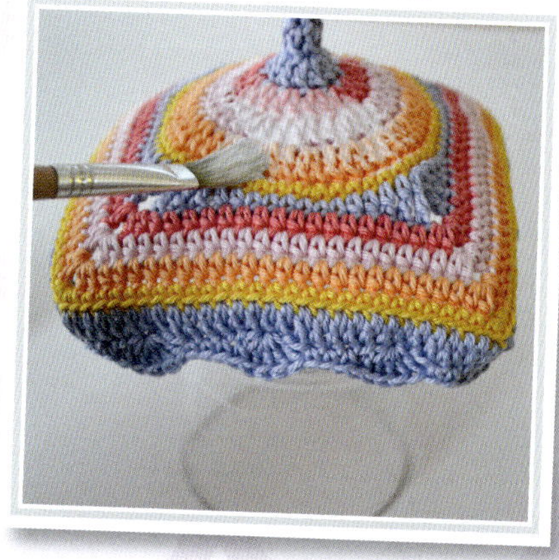

Ebenso wird der Deckel auf ein umgedrehtes Glas gestellt. Halten Sie den Deckel oben am Griff fest und beginnen Sie mit dem Einpinseln unterhalb des Griffes. Den Griff selbst pinseln Sie erst ganz zum Schluss ein.
Auch hier gilt: Drücken Sie die Ecken des Deckels nach dem Einpinseln zwischen zwei Fingern zusammen, um die quadratische Form vor dem Trocknen sicherzustellen.

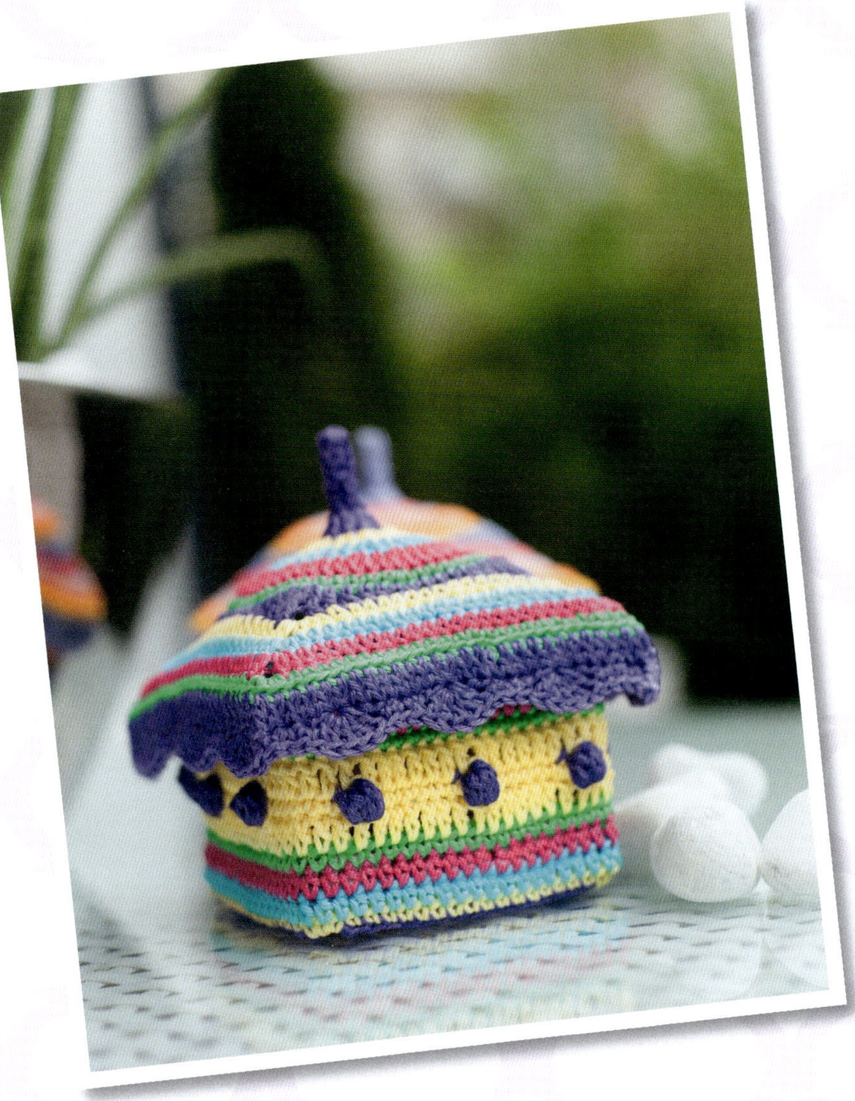

Schließlich die so eingepinselten Teile bei 110 °C für 10 Minuten im Backofen trocknen. Sie können dazu einfach das Glas mit dem übergestülpten Korb oder Deckel auf den Gitterrost im Backofen stellen. Alternativ können Sie die Teile auch trocken föhnen oder 2 bis 3 Tage an der Luft trocknen lassen.

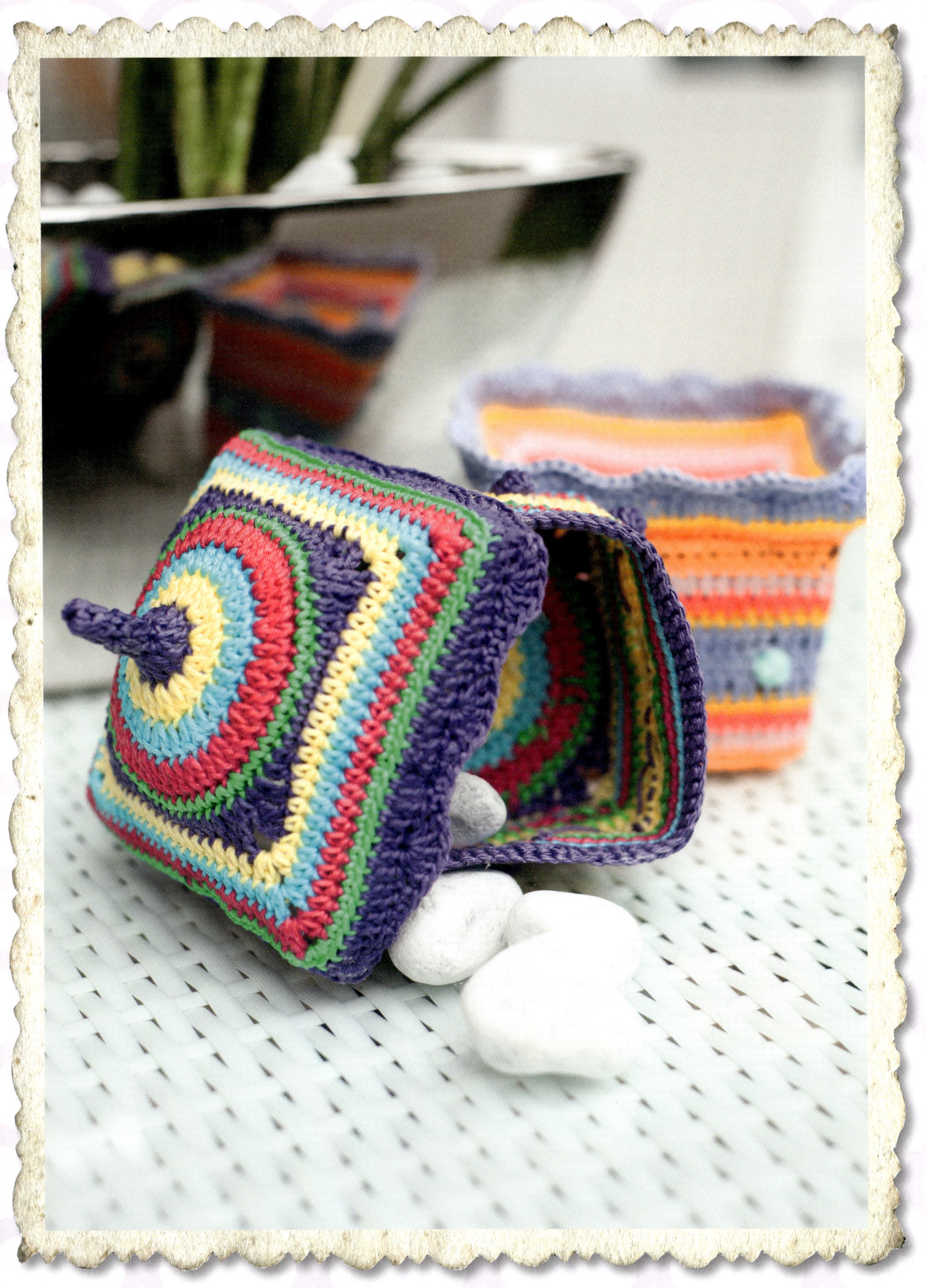

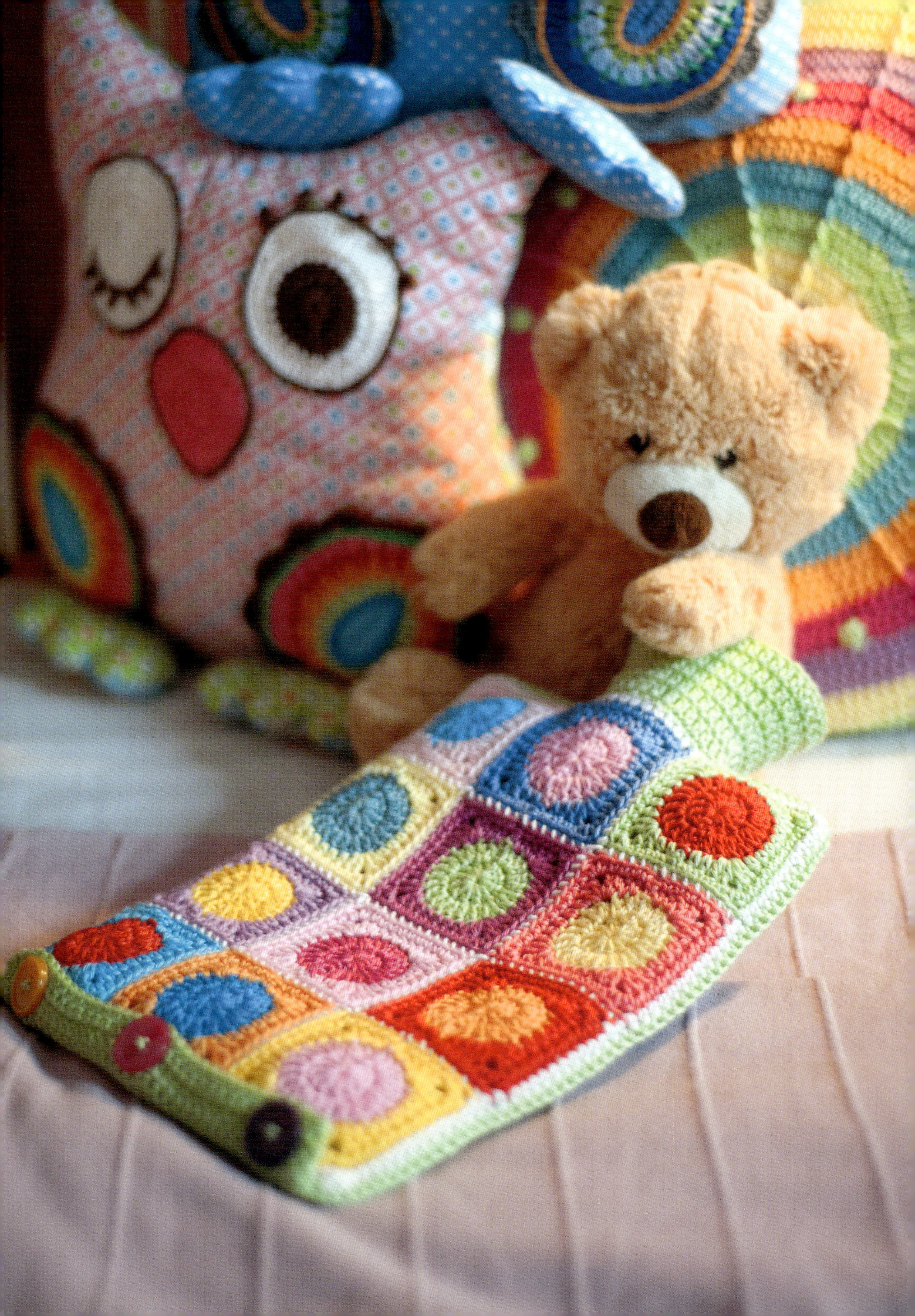

Wärmflaschen-hülle

Auch Wärmflaschen ziehen sich gerne warm an!

Und warum sollte das Ergebnis dann nicht auch bunt und schick aussehen dürfen? So schützt die farbenfrohe Hülle nicht nur Füße, Bauch und Hände vor zu viel Hitze, sondern ist gleichzeitig auch ein hübsch anzusehendes Deko-Objekt in Bad oder WC, wenn es gerade nicht gebraucht wird.

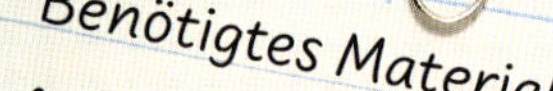

Benötigtes Material

- ca. 80 g Baumwollgarn oder -reste in möglichst verschiedenen Farben, Catania von Schachenmayr oder Cotton Quick von Gründl
- Häkelnadel Nr. 3
- 3 Knöpfe (ca. 2 cm Durchmesser)
- handelsübliche 2-Liter-Wärmflasche

Was Sie wissen müssen

Diese Wärmflaschenhülle wird aus vielen kleinen Mini-Granny-Squares zusammengesetzt, die man wunderbar aus kleinsten Wollresten häkeln kann. Mit den Farben können Sie dabei wie bei allen Projekten in diesem Buch nach Belieben spielen. Hier ist eine völlig bunte Variante, bei der kein Quadrat dem anderen gleicht, ebenso möglich wie Ton in Ton.

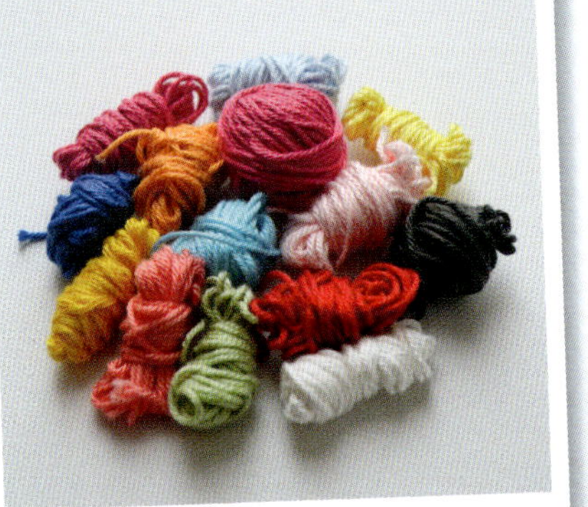

Meine Empfehlung ist lediglich, die beiden ersten Runden jeweils in derselben Farbe zu häkeln und die beiden folgenden Runden in einer kontrastierenden Farbe – so kommen die kleinen Minis am besten zur Geltung.

Ich häkle diese simplen Miniquadrate immer gerne mal zwischendurch auf Vorrat, um meine Wollreste abzubauen, denn sie lassen sich außer für diese schöne Wärmflaschenhülle für vielerlei andere Projekte verwenden, wie z. B. Kissen oder Taschen.

Ganz wichtig

Gehäkelt wird in Runden, es wird also nicht gewendet. **Jede Runde** beginnt als Ersatz für die erste Masche mit Luftmaschen, d. h. 1 Lm für 1 fM, 2 Lm für 1 hStb, 3 Lm für 1 Stb, 4 Lm für 1 DStb, und endet mit einer Kettmasche in die oberste der Anfangsluftmaschen.

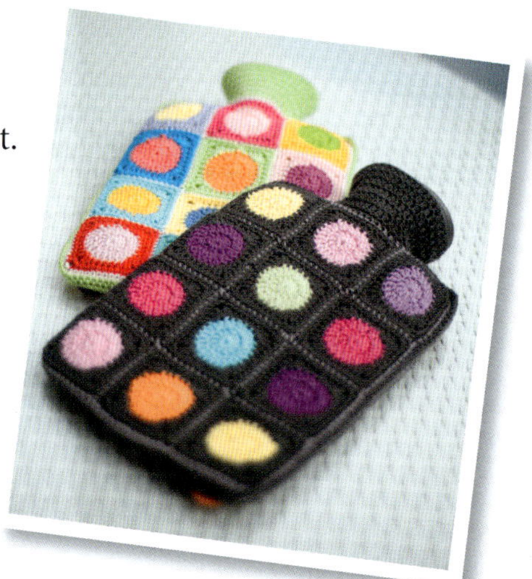

Los geht's

Mini-Granny-Squares häkeln

4 Lm anschlagen und mit 1 Km in die 1. Lm zum Ring schließen.

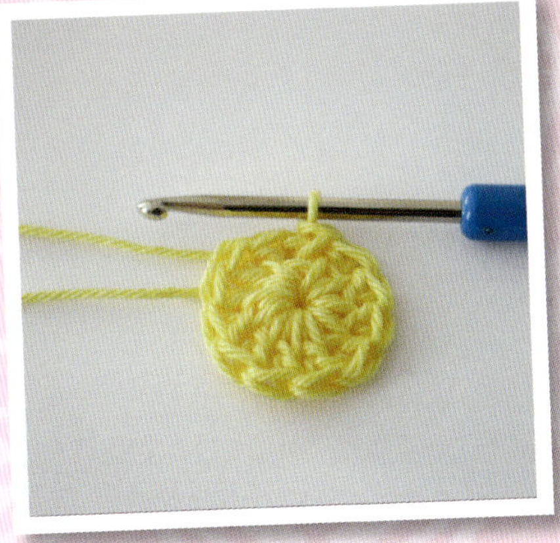

1. Runde: Stb.
Beginnen Sie mit 3 Lm (= 1. Stb) und häkeln Sie 11 Stb in den Ring, 1 Km (= 12 M).

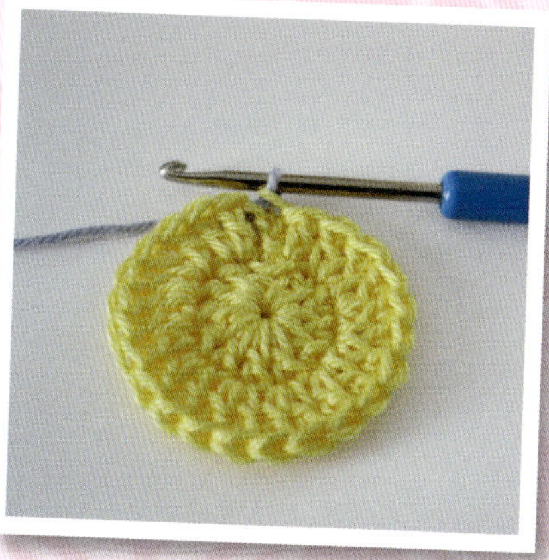

2. Runde: Stb. In jede M 2 Stb häkeln (= 24 M).

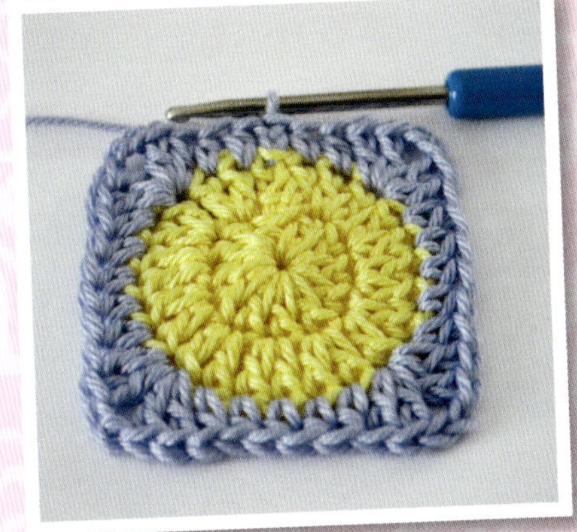

3. Runde: Beginnen Sie mit 2 Lm (= 1. hStb), dann 2 hStb, nun für die
1. Ecke: (2 Stb + 2 Lm + 2 Stb in dies. M), 5 hStb,
2. Ecke: (2 Stb + 2 Lm + 2 Stb in dies. M), 5 hStb,
3. Ecke: (2 Stb + 2 Lm + 2 Stb in dies. M), 5 hStb,
4. Ecke: (2 Stb + 2 Lm + 2 Stb in dies. M), dann noch 2 hStb, 1 Km. (= 9 M pro Seite zwischen den Ecken)

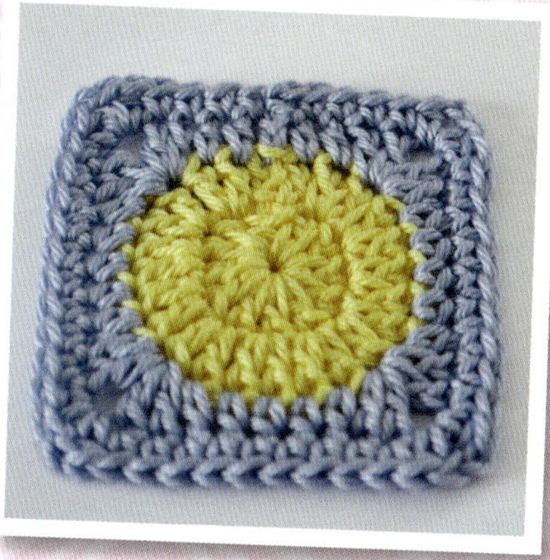

4. Runde: fM. In die Lm-Bögen an den Ecken jeweils 1 hStb + 2 Lm + 1 hStb häkeln. (= 11 M pro Seite zwischen den Ecken)

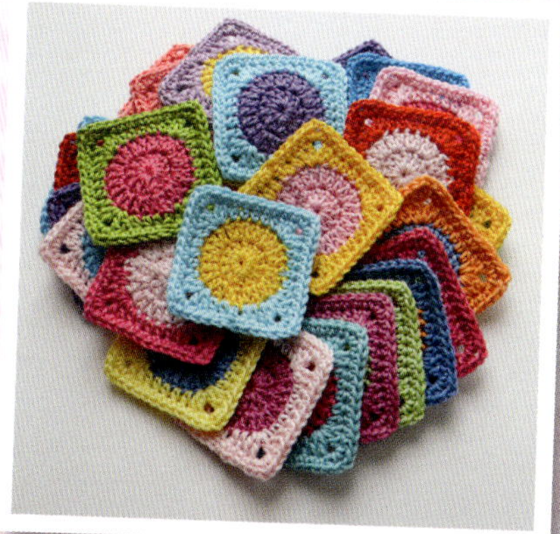

Das war es auch schon. Von diesen kleinen Quadraten benötigen Sie insgesamt 24 Stück, je 12 für Vorder- und Rückseite.

Quadrate verbinden

Die Quadrate müssen nun zusammengenäht werden. Überlegen Sie sich die Zusammenstellung der Quadrate für Vorder- und Rückseite und legen Sie diese zurecht.

Verbinden Sie dann zunächst eine Reihe aus vier Quadraten von oben nach unten durch Einzelnähte, dann die beiden anderen 4er-Reihen genauso.

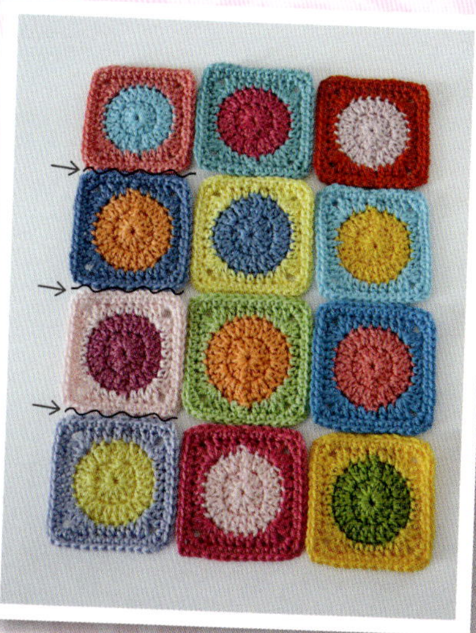

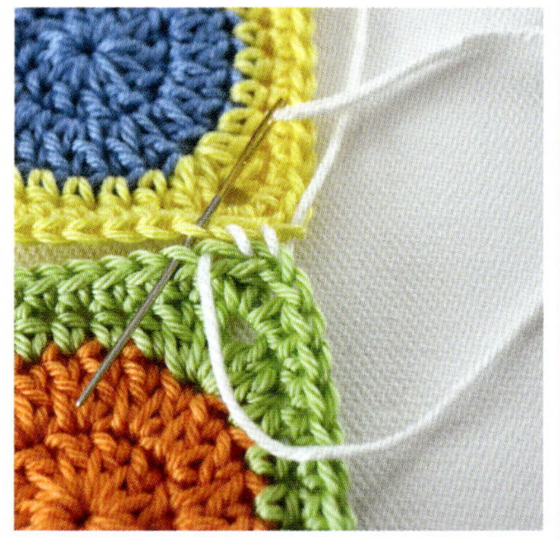

Wie beim Schatzbeutel (Seite 90 ff.) habe ich auch bei diesem Modell eine Flachnaht mit kontrastierendem Garn verwendet. Hierzu legen Sie zwei Quadrate mit der schönen Seite nach oben bündig aneinander und stechen mit der Nadel jeweils von oben nach unten durch die sich berührenden äußersten Schlingen der letzten Runde.

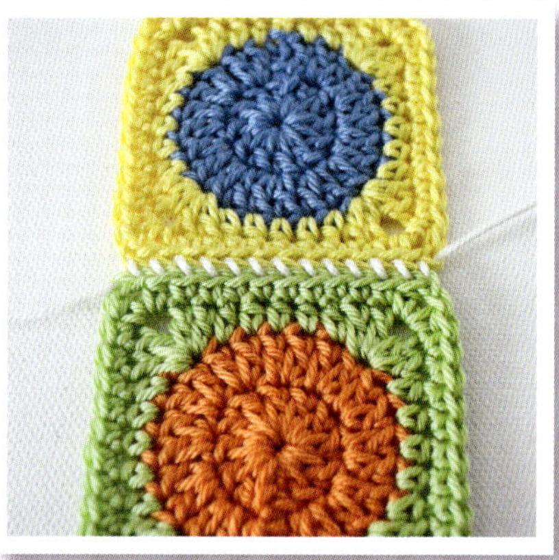

Nach jeder Naht den Faden mit ca. 5 cm Länge abschneiden.

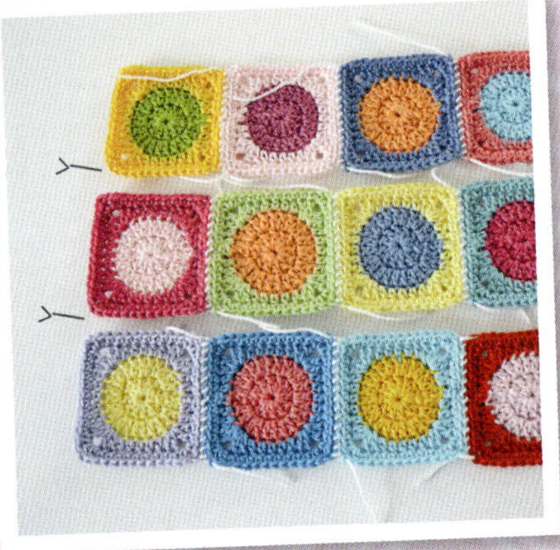

Anschließend werden die 4er-Reihen längs zusammengenäht (siehe Pfeile).

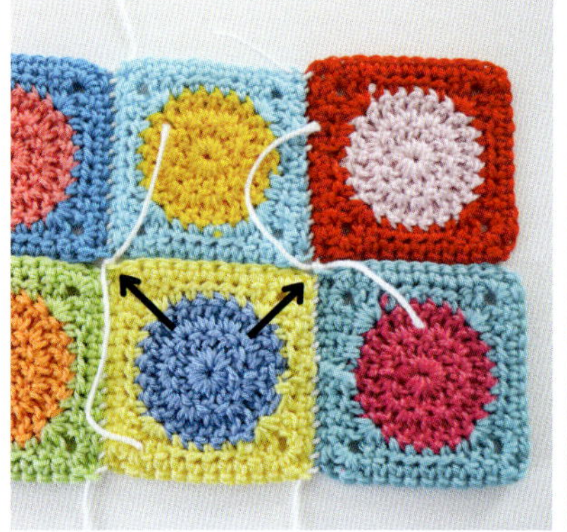

Nehmen Sie sich zunächst zwei 4er-Reihen und knoten hier auf der Rückseite die Nahtenden der kleinen Nähte an den aufeinandertreffenden Stellen zusammen (siehe Pfeile).

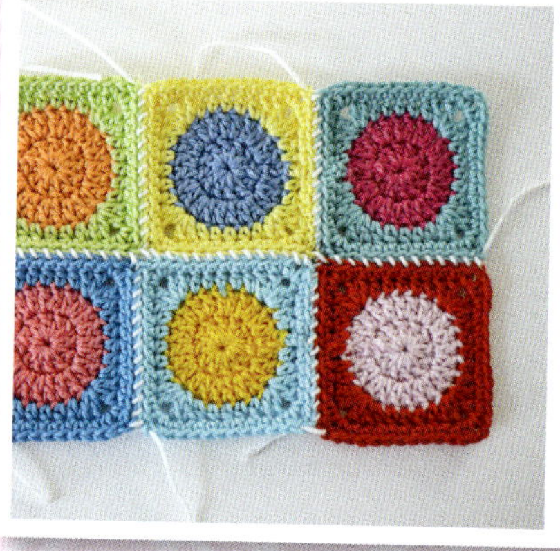

Nähen Sie dann die 4er-Reihen auf die beschriebene Weise zusammen. Achten Sie an den Kreuzpunkten zwischen vier Quadraten auf eine gleichmäßige Naht.

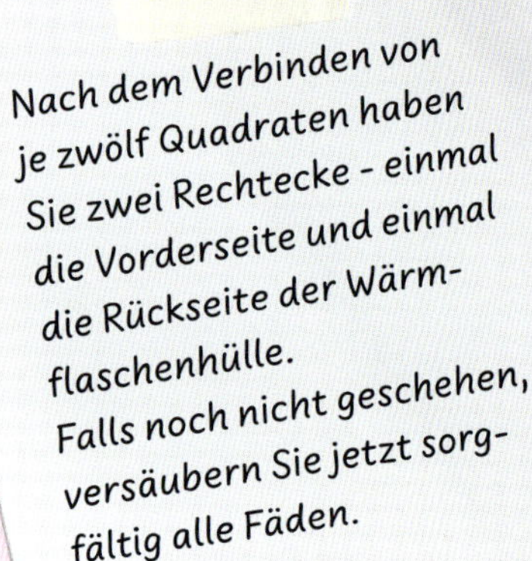

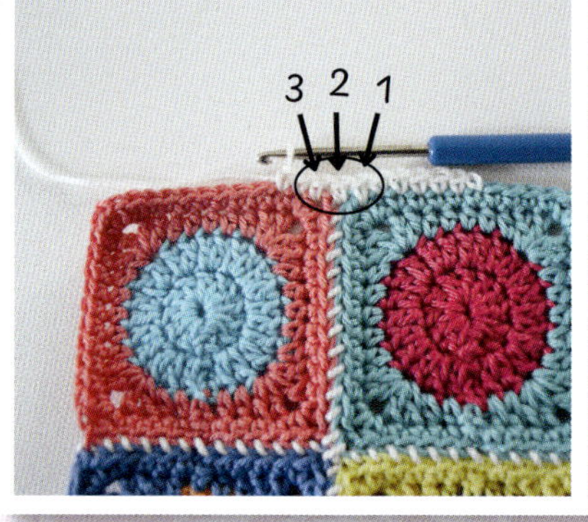

Die beiden Häkelplatten werden nun noch mit einer Runde feste Maschen umhäkelt. Schlingen Sie dazu den Faden an der Mitte eines beliebigen Quadrates neu an. An den Übergangsstellen zwischen zwei Quadraten häkeln Sie genau 3 fM, und zwar eine in die Ecke des rechten Quadrats, eine genau über der Flachnaht und eine in die Ecke des linken Quadrats (siehe Pfeile).

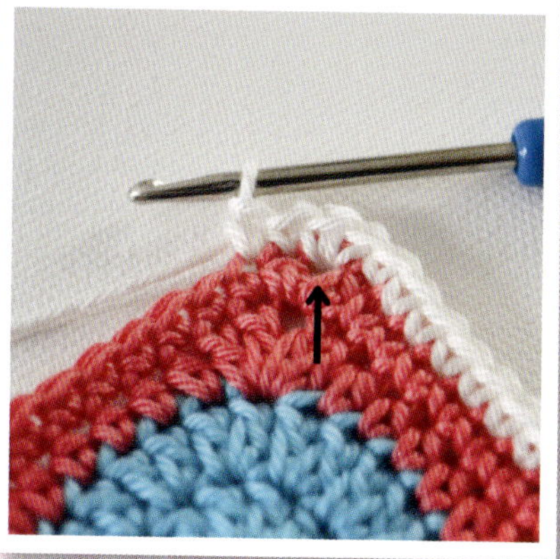

An den Ecken jeweils 2 fM in den Lm-Bogen häkeln.

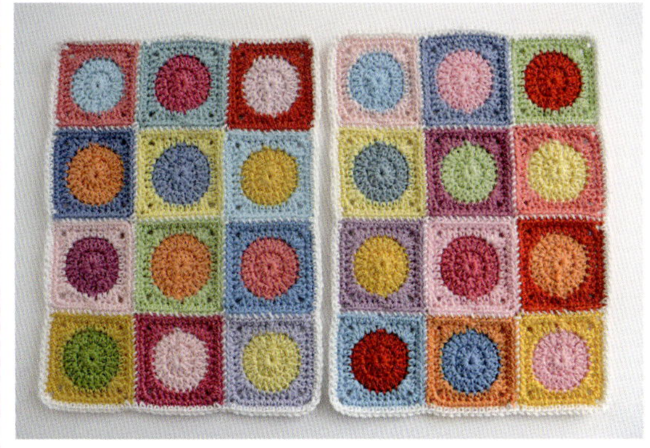

Nach diesem Arbeitsschritt sehen die beiden Häkelplatten so aus.

Vorderteil: Knopflochleiste anhäkeln

Am Vorderteil wird jetzt eine 5-reihige Leiste mit Knopflöchern angehäkelt.

Schlingen Sie hierzu den Faden am unteren schmalen Ende des Vorderteils neu an, und zwar an der ersten festen Masche nach den beiden Maschen der Ecke.

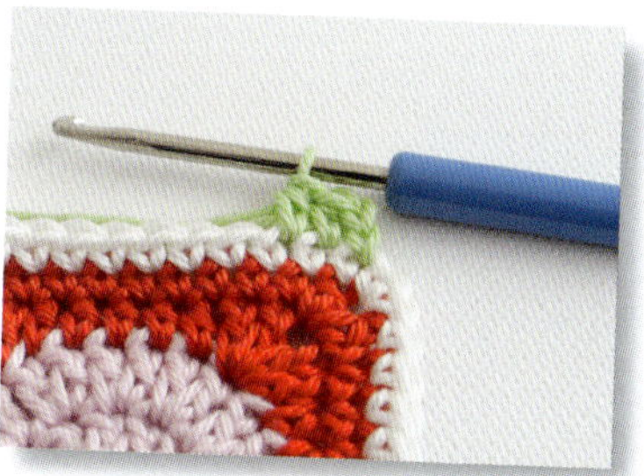

1. Reihe: hStb. Beginnen Sie mit 2 Lm (= 1. hStb)

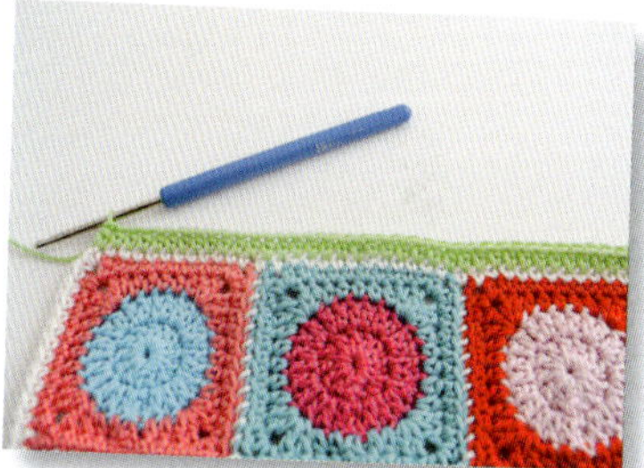

und häkeln Sie 37 hStb (= 38 M). Wenden.

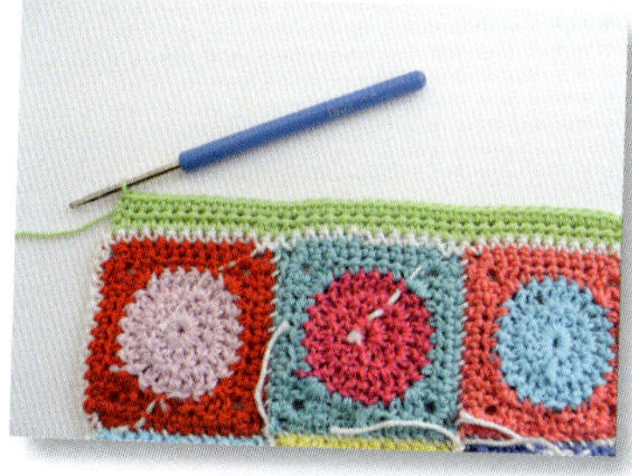

2. Reihe: fM. Wenden.

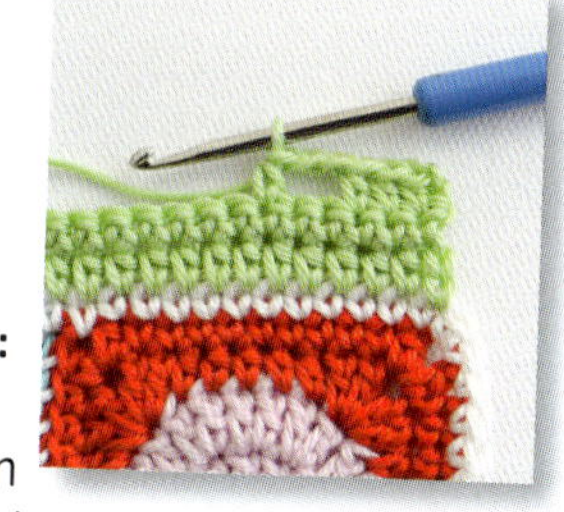

3. Reihe: hStb. Beginnen Sie mit 2 Lm und häkeln Sie 3 hStb. Dann für das 1. Knopfloch 2 Lm, 2 M der Vorreihe überspringen, dann weiter mit hStb.

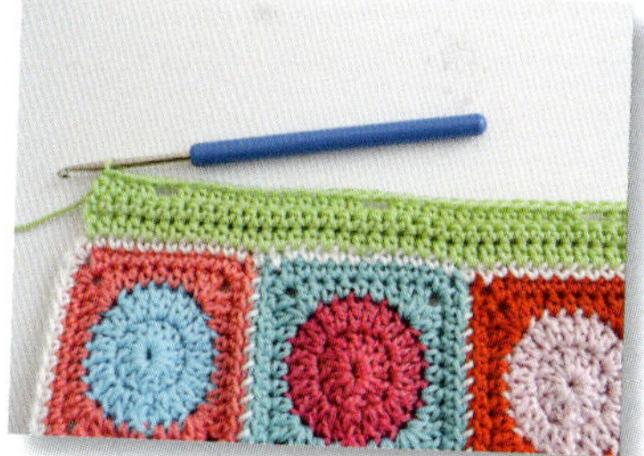

Stellen Sie auf diese Weise in dieser Reihe 3 Knopflöcher her – zwischen zwei Löchern stets 11 hStb häkeln. Wenden.

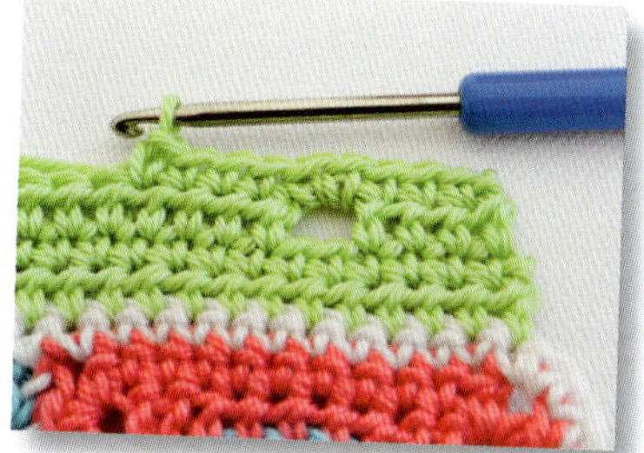

4. Reihe: fM. In die Lm-Bögen (= Knopflöcher) jeweils 2 fM häkeln. Wenden.

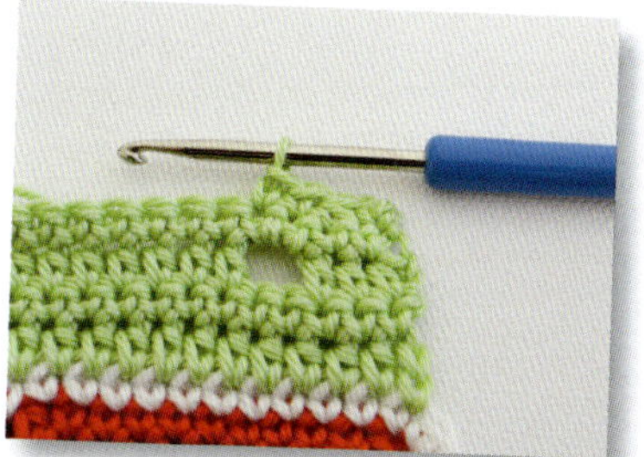

5. Reihe: fM. Für leicht abgerundete Kanten des Riegels am Anfang und am Ende der Reihe je eine Abnahme arbeiten. Hierzu die 2. und 3. fM der Reihe …

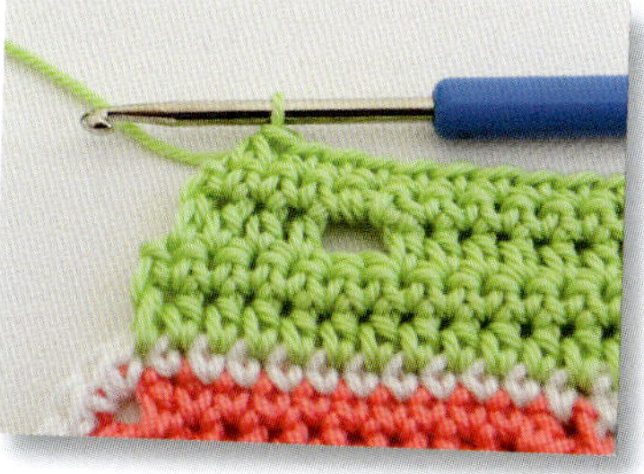

… sowie die letzten beiden fM der Reihe zusammen abmaschen.

Faden abschneiden und vernähen.

Vorderseite und Rückseite verbinden

Jetzt werden die beiden Häkelteile mit festen Maschen zusammengehäkelt. Legen Sie Vorder- und Rückseite links auf links aufeinander und schlingen Sie den Faden oben im linken Bereich (siehe Pfeil) neu an. Die Vorderseite der Hülle (mit der Knopflochleiste unten) liegt oben.

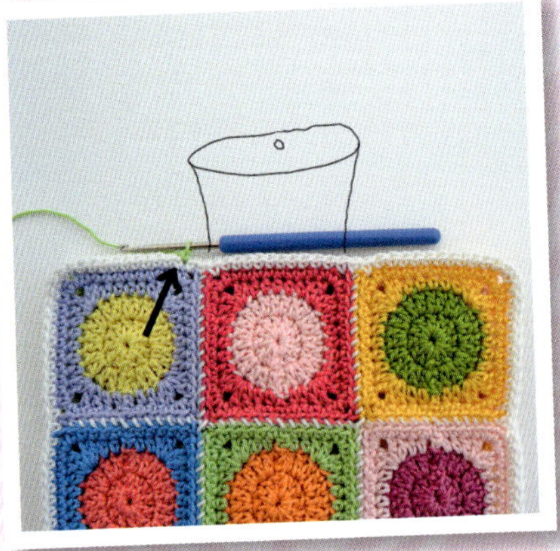

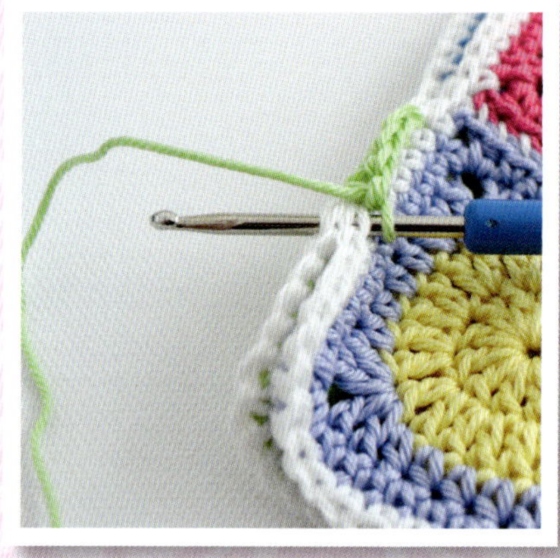

Achten Sie darauf, die Nadel stets durch die Maschen **beider** Teile zu stechen.

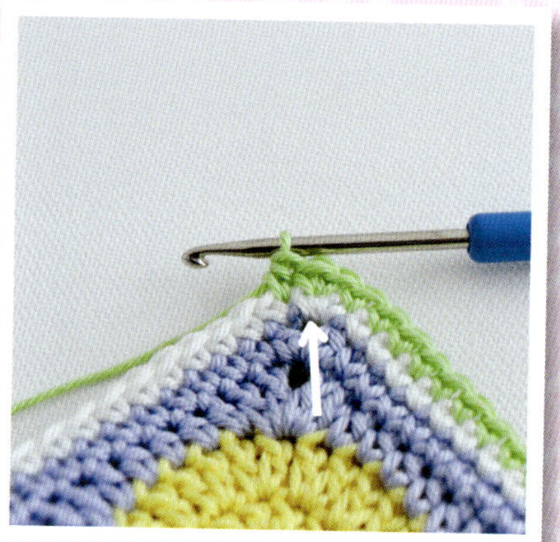

An den Ecken jeweils 2 fM in eine Masche häkeln (siehe Pfeil).

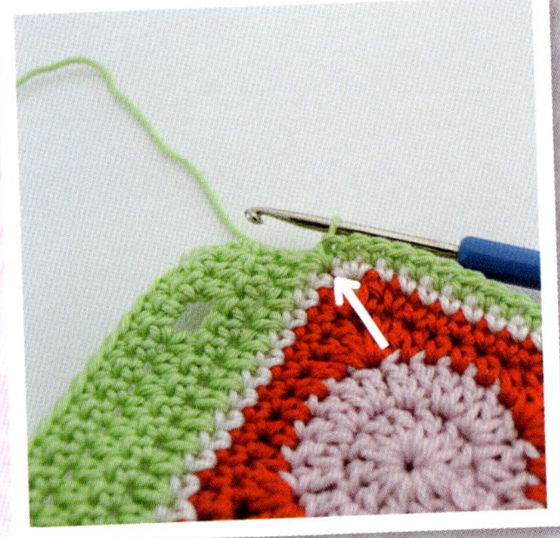

Wenn Sie unten die Knopflochleiste erreicht haben, häkeln Sie 1 fM in dieselbe Einstichstelle der ersten Masche der Leiste (siehe Pfeil).

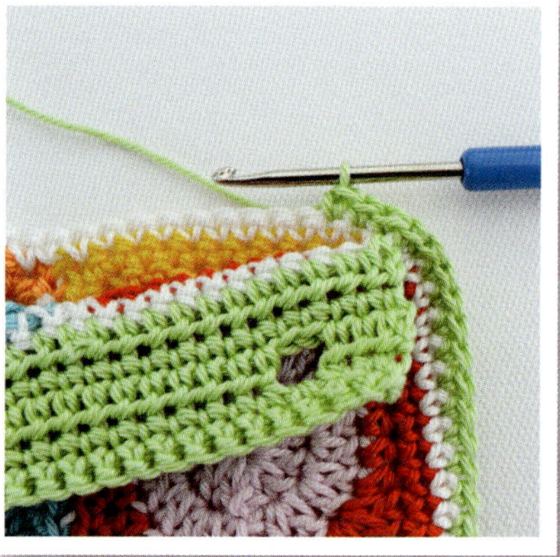

Klappen Sie dann die Knopflochleiste nach vorne und häkeln nur noch auf der Rückseite entlang – Sie wollen ja später noch die Wärmflasche in die Hülle einschieben können.

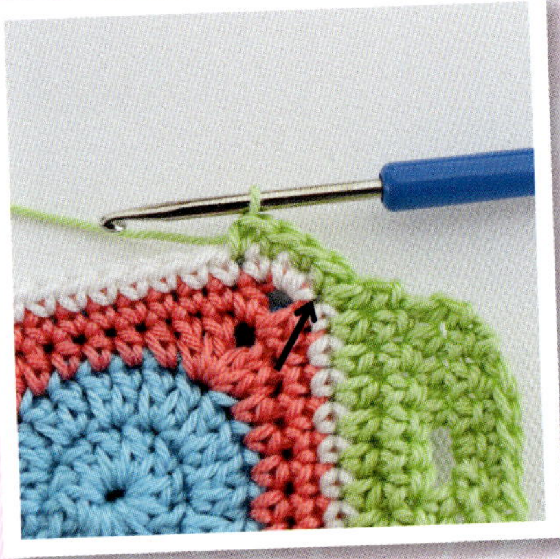

Am anderen Ende der Leiste angekommen, häkeln Sie auch hier wieder 1 fM in die letzte Einstichstelle der ersten Reihe der Leiste, dann weiter mit festen Maschen beide Teile zusammenhäkeln.

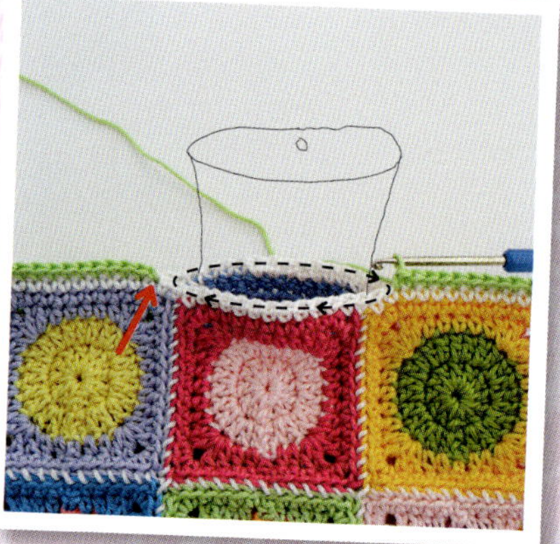

Wenn Sie wieder oben rechts am Flaschenhals angekommen sind, häkeln Sie einmal feste Maschen um den Flaschenhals herum (schwarze Pfeile).
Für einen schönen Übergang häkeln Sie 1 fM genau in die Einstichstelle, wo Sie zu Beginn des Umhäkelns den Faden neu angeschlungen haben (roter Pfeil).

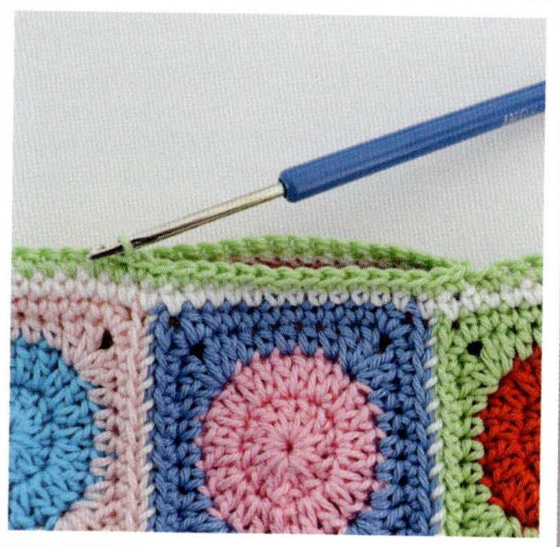

Schließen Sie den Kreis mit 1 Km. Ab jetzt wird der Flaschenhals wieder in Runden gehäkelt, die mit Ersatz-Luftmaschen beginnen und mit 1 Km enden.

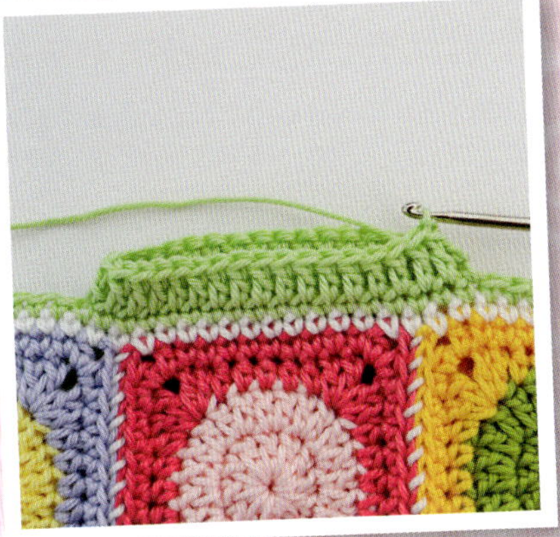

1. Runde: Stb. Keine Zunahmen oder andere Besonderheiten.

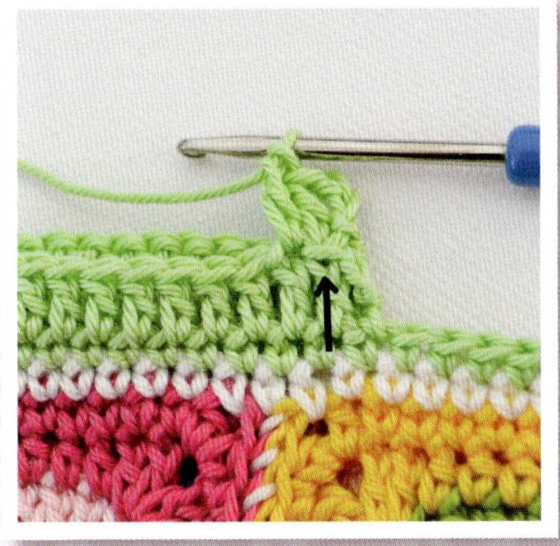

2. Runde: Stb. In dieser und allen folgenden Runden wird nun jeweils 1 M auf beiden Seiten des Flaschenhalses zugenommen. Hierzu wird direkt am Anfang der Runde in dieselbe Masche der Anfangsluftmasche 1 Stb gehäkelt.

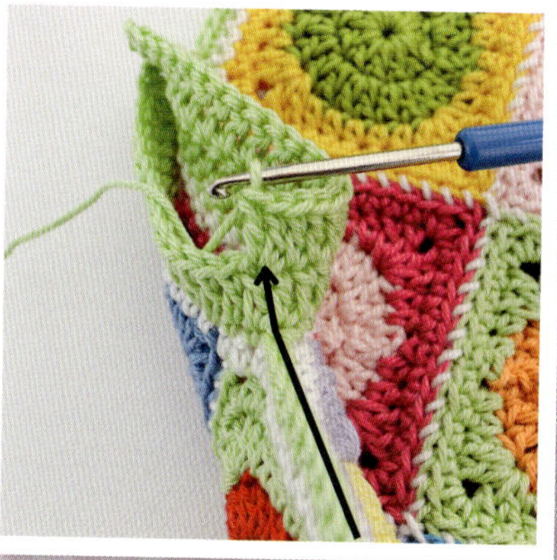

Auf der anderen Seite werden genau auf der Höhe der Seitennaht 2 Stb in eine Masche gearbeitet (siehe Pfeil).

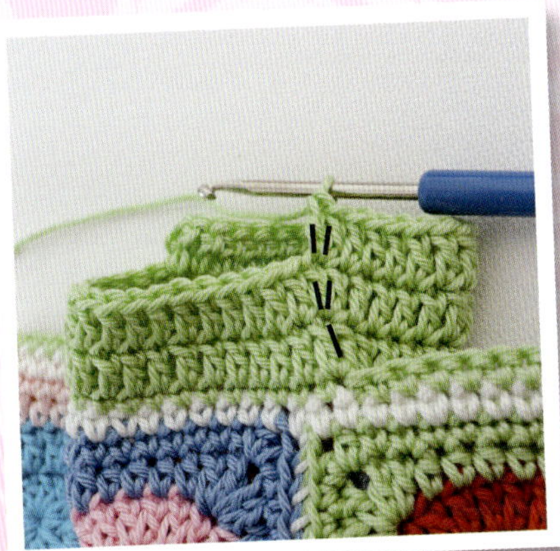

3. – 6. Runde: wie die 2. Runde. Stets eine Zunahme direkt am Anfang der Runde und auf der anderen Seite immer genau über der Zunahmestelle der vorherigen Runde (siehe Markierungen).

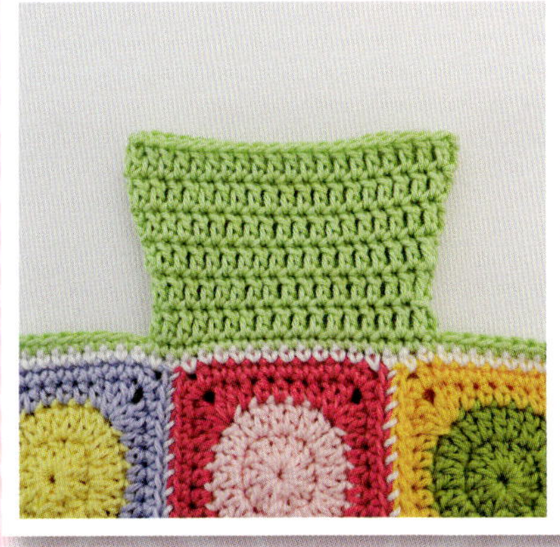

So sieht der fertige Flaschenhals aus.

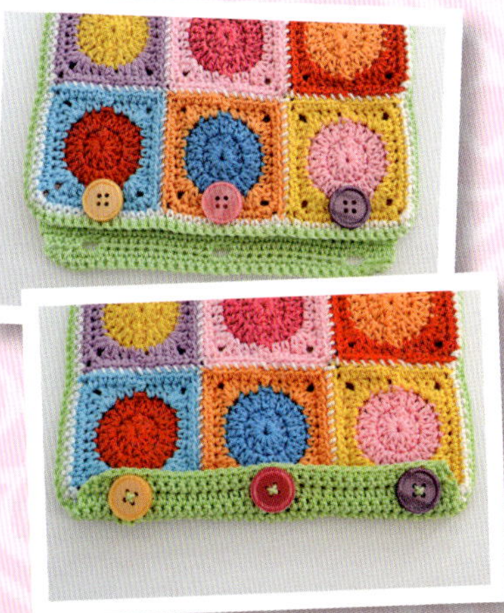

Knöpfe über den Knopflöchern positionieren, annähen, Wärmflasche in die Hülle stecken, fertig!

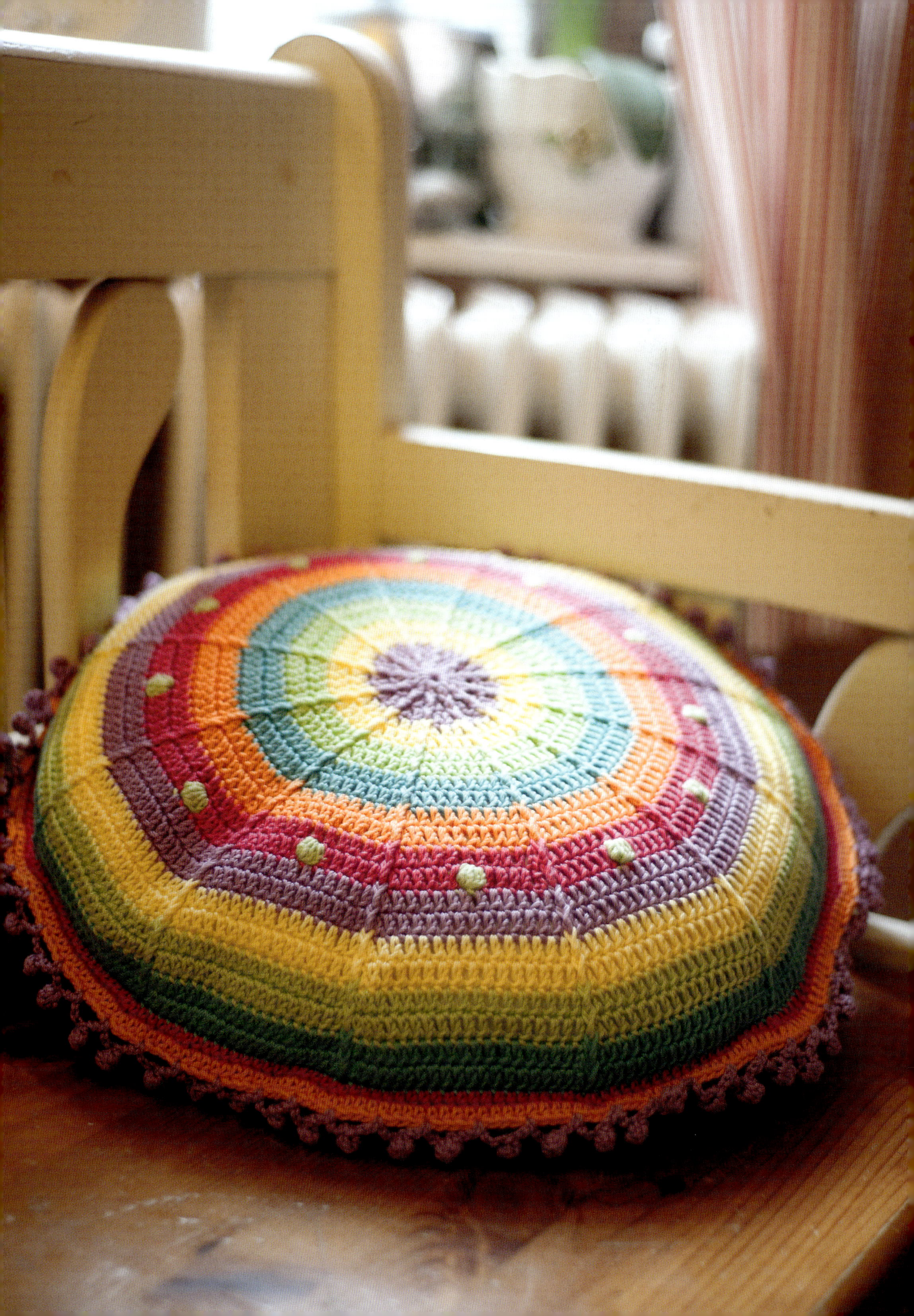

Häkelkissen Sansara

Häkelkissen Sansara ist eine wahre Augenweide und Farbenpracht. Es wird komplett gehäkelt und mit einem runden Innenkissen gefüllt. Verschlossen wird die Hülle mit einer Knopfleiste auf der Rückseite.

In Sachen Kombination von Farben eröffnet Ihnen dieses Häkelprojekt schier unerschöpfliche Möglichkeiten. Lassen Sie Ihrer Fantasie einfach freien Lauf – es wird garantiert ein einzigartiges Unikat dabei herauskommen!

Was Sie wissen müssen

Die besonderen Highlights bei diesem Kissen sind zum einen die Reliefstäbchen, die – Runde für Runde genau übereinander gearbeitet – eine Art „Sonnenstrahlen" entstehen lassen, und zum anderen die angehäkelte Bommelborte, die das Kissen sehr edel wirken lässt. Wenn Ihnen dafür die Geduld fehlt, können Sie stattdessen auch eine fertige Bommelborte von Hand rundherum annähen oder die Borte einfach weglassen.

Ganz wichtig

Gehäkelt wird in Runden. Jede Runde beginnt als Ersatz für die erste Masche mit Luftmaschen, d. h. 1 Lm für 1 fM, 2 Lm für 1 hStb, 3 Lm für 1 Stb, 4 Lm für 1 DStb, und endet mit einer Kettmasche in die oberste der Anfangsluftmaschen. Die Knopfleiste wird in Reihen gehäkelt.

Benötigtes Material

- ca. 220 g Baumwollgarne in verschiedenen Farben, Catania von Schachenmayr oder Cotton Quick von Gründl
- Häkelnadel Nr. 3
- 5 Knöpfe (2 cm Durchmesser)
- rundes Innenkissen (40 cm Durchmesser; z. B. von Buttinette)

Los geht's

4 Lm anschlagen und mit 1 Km in die 1. Lm zum Ring schließen.

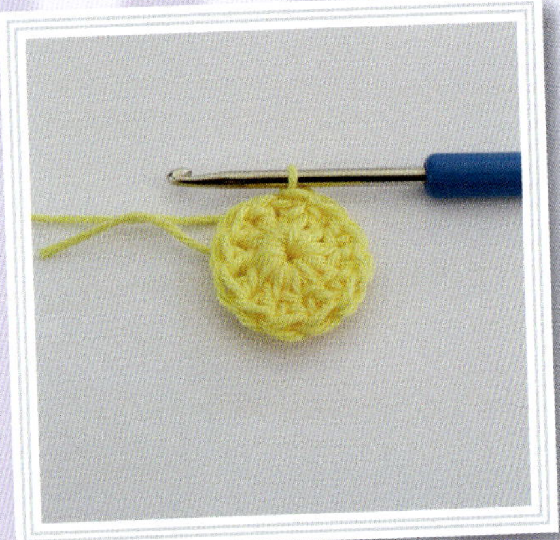

1. Runde: Beginnen Sie mit 3 Lm (= 1. Stb), dann 11 Stb in den Ring häkeln, Runde mit 1 Km beenden (= 12 M).

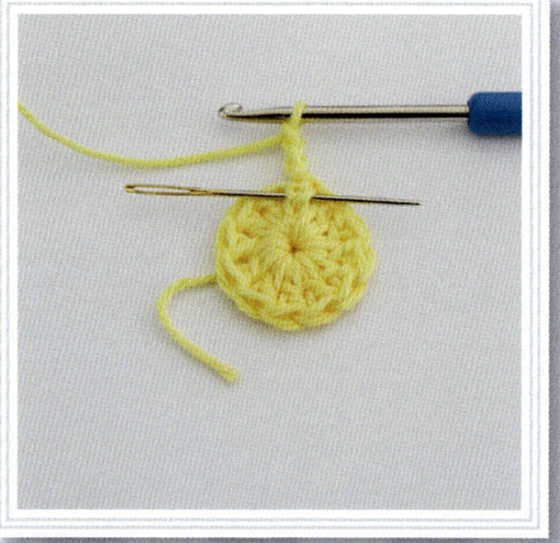

2. Runde: 1 Stb und 1 RStb im Wechsel. Beginnen Sie mit 3 Lm (= 1. Stb). Die Wollnadel zeigt, wie Sie für das Reliefstäbchen mit der Häkelnadel einstechen müssen.

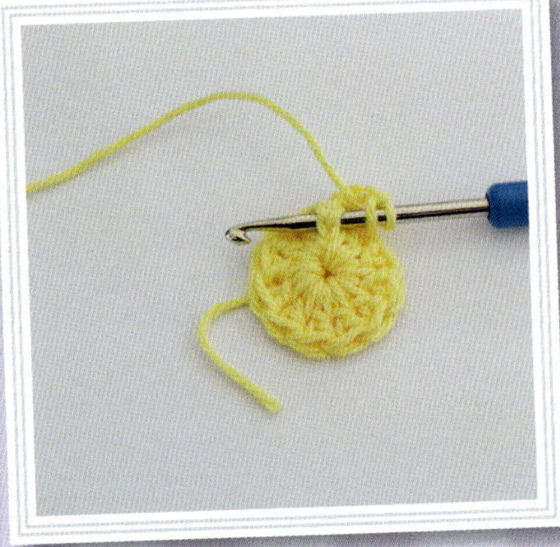

Legen Sie wie für ein normales Stb eine Fadenschlinge um die Nadel, stechen Sie dann mit der Nadel unter dem 1. Stb der Vorrunde durch, sodass das Stb auf der Häkelnadel liegt.

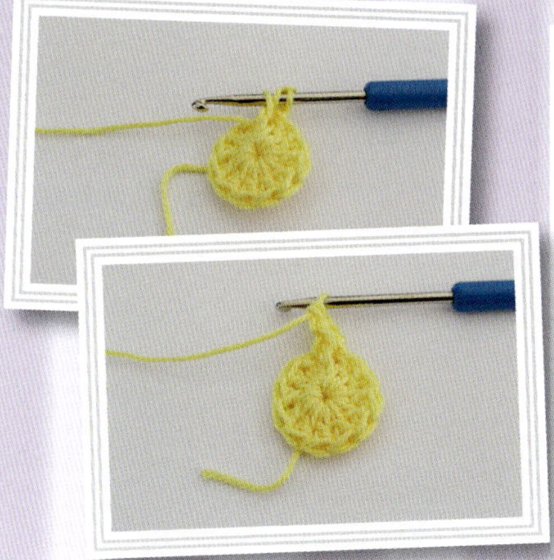

Holen Sie den Faden durch …

… und häkeln Sie das Stäbchen ganz normal zu Ende!

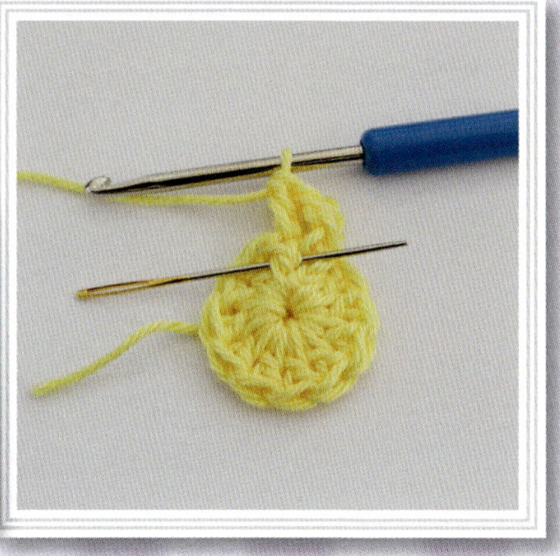

Jetzt häkeln Sie in die nächste Masche ein ganz normales Stäbchen, dann unterhalb dieses Stäbchens wieder hinter dem Stäbchen der Vorrunde die Nadel durchstechen, …

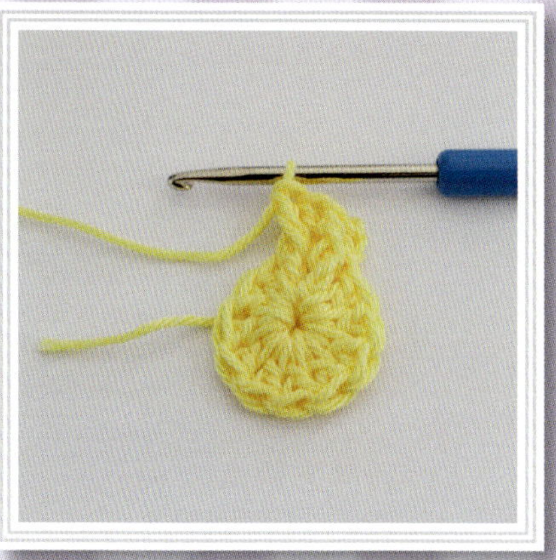

… Faden holen und das Stäbchen normal zu Ende häkeln.

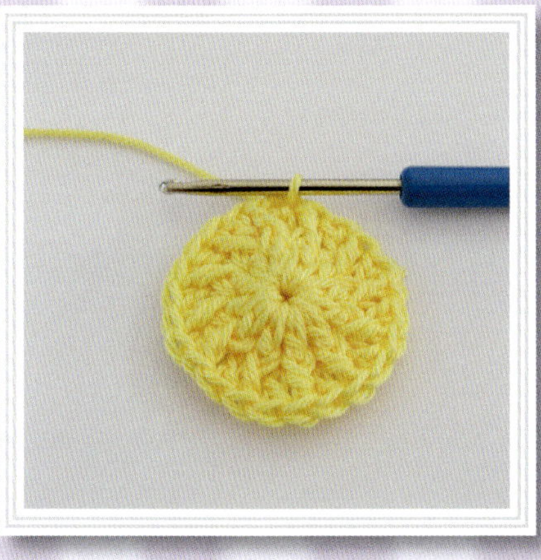

Weiter geht es mit * 1 Stb, 1 RStb, ab * fortlaufend bis Rundenende wiederholen (= 24 M, und zwar 12 Stb und 12 RStb). Mit den Reliefstäbchen verdoppelt man also in dieser Runde jede Masche. In jeder folgenden Runde werden stets 12 RStb gehäkelt und damit pro Runde 12 Maschen zugenommen.

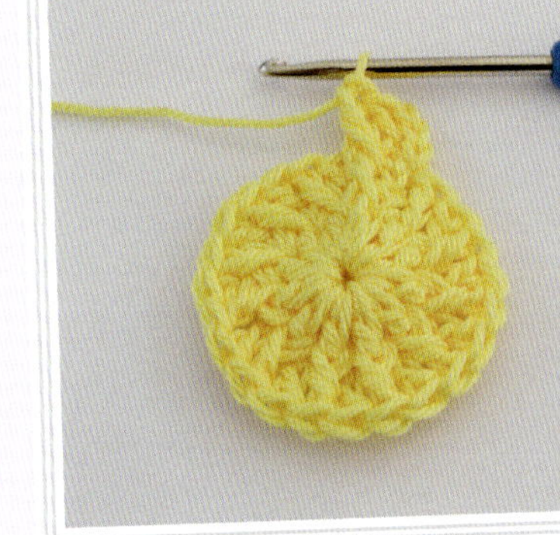

3. Runde: Wie in der 2. Runde werden Stb und RStb gehäkelt, aber jetzt häkelt man 2 Stb, dann 1 RStb genau über dem RStb der Vorrunde. Beginnen Sie mit 3 Lm (= 1. Stb), dann 1 Stb, 1 RStb, * 2 Stb, 1 RStb, ab * bis Rundenende wiederholen (= 36 M).

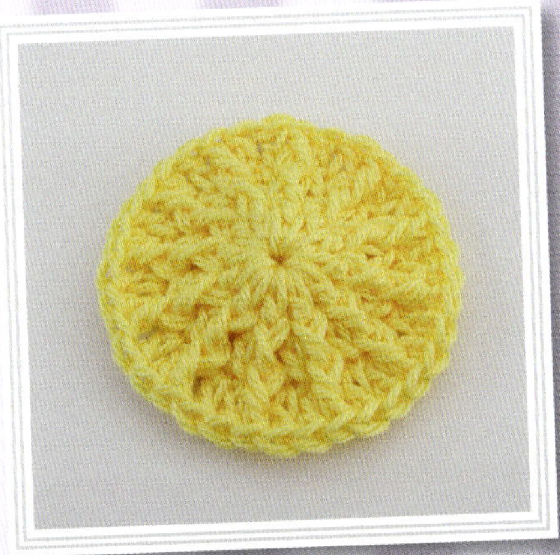

So sieht die Runde fertig aus. An dieser Stelle wechsle ich die Farbe und dann immer nach zwei Runden.

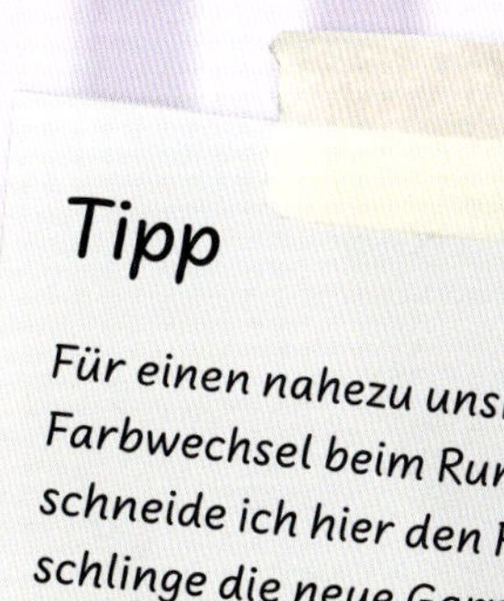

Tipp

Für einen nahezu unsichtbaren Farbwechsel beim Rundenübergang schneide ich hier den Faden ab und schlinge die neue Garnfarbe an anderer Stelle neu an, und zwar stets über einem normalen Stäbchen unmittelbar nach einem Reliefstäbchen der Vorrunde – so fallen die Anfangsluftmaschen am wenigsten auf.

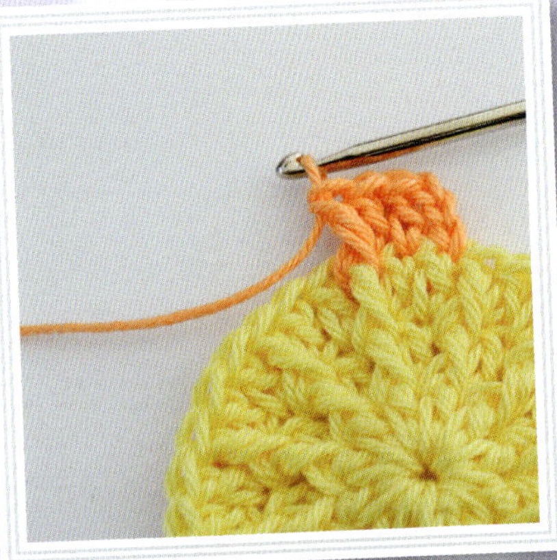

4. Runde: Wie zuvor Stb häkeln und über den RStb der Vorrunde RStb häkeln. Beginnen Sie mit 3 Lm (= 1. Stb), 2 Stb, 1 RStb, * 3 Stb, 1 RStb, ab * bis Rundenende wiederholen (= 48 M).

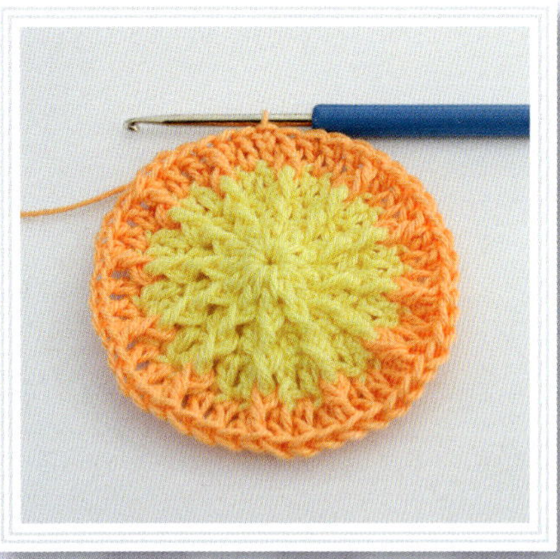

Auf diese Weise fortfahren. In allen Runden werden genau über den Reliefstäbchen der Vorrunde ebenfalls Reliefstäbchen gehäkelt. Dadurch ergeben sich automatisch in jeder Runde 12 Zunahmen. Die Zahl der Stäbchen, die zwischen zwei Reliefstäbchen gehäkelt werden, erhöht sich dabei in jeder Runde um ein Stäbchen.

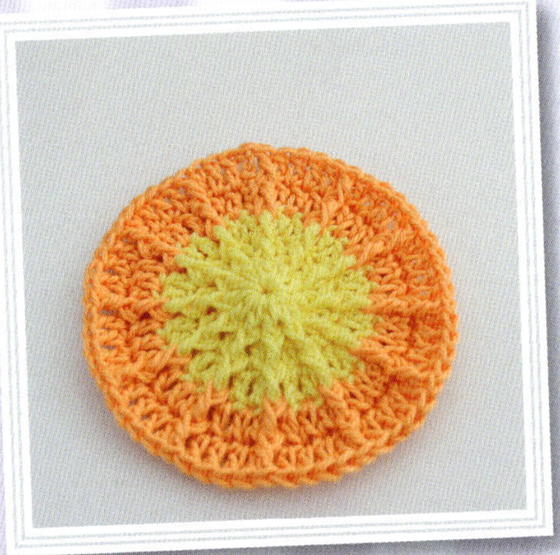

5. Runde: Wie zuvor. Beginnen Sie mit 3 Lm (= 1. Stb), dann 3 Stb, 1 RStb, * 4 Stb, 1 RStb, ab * bis Rundenende wiederholen (= 60 M). Farbwechsel.

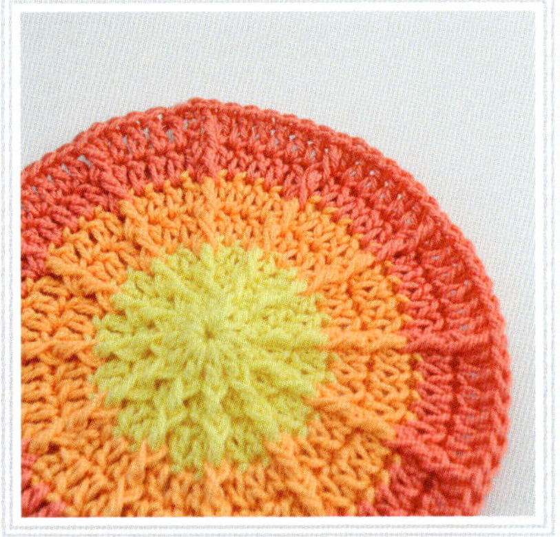

6. + 7. Runde: Wie zuvor Stb und genau über den RStb der Vorrunde stets RStb häkeln (= 84 M nach der 7. Runde). Farbwechsel.

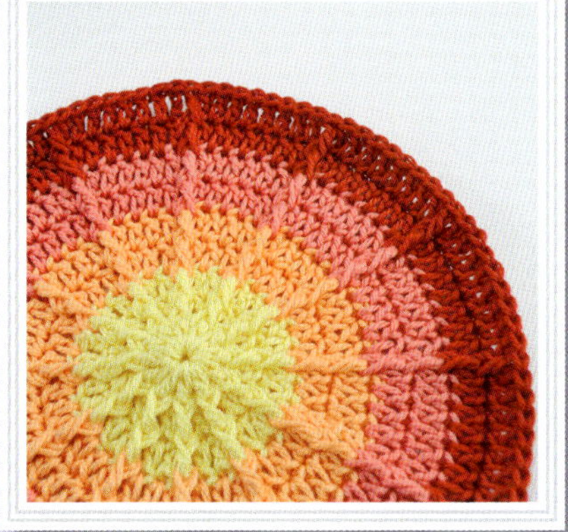

8. + 9. Runde: Wie zuvor Stb und genau über den RStb der Vorrunde stets RStb häkeln (= 108 M nach der 9. Runde). Farbwechsel.

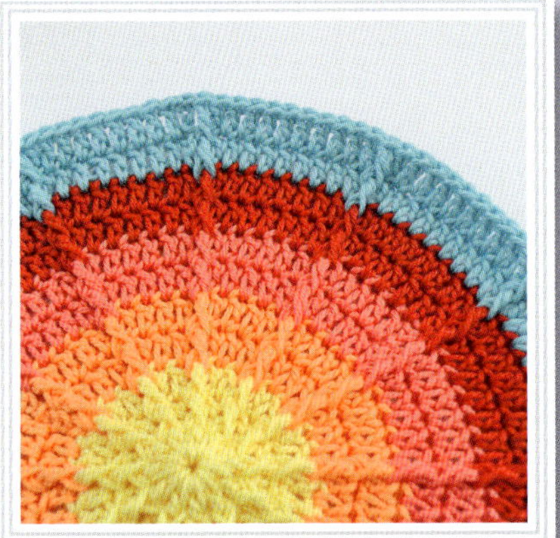

10. + 11. Runde: Wie zuvor Stb und genau über den RStb der Vorrunde stets RStb häkeln (= 132 M nach der 11. Runde). Farbwechsel.

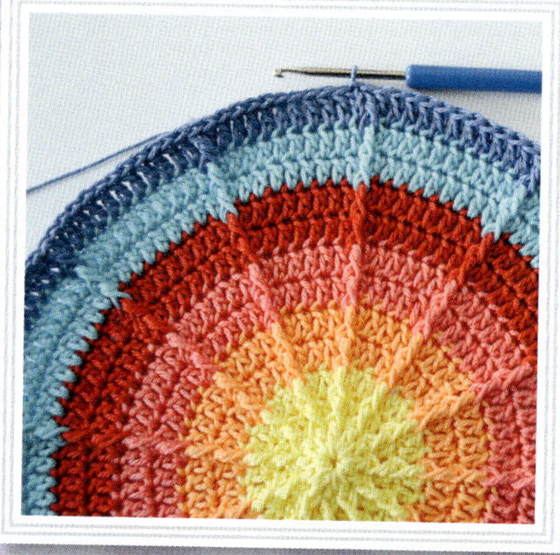

12. Runde: Wie zuvor Stb und genau über den RStb der Vorrunde stets RStb häkeln (= 144 M).

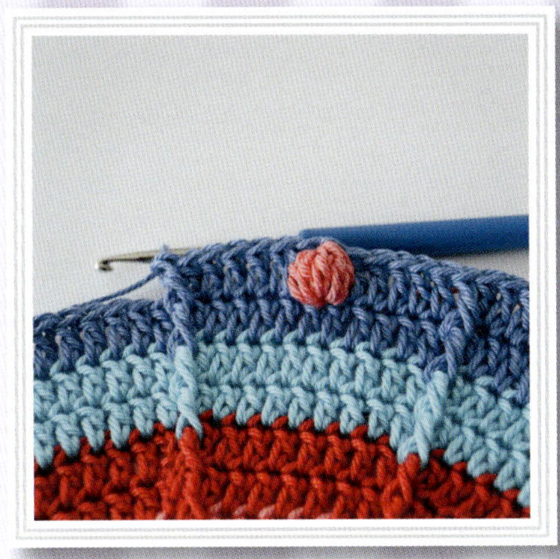

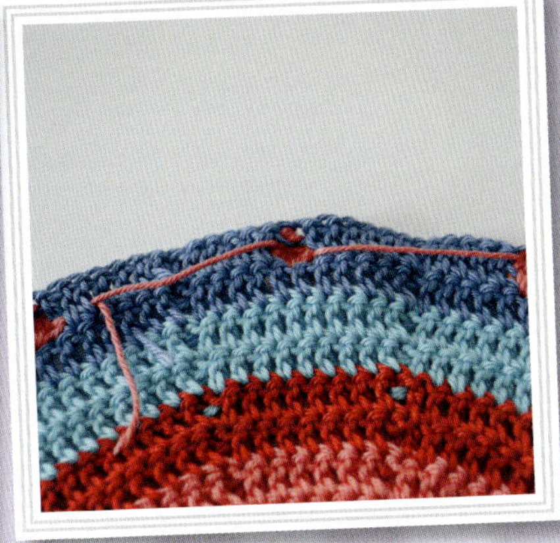

13. Runde: Hier nun ein wenig Abwechslung in Form von kontrastfarbigen Noppen (Details zum Häkeln der Noppen siehe Seite 19). Alles bleibt wie gehabt, nur dass Sie in dieser Runde in der Mitte zwischen je zwei Reliefstäbchen Noppen häkeln. Beginnen Sie zunächst mit 3 Lm (= 1. Stb), dann 4 Stb, * 1 Noppe, 6 Stb, 1 RStb, 5 Stb, ab * fortlaufend wiederholen bis Rundenende.

Den Faden der Noppen lassen Sie hinter der Arbeit locker mitlaufen.

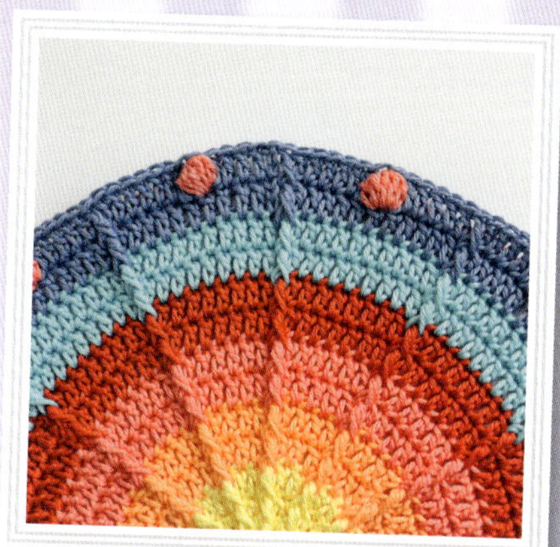

Diese Runde sollte am Ende insgesamt 156 M umfassen (wobei jede Noppe als je 1 M zählt). Farbwechsel.

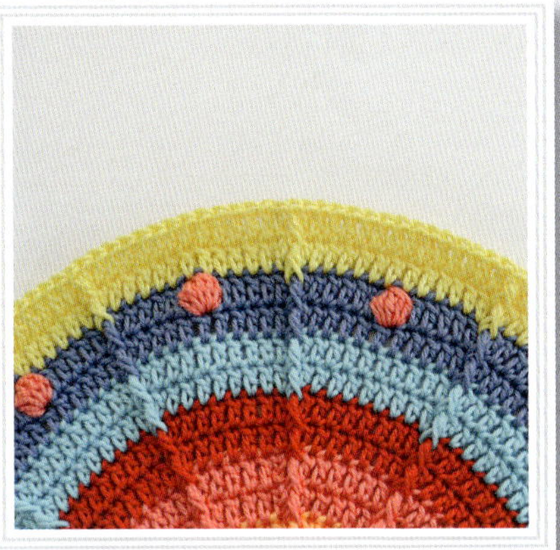

14. + 15. Runde: Es geht weiter wie vor der Noppenrunde: Stb und genau über den RStb der Vorrunde stets RStb häkeln (= 180 M nach der 15. Runde). Farbwechsel.

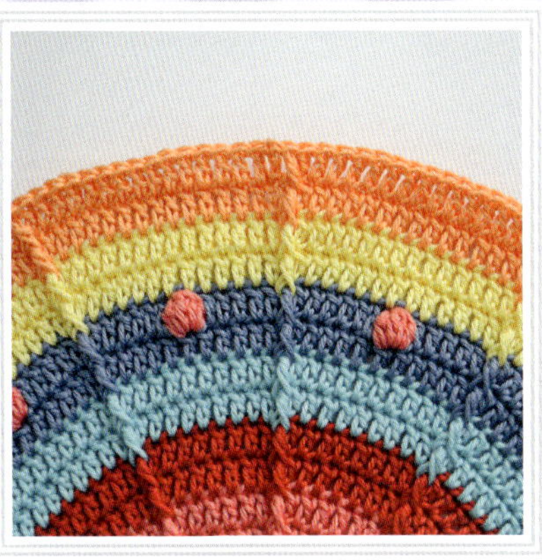

16. + 17. Runde: Wie zuvor Stb und genau über den RStb der Vorrunde stets RStb häkeln (= 204 M nach der 17. Runde). Farbwechsel.

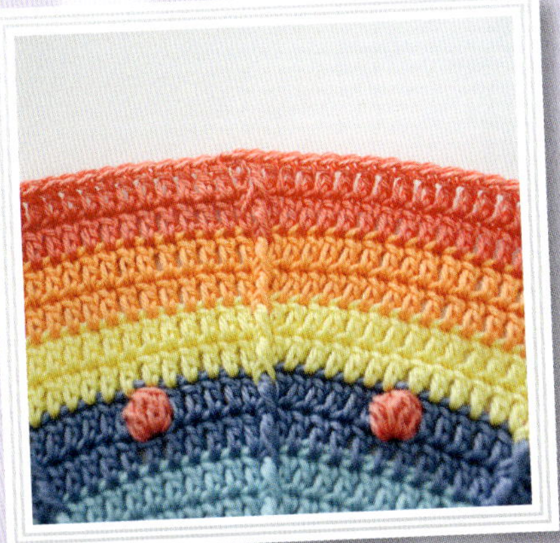

18. + 19. Runde: Wie zuvor Stb und genau über den RStb der Vorrunde stets RStb häkeln (= 228 M nach der 19. Runde). Farbwechsel.

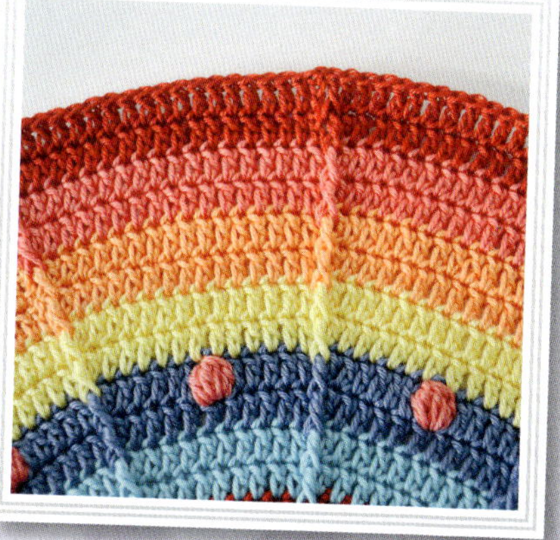

20. + 21. Runde: Wie zuvor Stb und genau über den RStb der Vorrunde stets RStb häkeln (= 252 M nach der 21. Runde). Faden abschneiden und versäubern.

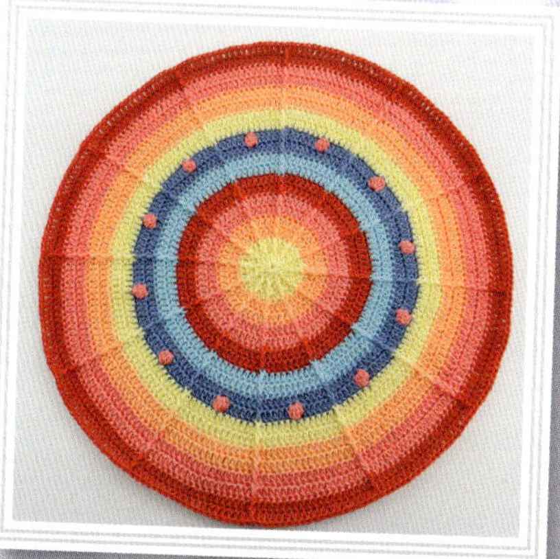

So sieht die Vorderseite der Kissenhülle nach diesen 21 Runden aus.

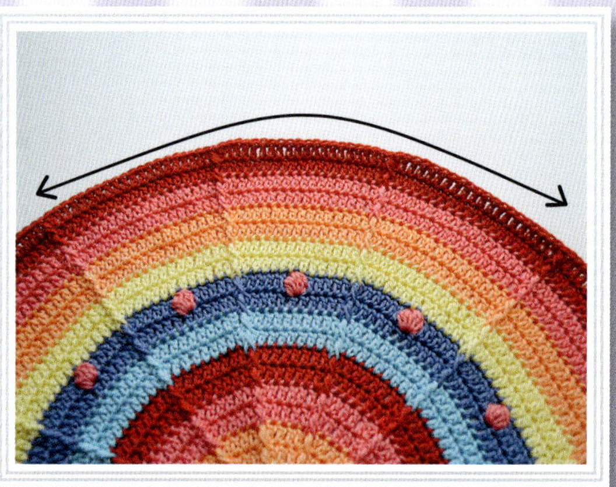

Knopfleiste anhäkeln

Über die Länge von drei „Tortenstücken" des Vorderteils wird jetzt die Knopfleiste in Reihen gehäkelt.

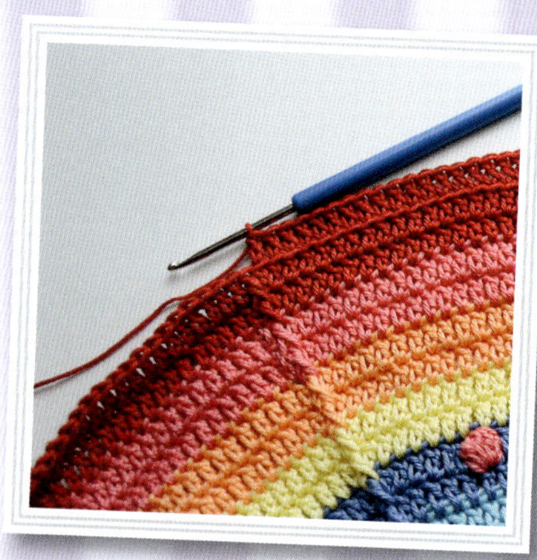

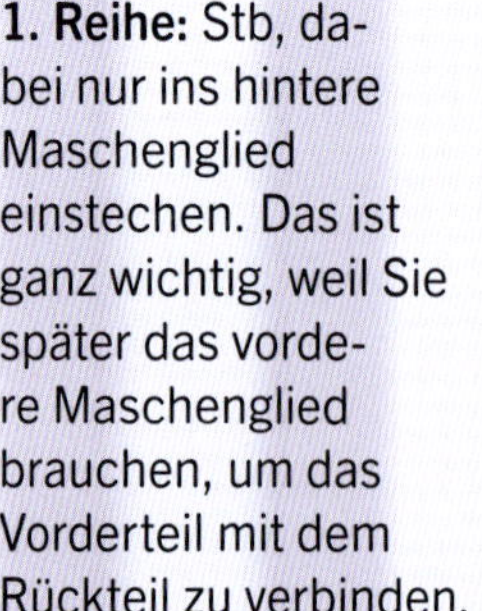

1. Reihe: Stb, dabei nur ins hintere Maschenglied einstechen. Das ist ganz wichtig, weil Sie später das vordere Maschenglied brauchen, um das Vorderteil mit dem Rückteil zu verbinden.

Beginnen Sie mit 3 Lm unmittelbar hinter einem RStb der letzten Runde, häkeln Sie dann über die folgenden 61 M je 1 Stb (denken Sie daran, nur ins hintere Maschenglied einzustechen) (= 62 M). Wenden.

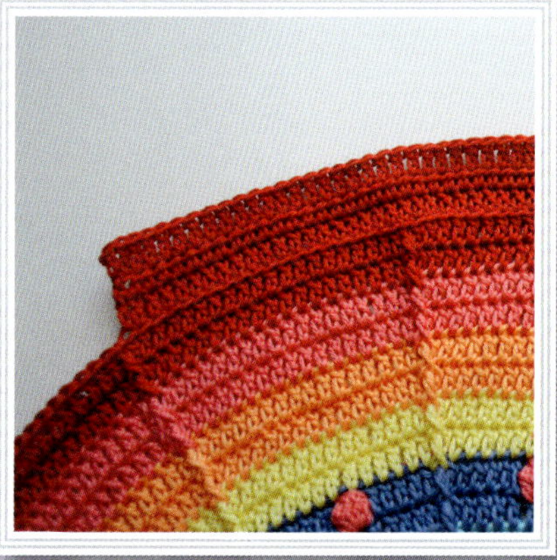

2. Reihe: Beginnen Sie mit 2 Lm (= 1. hStb), dann auf alle Stb der Vorreihe hStb häkeln (= 62 M). Wenden.

3. Reihe: Beginnen Sie mit 3 Lm (= 1. Stb), dann auf alle hStb der Vorreihe Stb häkeln (= 62 M). Faden abschneiden und versäubern. Die Vorderseite der Kissenhülle ist jetzt komplett fertig. Später müssen nur noch die Knöpfe auf der Knopfleiste angebracht werden.

Rückseite häkeln

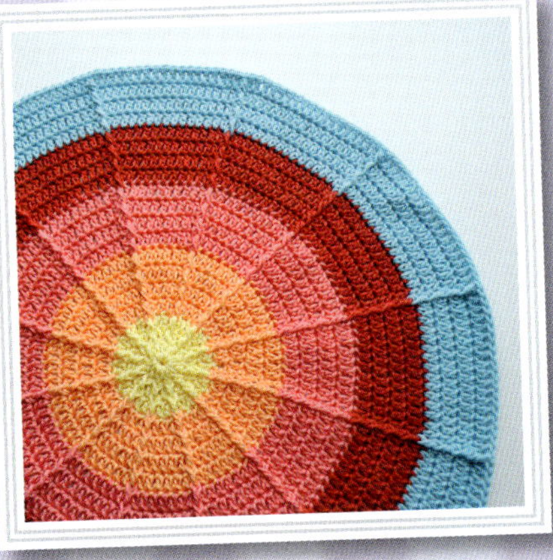

Für die Rückseite der Kissenhülle wiederholen Sie die Runden 1 bis 19, wie für die Vorderseite beschrieben, allerdings ohne die Noppen in Runde 13. Häkeln Sie statt einer Noppe ein Stäbchen. Ab der zweiten Farbe habe ich bei der Rückseite nur noch alle 4 Runden einen Farbwechsel gemacht. Denkbar wäre z. B. aber auch eine einfarbige Rückseite.

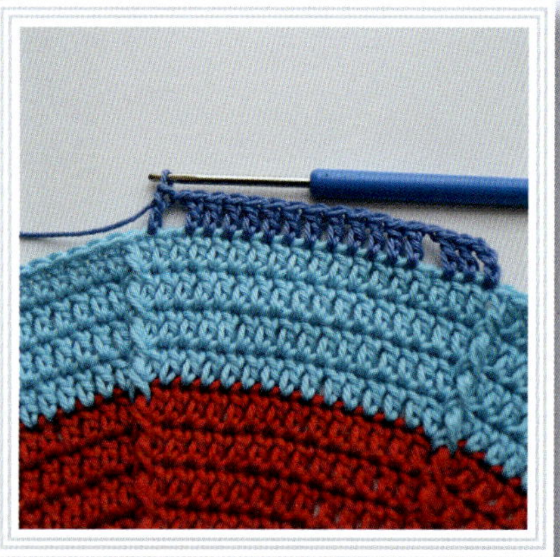

20. Runde: Genau wie die Runden zuvor, aber hier werden über drei „Tortenstücke" verteilt 5 Knopflöcher eingearbeitet. Beginnen Sie die Runde wie gewohnt direkt hinter einem Reliefstäbchen der Vorrunde mit 3 Lm (= 1. Stb), dann 2 Stb, * 1 Lm, 1 M übergehen (= 1. Knopfloch), 12 Stb, ab * 4 x wiederholen.

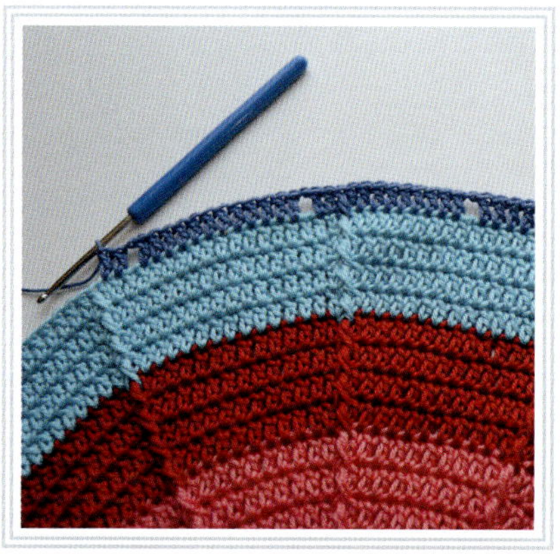

Nach dem 5. Knopfloch die Runde wie gewohnt zu Ende häkeln. Vergessen Sie dabei nicht, auch hier Reliefstäbchen über den Reliefstäbchen der Vorrunde zu häkeln.

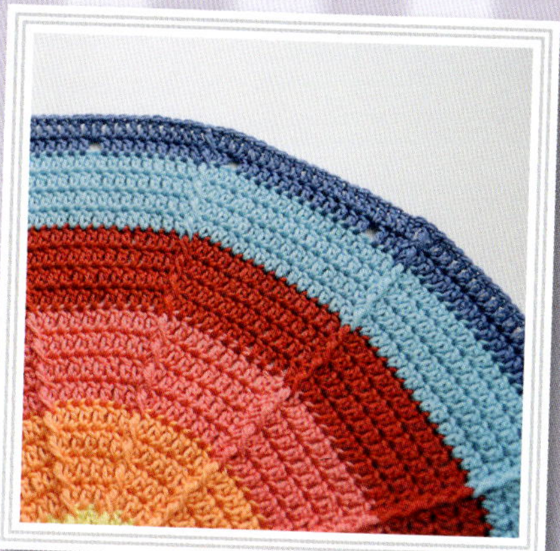

21. Runde: Wie zuvor Stb und genau über den RStb der Vorrunde stets RStb häkeln. In die Lm-Bögen der Knopflöcher je 1 Stb häkeln (= 252 M nach der 21. Runde). Faden abschneiden und versäubern.

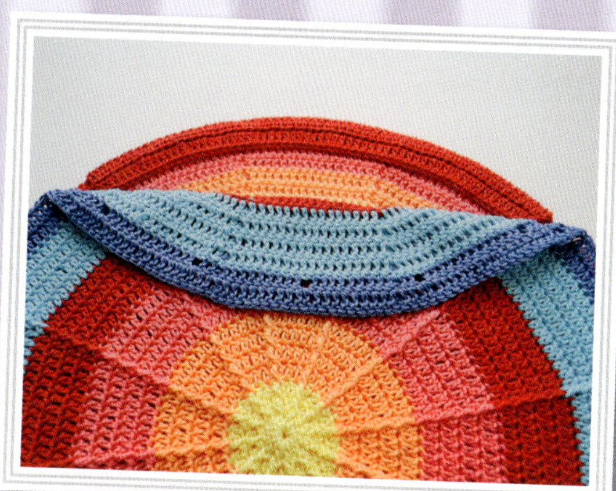

Teile verbinden

Legen Sie nun Vorderseite und Rückseite links auf links aufeinander, richten Sie dabei den Bereich mit den Knopflöchern exakt auf den Bereich der Knopfleiste am Vorderteil aus. Die Knopfleiste liegt nach innen ins Kisseninnere geklappt.

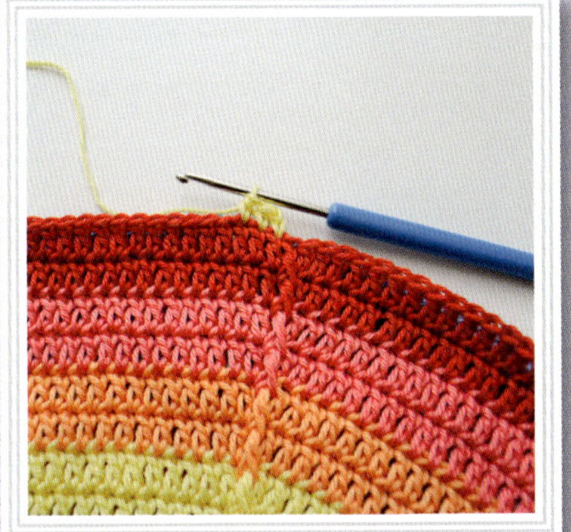

Beginnen Sie nun, beide Teile rundherum durch halbe Stäbchen zu verbinden, …

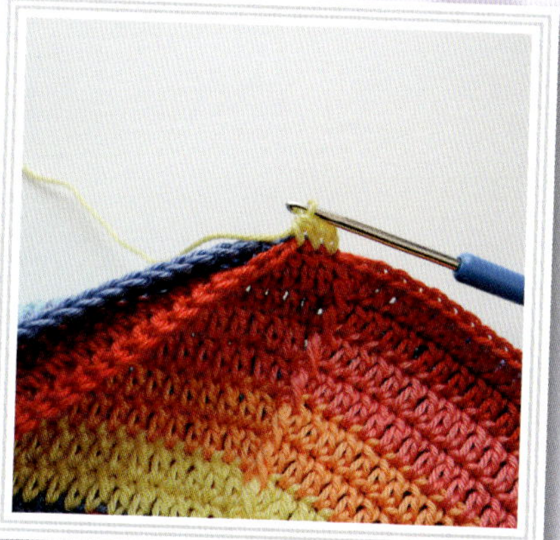

… dabei müssen Sie die Häkelnadel durch die oberen Maschen beider Teile stechen.

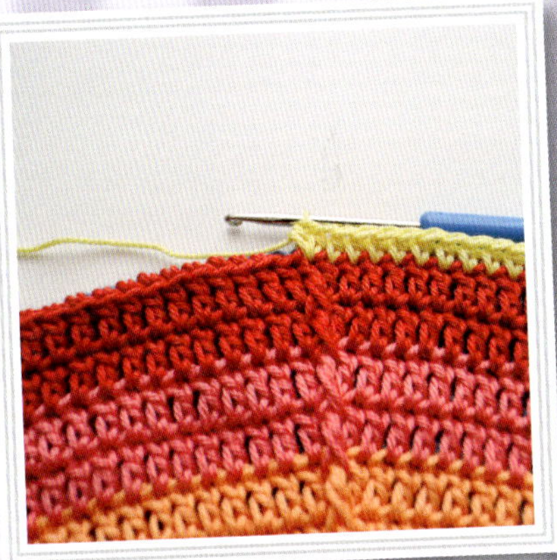

Über den Reliefstäbchen häkeln Sie stets 2 hStb.

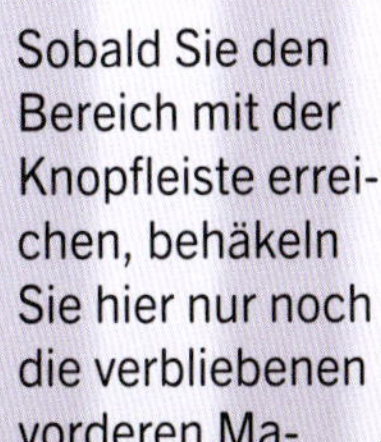

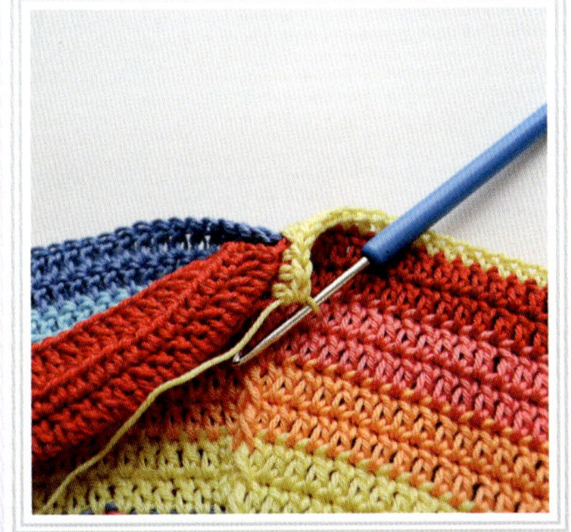

Sobald Sie den Bereich mit der Knopfleiste erreichen, behäkeln Sie hier nur noch die verbliebenen vorderen Maschenglieder des Vorderteils über die drei „Tortenstücke". Die Knopfleiste liegt dabei weiter nach innen geklappt.

Durch diese verbleibende Öffnung wird später das Innenkissen in die Hülle gesteckt.

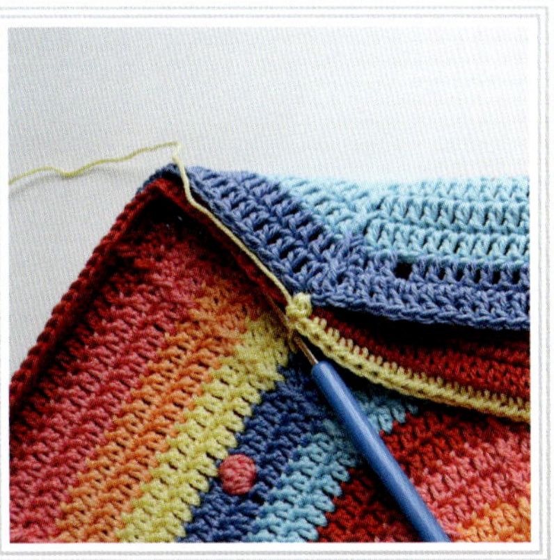

Unmittelbar nach der Knopfleiste werden die halben Stäbchen wieder durch die Maschen beider Häkelteile gearbeitet und damit die Seiten weiter verbunden.

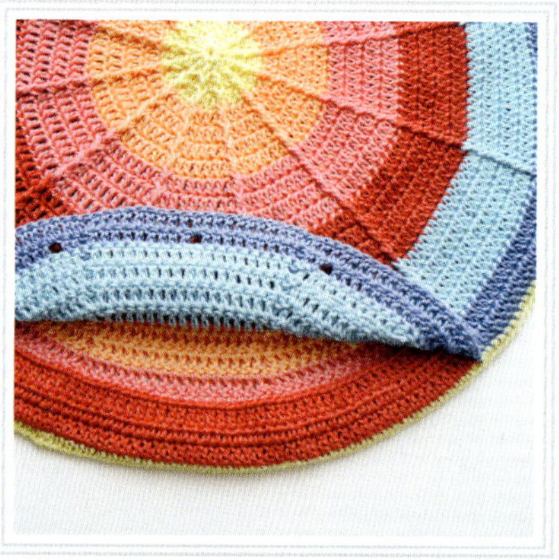

Nach dem Umhäkeln haben Sie eine fast fertige Kissenhülle mit verdeckter Knopfleiste auf der Unterseite.

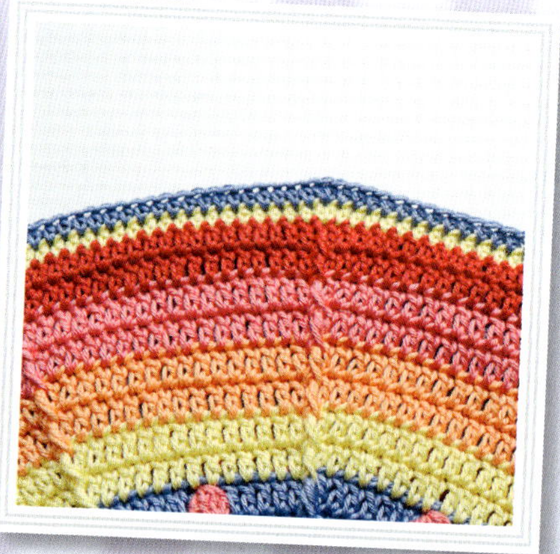

Umhäkeln Sie die Hülle mit einer weiteren Runde halbe Stäbchen.

Bommelborte häkeln

Die Kissenhülle liegt mit der Rückseite nach oben, die Bommelborte wird also von links angehäkelt.

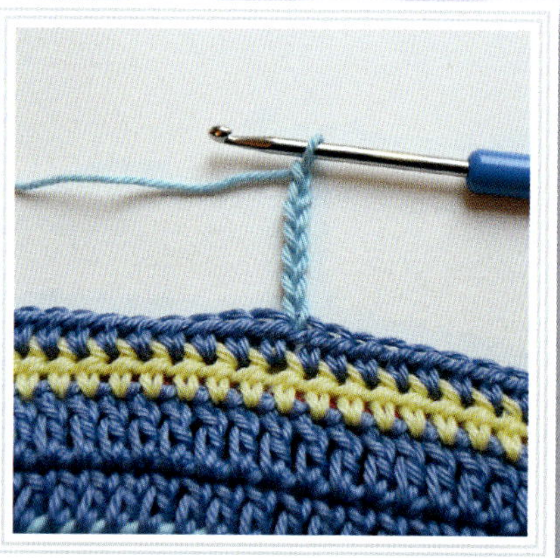

Schlingen Sie den Faden an beliebiger Stelle an und häkeln Sie * 7 Lm.

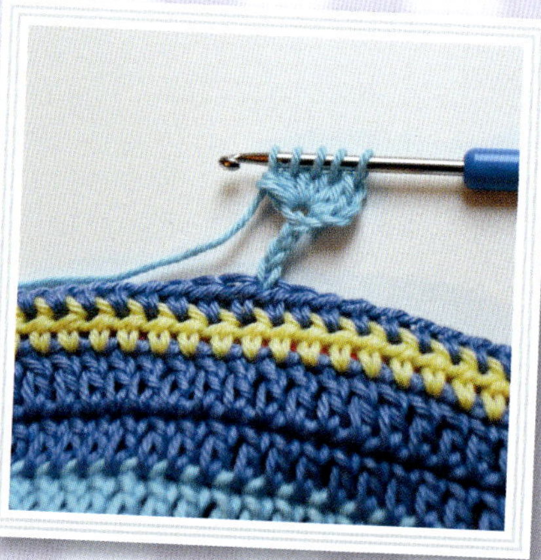

Dann für die 1. Bommel in die 4. M ab Nadel 4 Stb in die gleiche Einstichstelle häkeln, diese aber nur zur Hälfte häkeln. Somit liegen 5 Schlingen auf der Nadel.

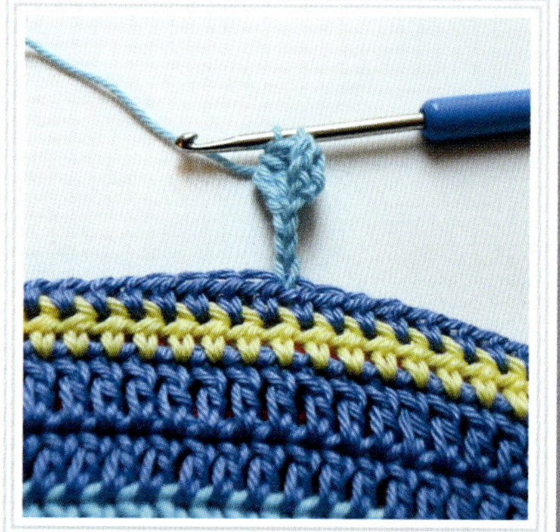

Dann den Faden holen und durch alle 5 Schlingen ziehen. Achten Sie darauf, dass sich die zusammen abgemaschten Stäbchen nach außen (von Ihnen weg) stülpen! Anschließend noch 1 Km in dieselbe Einstichstelle häkeln, in die die Stäbchen eingestochen wurden.

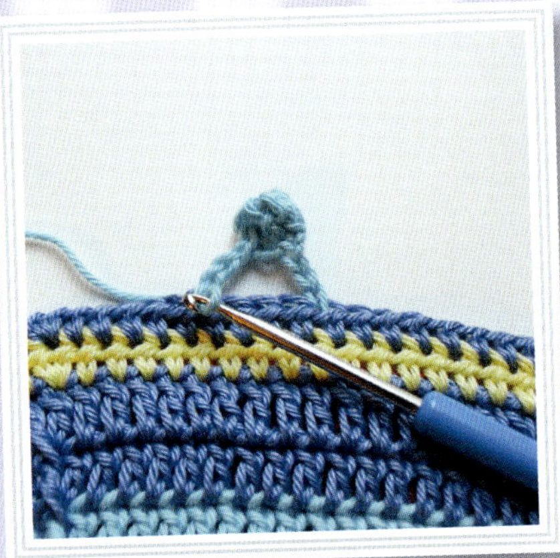

3 Lm, 3 M übergehen, 1 Km. Ab * fortlaufend wiederholen.

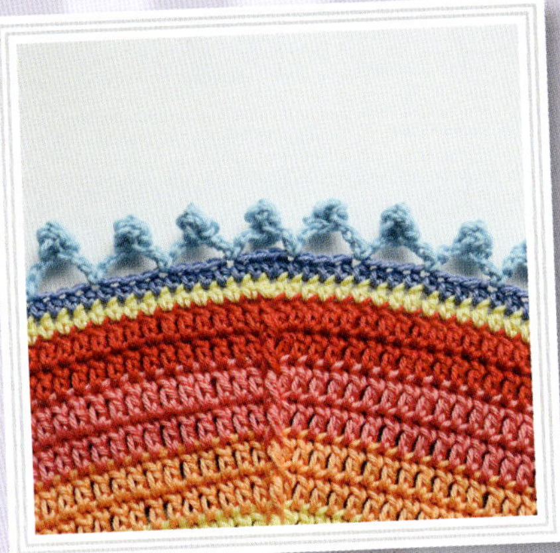

Die gehäkelte Bommelborte gibt dem Kissen ein apartes Aussehen, auch wenn es etwas aufwendig ist.
Falls noch nicht geschehen, vernähen Sie nun noch sämtliche Fäden.

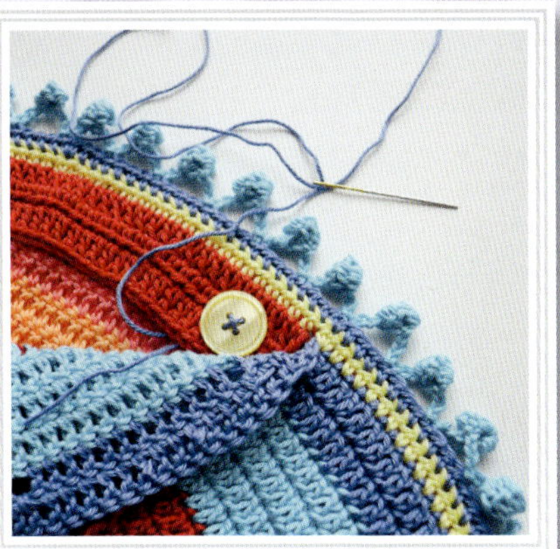

Als allerletzter Arbeitsschritt sind die Knöpfe an der Knopfleiste anzubringen.

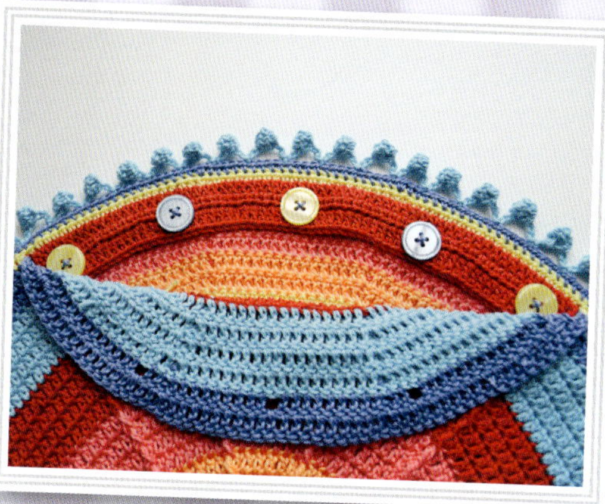

Richten Sie die Position der Knöpfe genau auf die Knopflöcher aus und nähen Sie sie mit wenigen Stichen auf der Knopfleiste an.

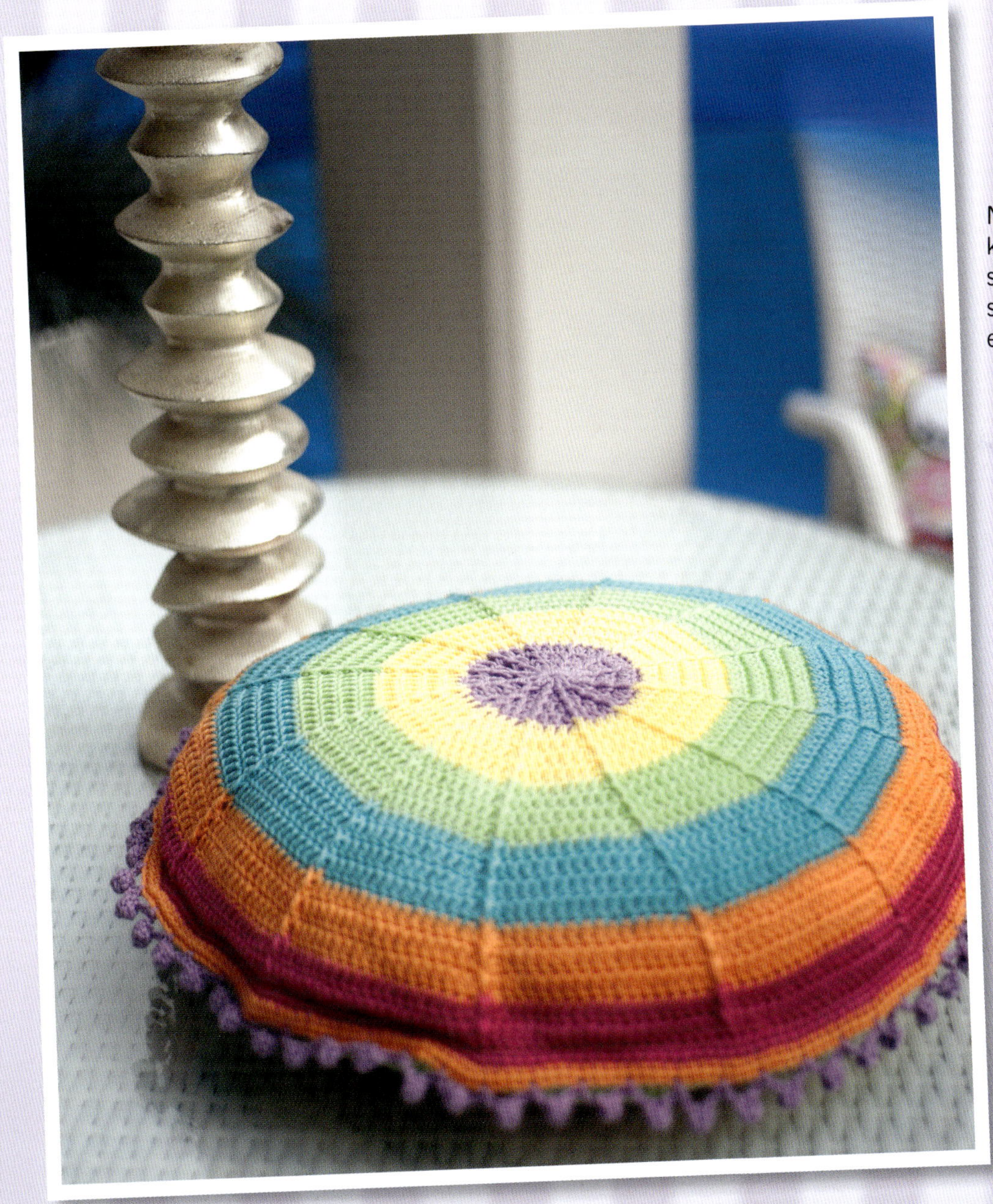

Nun noch das Füllkissen in die Kissenhülle stecken, die Knöpfe schließen und fertig ist ein einzigartiges Kissen!

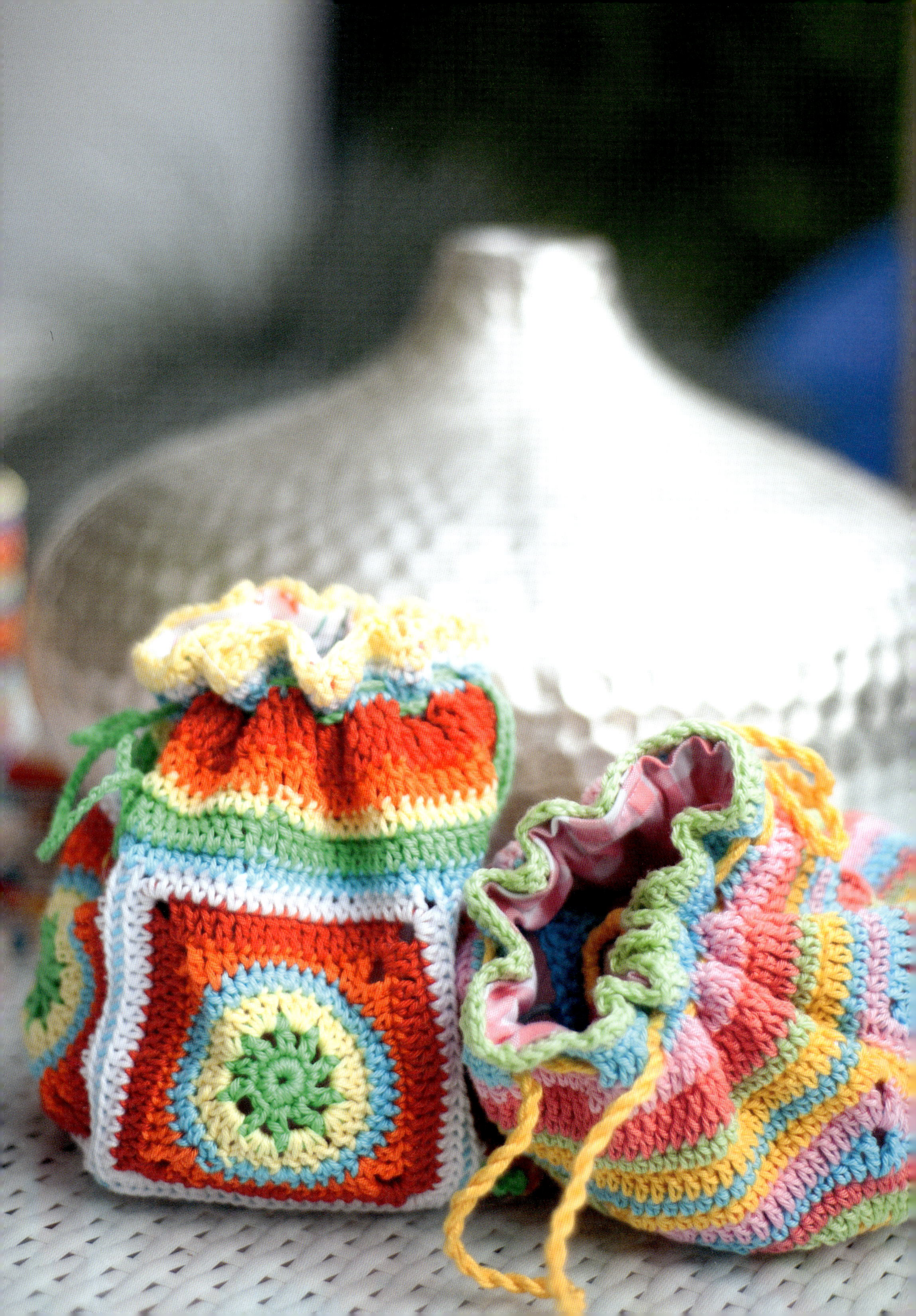

Schatzbeutel

Aus einem simplen Granny-Square-Motiv wird die Basis für diese kunterbunten Beutelchen gezaubert. Ob Murmelsäckchen, Schatzhüter, Geldbeutel oder zur Aufbewahrung von Krimskrams – kleine Jungs und Mädchen werden ihn lieben, ihren ganz persönlichen Schatzbeutel!
Und damit kleine „Schätze" nicht durch die Löcher rutschen, kann der Beutel mit einem schönen Innensack aus Stoff gefüttert werden.

Das Granny-Square-Motiv eignet sich auch prima für viele andere Häkelprojekte aus den beliebten Quadraten, wie Decken oder Kissen.

Was Sie wissen müssen

Für einen Schatzbeutel werden zunächst 5 identische Quadrate/Granny Squares gehäkelt. Mit den Farben können Sie bei den einzelnen Quadraten gerne spielen. Es muss nicht immer dieselbe Farbfolge sein, je nachdem, wie bunt Sie es mögen.
Die Granny Squares werden dann zusammengenäht, wobei ein Quadrat zum Boden und die anderen vier Quadrate die Seitenwände des Beutels werden, und anschließend noch mit einigen Runden halben, ganzen und doppelten Stäbchen behäkelt.
Zu guter Letzt können Sie den Beutel noch mit einem Innenbeutel aus farblich passendem Baumwollstoff füttern.

Ganz wichtig

Gehäkelt wird in Runden, es wird also nicht gewendet. Jede Runde beginnt als Ersatz für die erste Masche mit Luftmaschen, d. h. 1 Lm für 1 fM, 2 Lm für 1 hStb, 3 Lm für 1 Stb, 4 Lm für 1 DStb, und endet mit einer Kettmasche in die oberste der Anfangsluftmaschen.

Benötigtes Material
- ca. 50 g Baumwollgarn in möglichst verschiedenen Farben, Catania von Schachenmayr oder Cotton Quick von Gründl
- Häkelnadel Nr. 3
- für Stoff-Innenbeutel: Stoffreste bzw. zwei Stücke Stoff à 22 x 21 cm
- Nähgarn
- kleine Sicherheitsnadel
- nach Belieben: Perlen zum Verzieren der Zugbänder

Außerdem: Nähmaschine

Los geht's

Granny Square

4 Lm anschlagen und mit 1 Km in die 1. Lm zum Ring schließen.

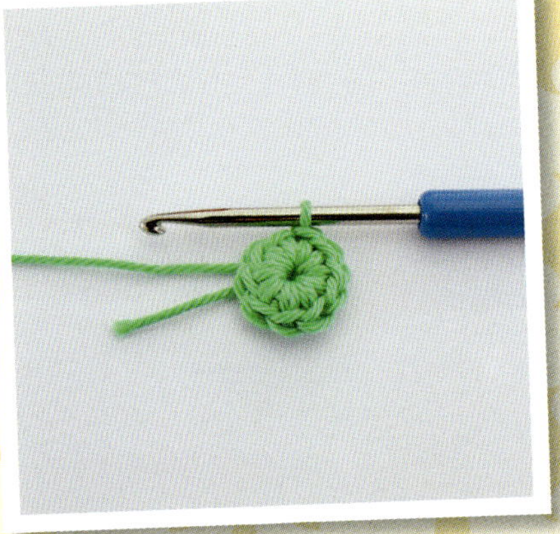

1. Runde: 1 Lm (= 1. fM), 9 fM in den Ring häkeln, mit 1 Km beenden (= 10 M).

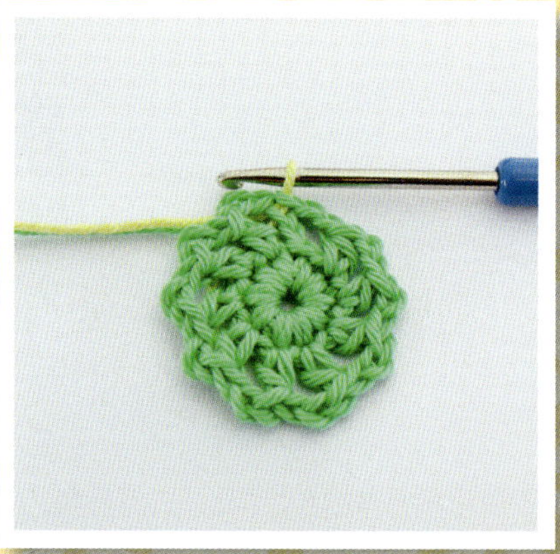

2. Runde: hStb und 2 Lm im Wechsel. Beginnen Sie mit 2 Lm (= 1. hStb), dann 2 Lm, * 1 hStb, 2 Lm. Von * bis zum Rundenende fortlaufend wiederholen. Die Runde – wie alle Runden – mit 1 Km beenden.

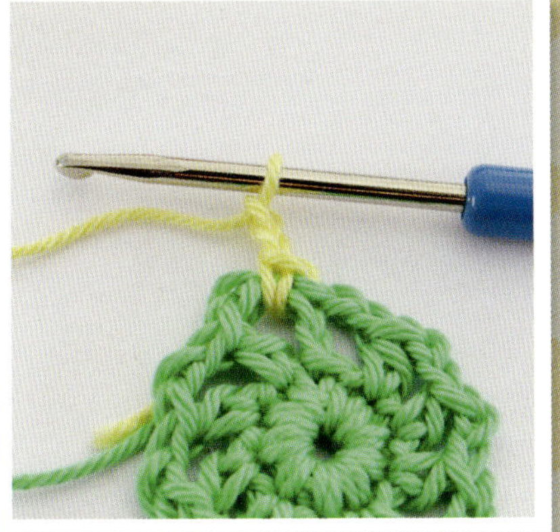

3. Runde: Stb, und zwar werden in jeden Lm-Bogen zwischen 2 hStb der Vorrunde 3 Stb gehäkelt.

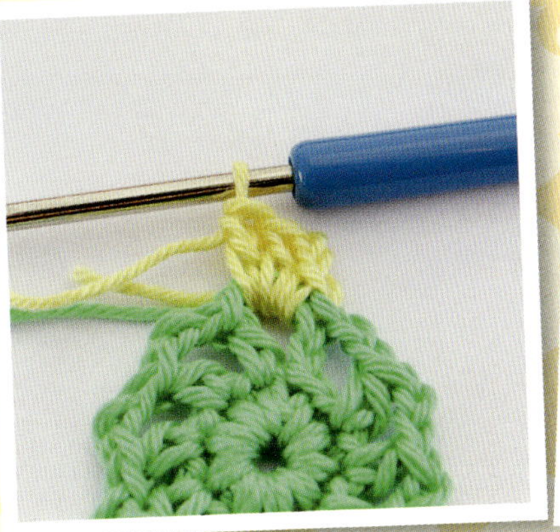

Für ein gleichmäßiges Häkelbild beginnen Sie hier direkt im 1. Lm-Bogen mit 1 fM + 2 Lm (= 1. Stb), dann noch 2 Stb …

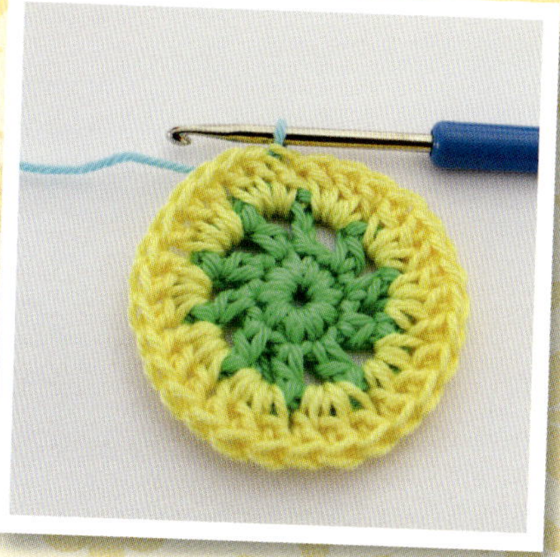

… und in alle folgenden Lm-Bögen je 3 Stb. (= 30 M). Mit 1 Km die Runde beenden.

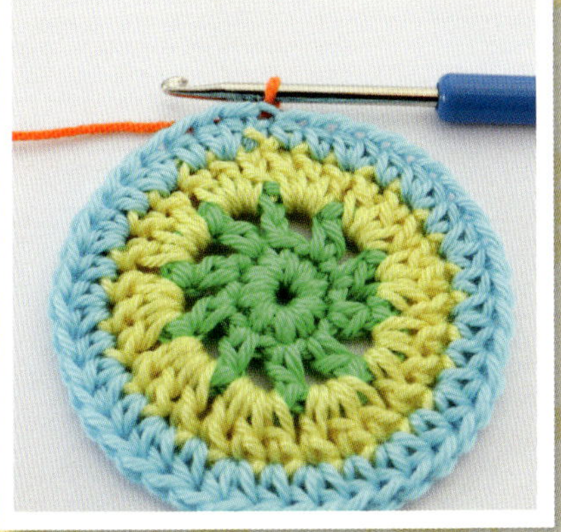

4. Runde: hStb, dabei in jede 2. M 2 hStb häkeln, aber keine Zunahme bei der letzten M der Runde (= 44 M).

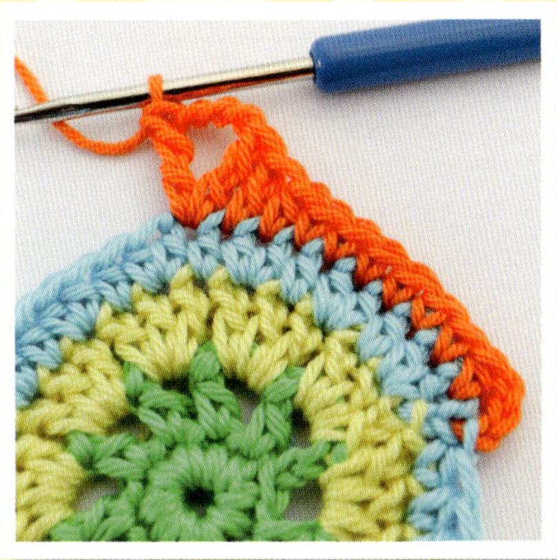

5. Runde: Beginnen Sie mit 3 Lm (= 1. Stb), dann 1 hStb, 6 fM, 1 hStb, 1 Stb, nun für die 1. Ecke in die folgende M (1 DStb + 3 Lm + 1 DStb in dies. M),

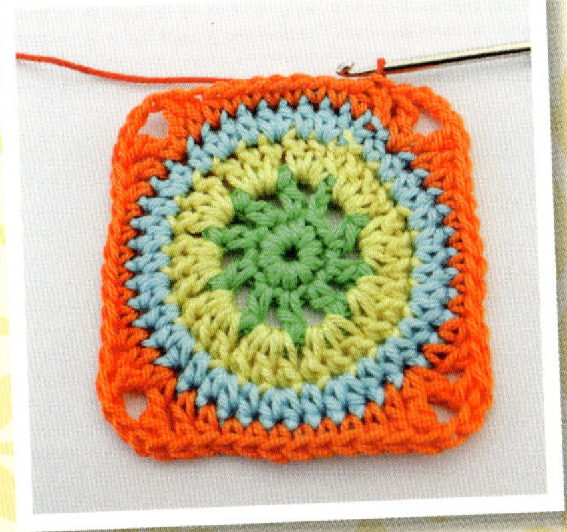

1 Stb, 1 hStb, 6 fM, 1 hStb, 1 Stb, 2. Ecke (wie die erste), 1 Stb, 1 hStb, 6 fM, 1 hStb, 1 Stb, 3. Ecke (wie die erste), 1 Stb, 1 hStb, 6 fM, 1 hStb, 1 Stb, 4. Ecke (wie die erste). Die Runde mit 1 Km beenden.
Zur Kontrolle: Jede Längsseite zwischen zwei Ecklöchern sollte 12 M aufweisen!

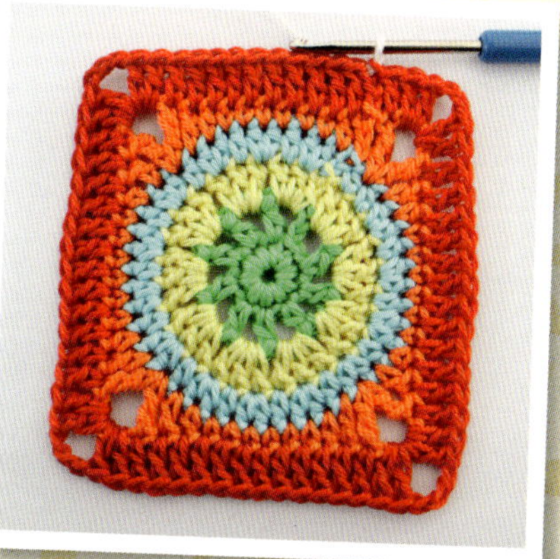

6. Runde: Stb. In die Lm-Bögen der Ecken jeweils 2 Stb + 3 Lm + 2 Stb häkeln. Jede Längsseite sollte nun 16 Stb aufweisen.

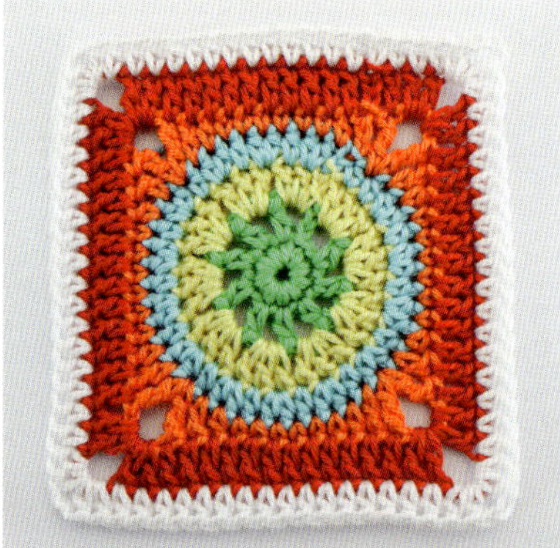

7. Runde: hStb. In die Lm-Bögen der Ecken jeweils 2 hStb + 2 Lm + 2 hStb häkeln.
Das Quadrat ist nun fertig.

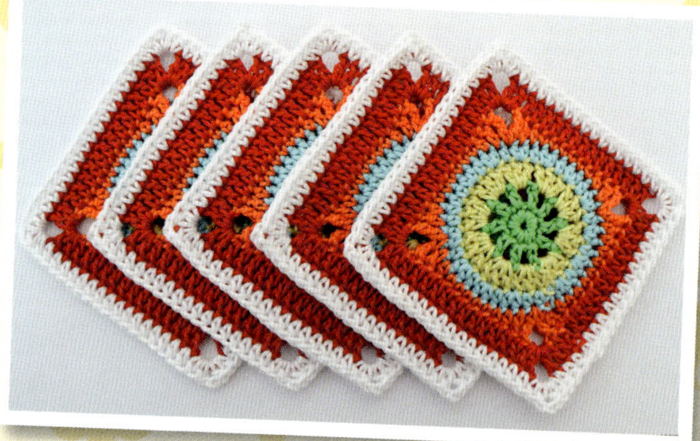

Für den Beutel sind nun noch 4 weitere Quadrate zu häkeln. Es werden also insgesamt 5 gleich große Quadrate benötigt.

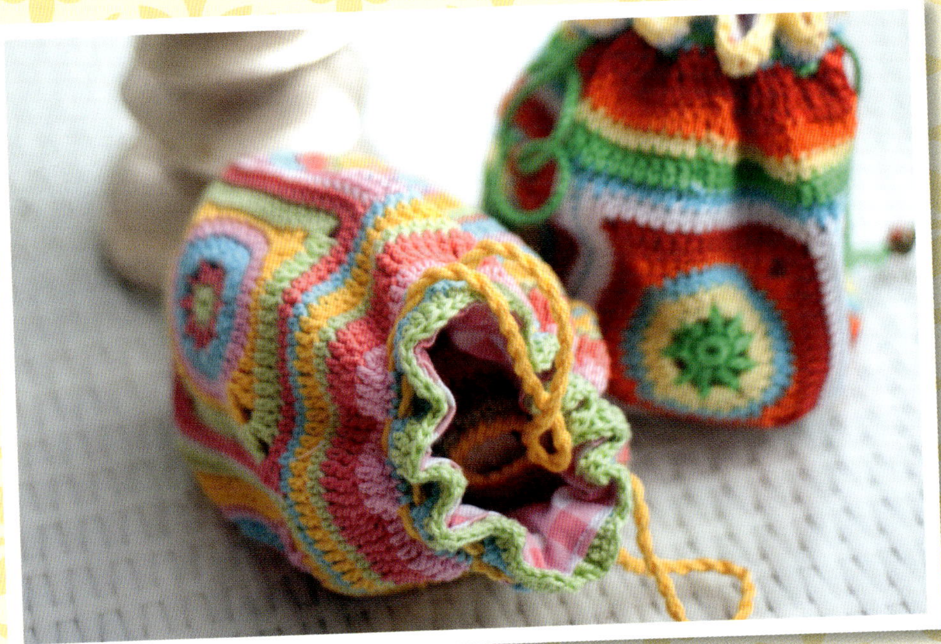

Die Quadrate verbinden

Die Quadrate müssen nun zusammengenäht werden. Am einfachsten ist es, zunächst die 4 Seitenwände des Beutels mit Einzelnähten zu einem Band zu verbinden (Pfeile 1 bis 3).
Anschließend kann man dann in nur einem Arbeitsschritt ohne Unterbrechung die „Bodenplatte" mit den Seiten verbinden (Pfeile 4 bis 7).

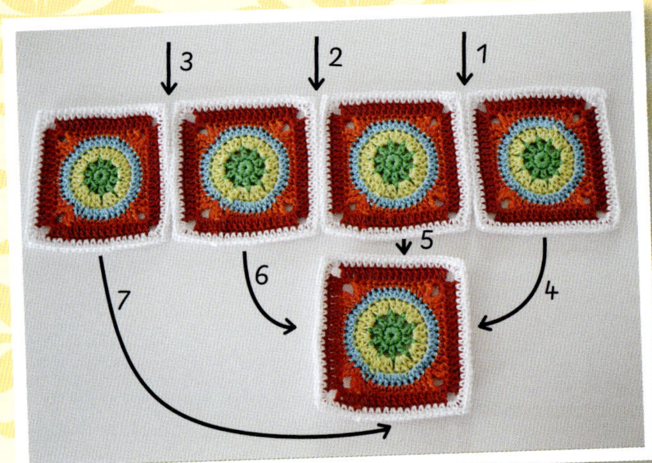

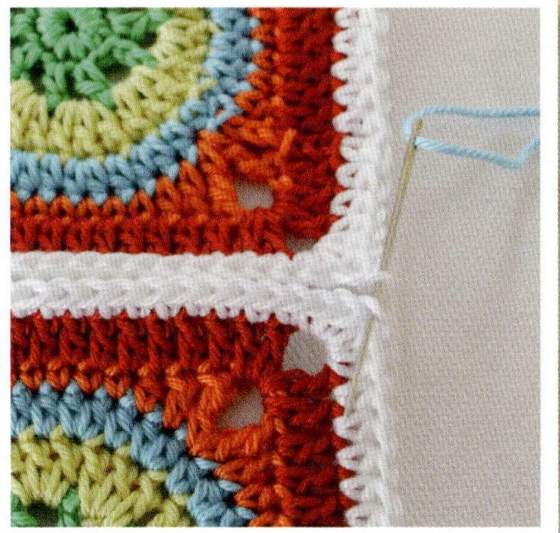

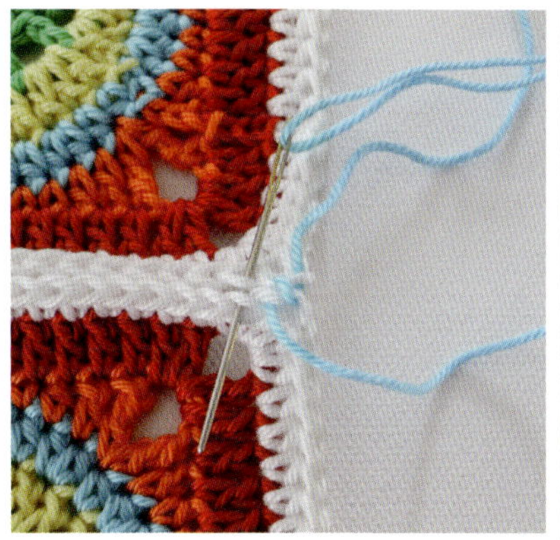

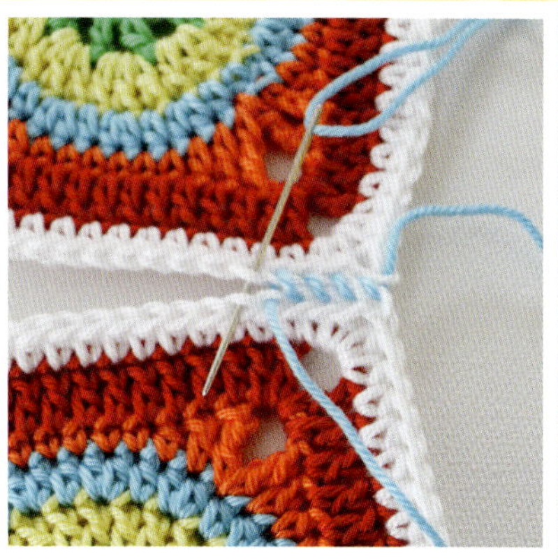

Es gibt verschiedenste Methoden zum Verbinden von Granny Squares. Ich habe mich hier für eine dekorative Flachnaht entschieden.

Hierzu legen Sie die beiden Quadrate mit der schönen Seite nach oben bündig aneinander und fassen mit der Nadel jeweils die sich berührenden äußersten Schlingen der letzten Runde.

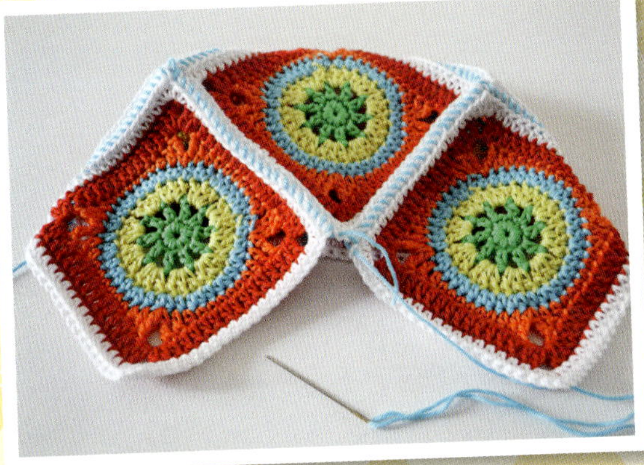

Es verbleibt nach den oben gezeigten sieben Nähten eine letzte Seitennaht, die auf dieselbe Weise geschlossen wird.

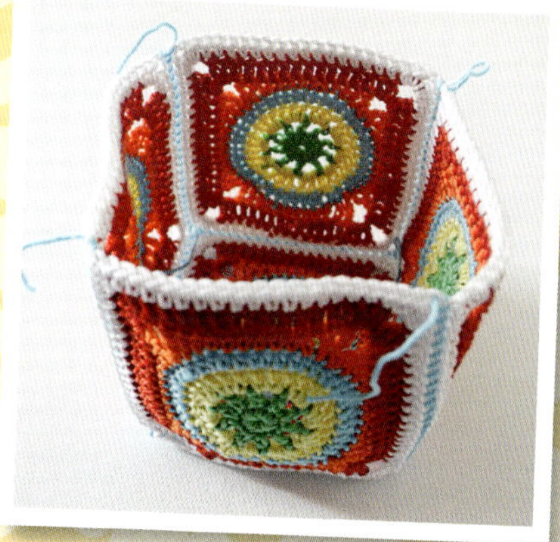

Durch das Verbinden der Quadrate ist ein kleines quadratisches Körbchen entstanden.

Falls noch nicht geschehen, versäubern Sie jetzt innen alle Fäden.

Anschließend erhält das Körbchen mit einigen rundum gehäkelten Runden noch ein wenig Höhe, damit es zum Beutel werden kann.

Den Beutelrand häkeln

1. Runde: hStb. Beginnen Sie an einer beliebigen Stelle auf einem Quadrat mit 2 Lm (= 1. hStb), dann auf jede folgende Masche 1 hStb häkeln. Die Runde mit 1 Km schließen.
Wichtig: Über den Verbindungsstellen zwischen zwei Quadraten müssen genau 3 hStb gehäkelt werden, und zwar je 1 hStb in das Eckloch des rechten, eines in die Mitte genau über der Verbindungsnaht und eines in das Eckloch des linken Quadrats.

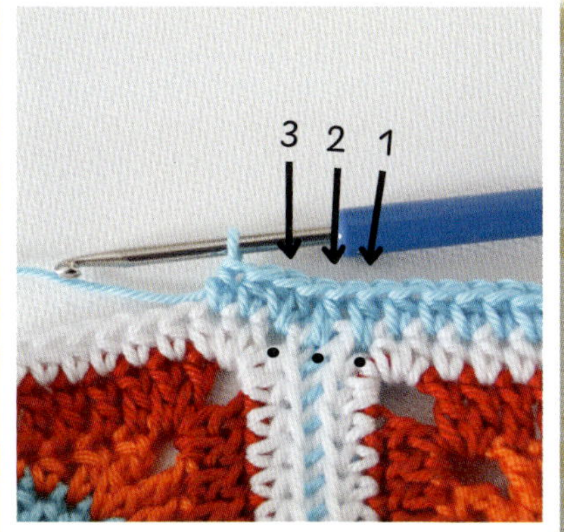

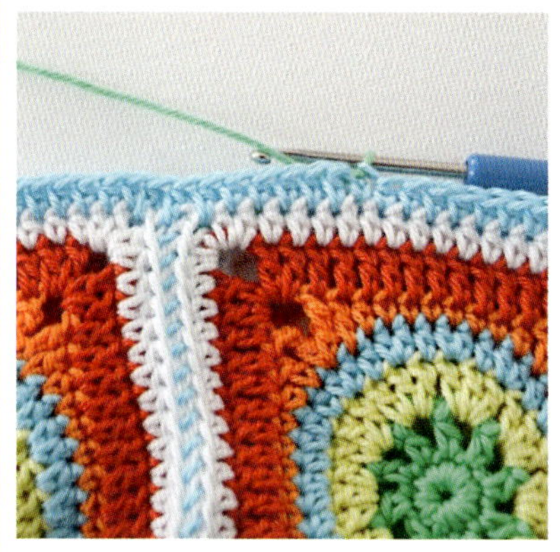

So sieht die fertige Runde aus. Zur Kontrolle: Die Runde sollte 92 M aufweisen.

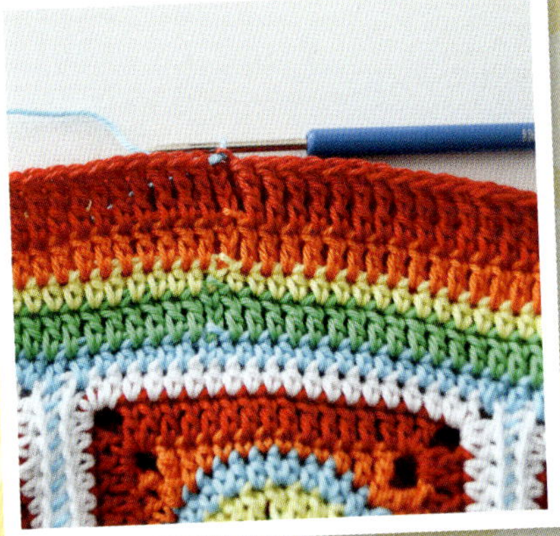

2. Runde: Stb.
3. Runde: hStb.
4. Runde: Stb.
5. Runde: DStb.
(= 92 M in jeder Runde)

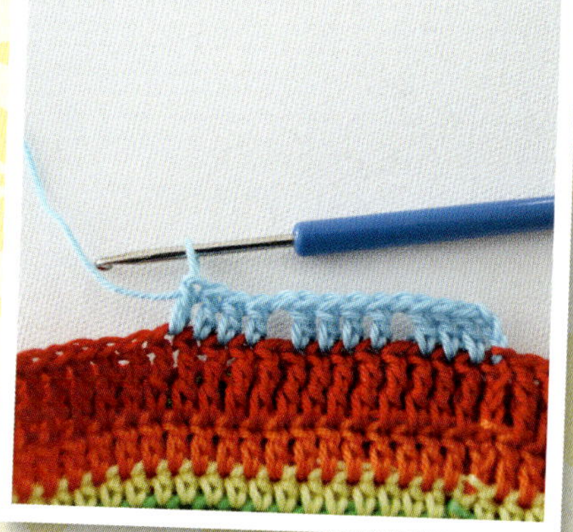

6. Runde: Jeweils 4 Stb und 1 Lm im Wechsel, dabei mit der Lm 1 M der Vorrunde übergehen! Durch diese Lücken werden die Zuziehbändchen durchgeschoben.

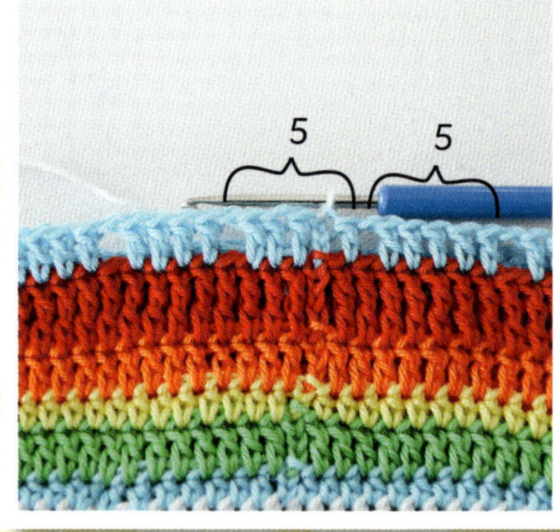

Achtung: Am Ende der Runde geht es nicht ganz auf. Machen Sie es einfach wie im Bild gezeigt: 5 Stb (statt 4), 1 Lm, 1 M übergehen, 1 Stb, 1 Km.

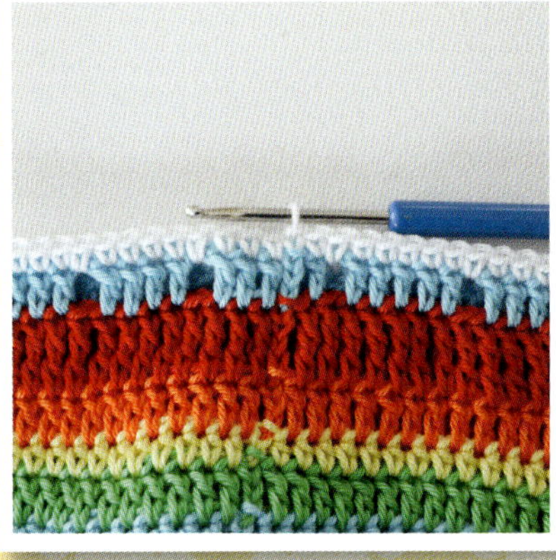

7. Runde: fM. In die Lm-Bögen der Vorrunde jeweils 1 fM häkeln.

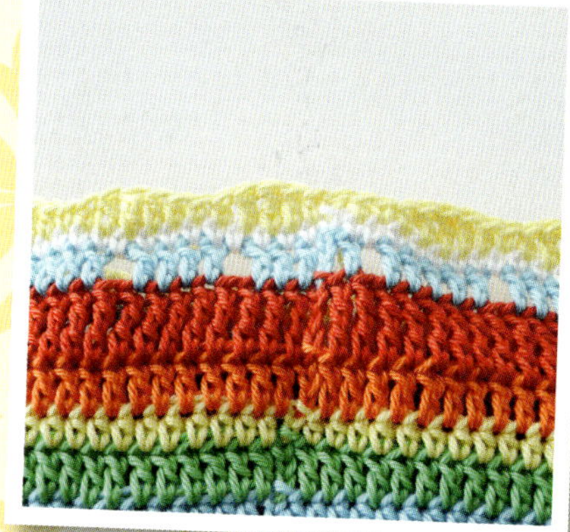

8. Runde: Wellenmuster. Beginnen Sie mit 1 Lm (= 1. fM), dann * 1 hStb, 1 Stb, 1 DStb, 1 Stb, 1 hStb, 1 fM. Ab * bis Rundenende fortlaufend wiederholen und dann mit 1 Km die Runde beenden.
Der Beutel ist jetzt fertig und die Hauptarbeit erledigt.

Jetzt brauchen Sie noch Bänder, damit das Beutelchen geschlossen werden kann. Diese stellt man am einfachsten aus 2 Luftmaschenketten her, die je eine Länge von ca. 55 cm haben sollten. Häkeln Sie einfach drauf los und messen Sie ab und an mal nach, ob die geforderte Länge bereits erreicht ist.

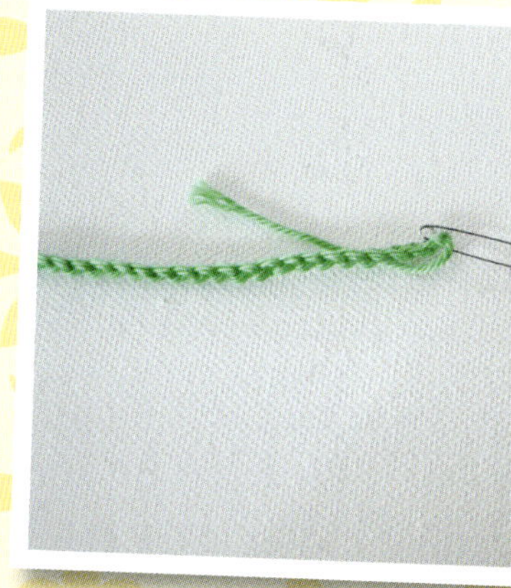

Zum Durchziehen der Bänder befestigen Sie vorne eine kleine Sicherheitsnadel …

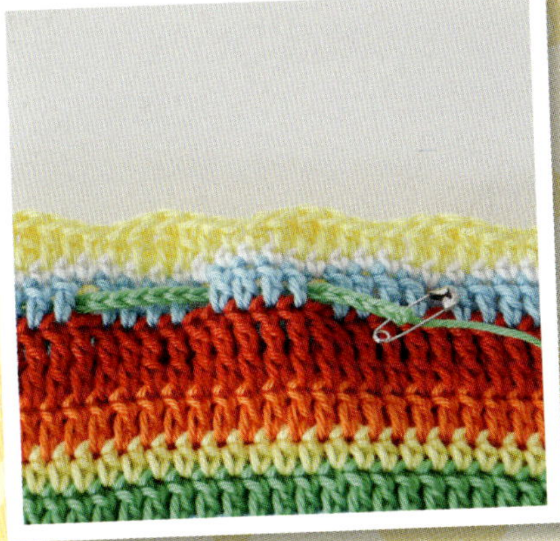

… und ziehen die Luftmaschenkette nun abwechselnd von vorne und hinten durch die Lücken.

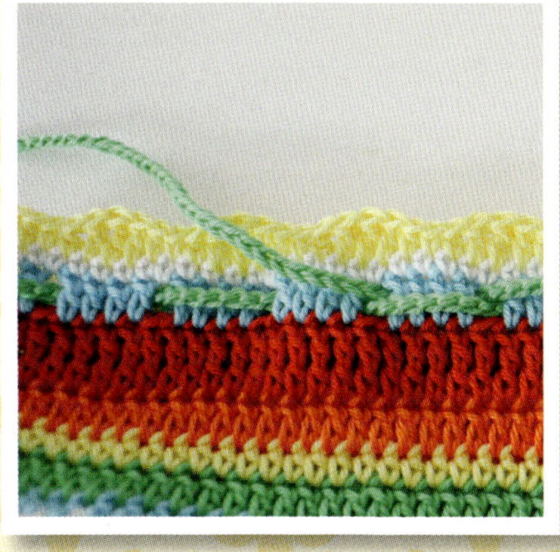

Mit dem zweiten Bändchen verfahren Sie genauso, nur entgegengesetzt. D. h. dort, wo das erste Bändchen vorne ist, führen Sie das zweite Bändchen hinten herum.

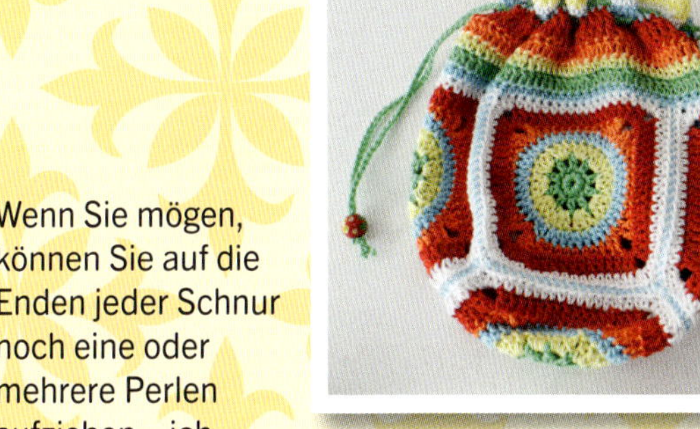

Wenn Sie mögen, können Sie auf die Enden jeder Schnur noch eine oder mehrere Perlen aufziehen – ich verwende hierfür gerne bunte Holzperlen. Enden verknoten, Bändchen zusammenziehen – und fertig!

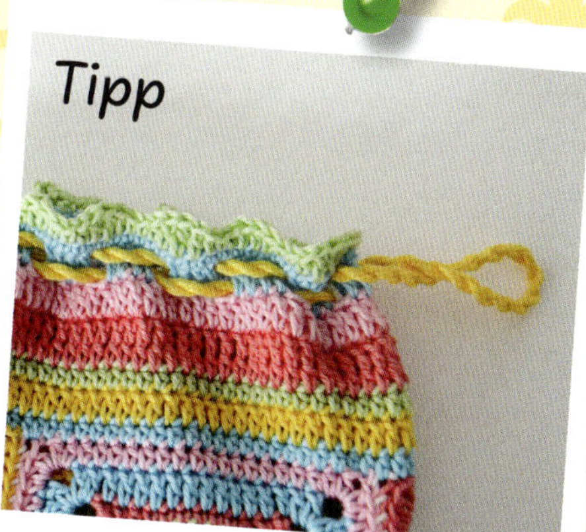

Tipp

Alternativ kann man statt der Luftmaschenketten auch zwei Kordeln mit einer Endlänge von 55 cm herstellen und als Bändchen verwenden.

Nähanleitung Innenbeutel

Schneiden Sie den Stoff nach Schnittvorlage 2 x im Bruch zu (siehe Seite 125; Nahtzugaben von ca. 0,5 cm sind bereits enthalten!). Versäubern Sie die offenen Stoffkanten mit einem Zickzackstich (Stichlänge und -breite 3/3), um sie vor Ausfransen zu schützen.

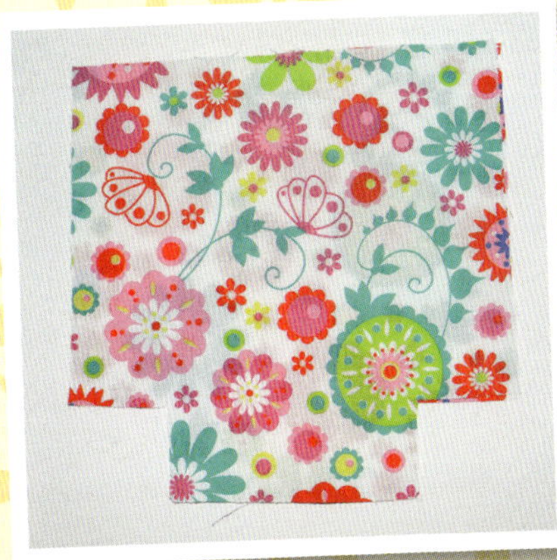

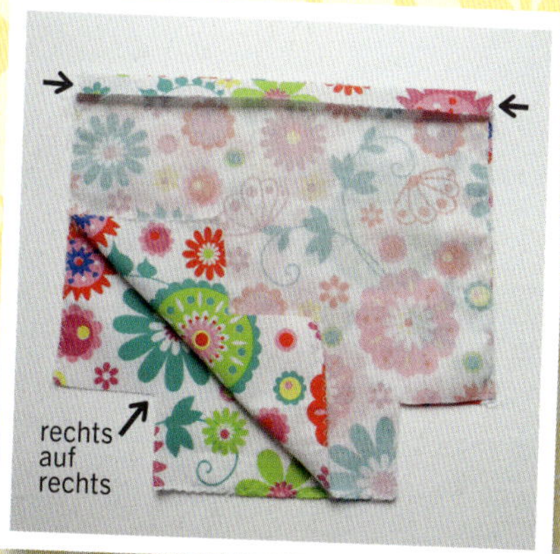

Nun die oberen langen Kanten 1 cm fest umbügeln, die beiden Stoffteile rechts auf rechts aufeinanderlegen …

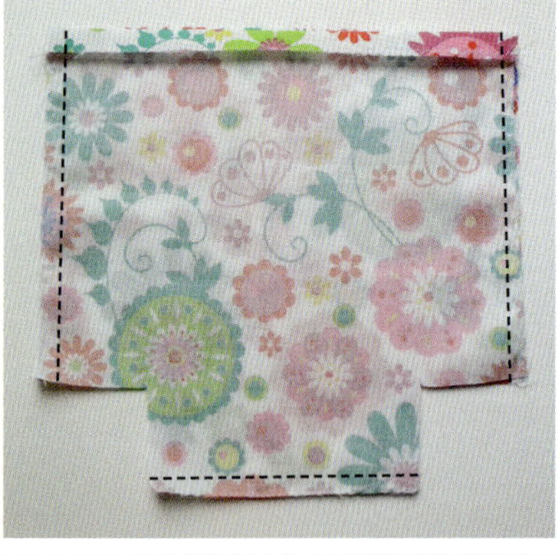

… und die beiden Stoffteile entlang der Seitennähte und am Boden (gestrichelte Linien im Bild) mit Geradstich nähfüßchenbreit zusammennähen.

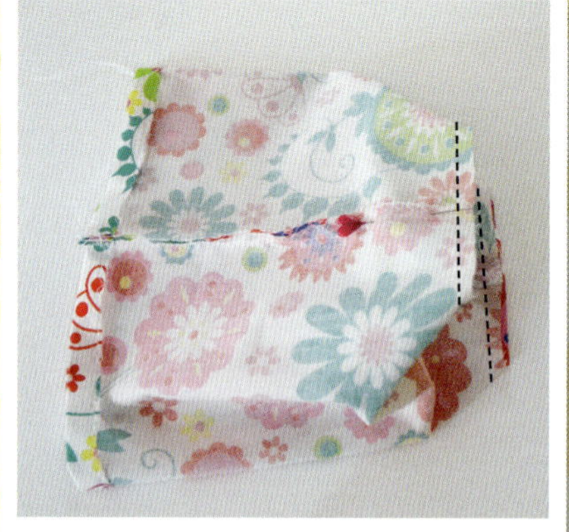

Die jetzt noch offenen Ecken ziehen Sie auseinander, sodass die Bodennaht genau auf die Seitennaht trifft. Feststecken und nähfüßchenbreit absteppen (gestrichelte Linien im Bild), anschließend mit Zickzackstich versäubern. Bei der anderen Ecke wiederholen.

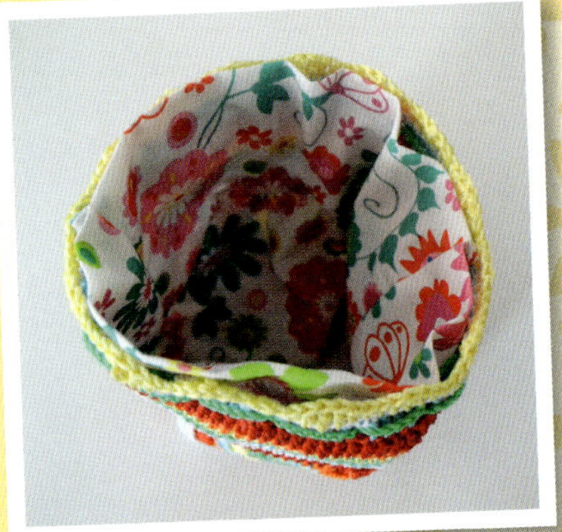

Den Innenbeutel ungewendet in den Häkelbeutel stecken und die vier Ecken des Stoffbeutels auf die vier Ecken des quadratischen Bodens ausrichten.

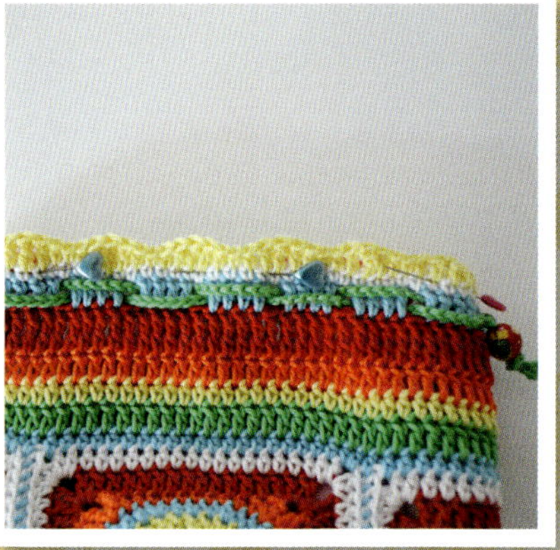

Rundherum mit Stecknadeln feststecken …

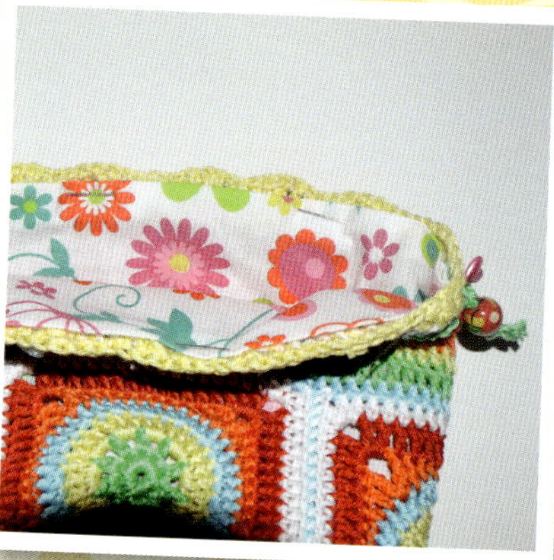

… und zwar so, dass der Stoff die oberste Häkelrunde an keiner Stelle überragt!

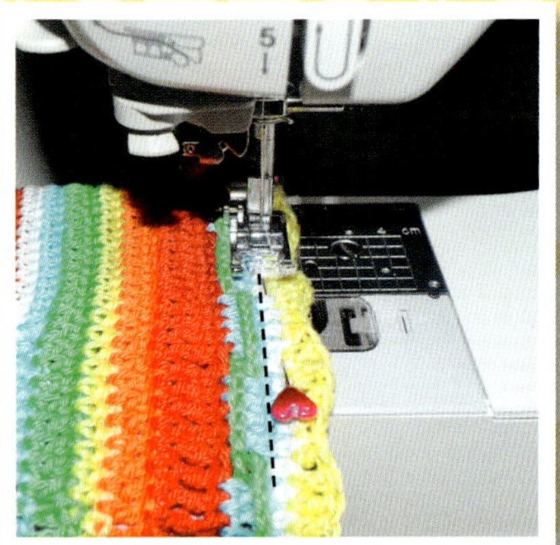

Nun wird der Innenbeutel per Geradstich mit dem Häkelteil verbunden, und zwar entlang der vorletzten Häkelrunde (gestrichelte Linie im Bild). Nähen Sie langsam und achten Sie darauf, dass Sie dabei die Zugbändchen nicht erwischen!

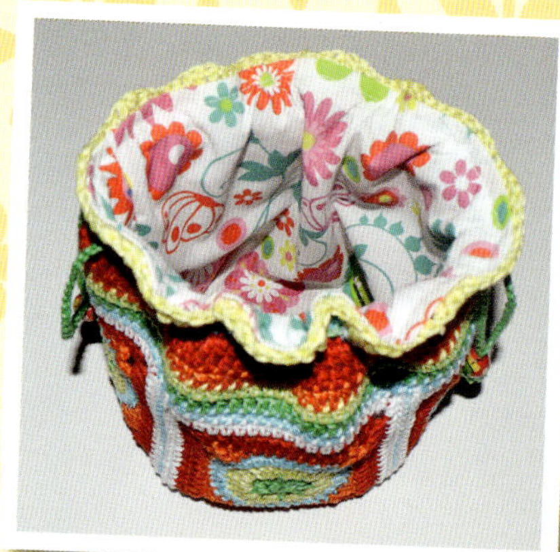

Der Schatzbeutel ist jetzt fertig.

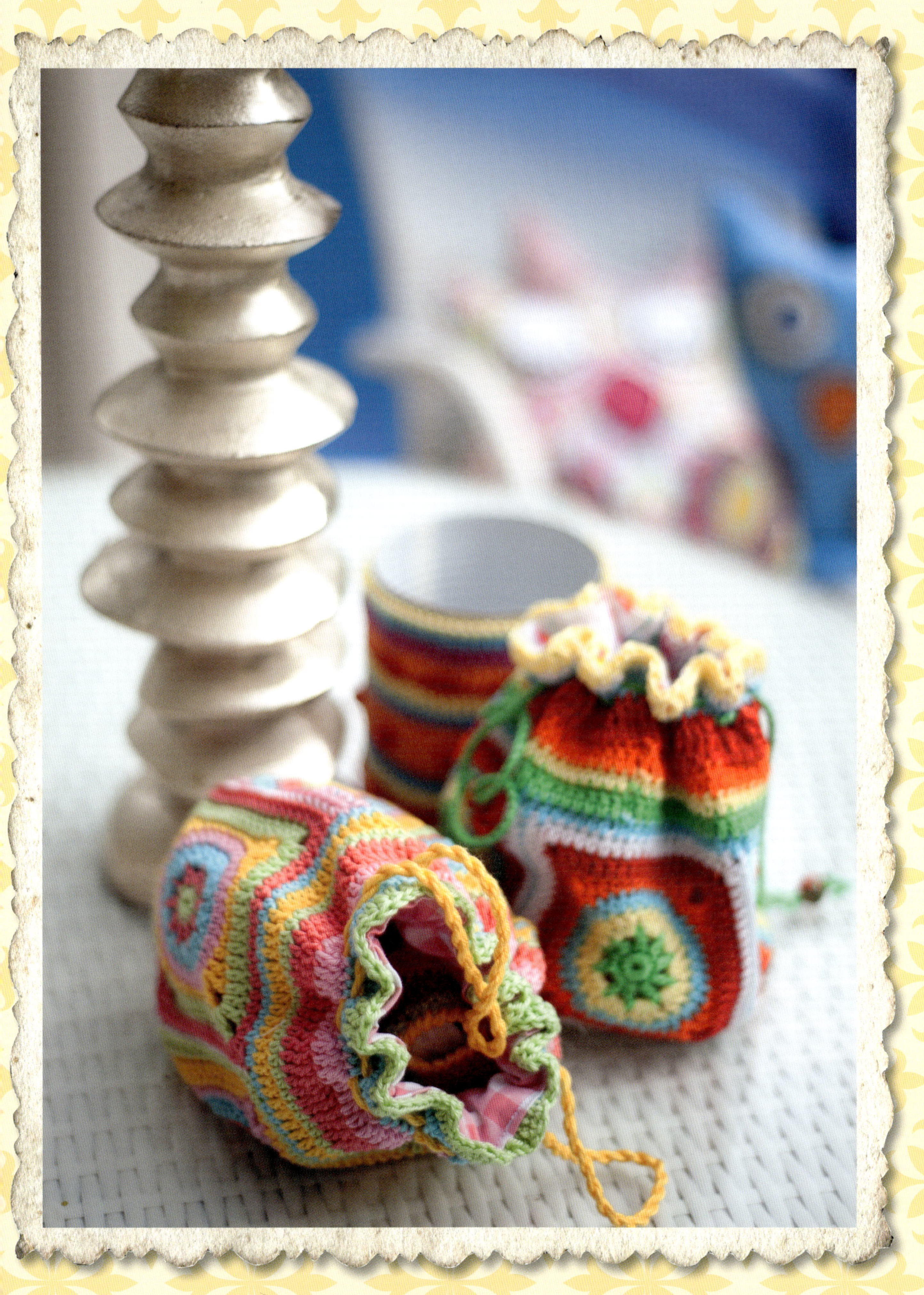

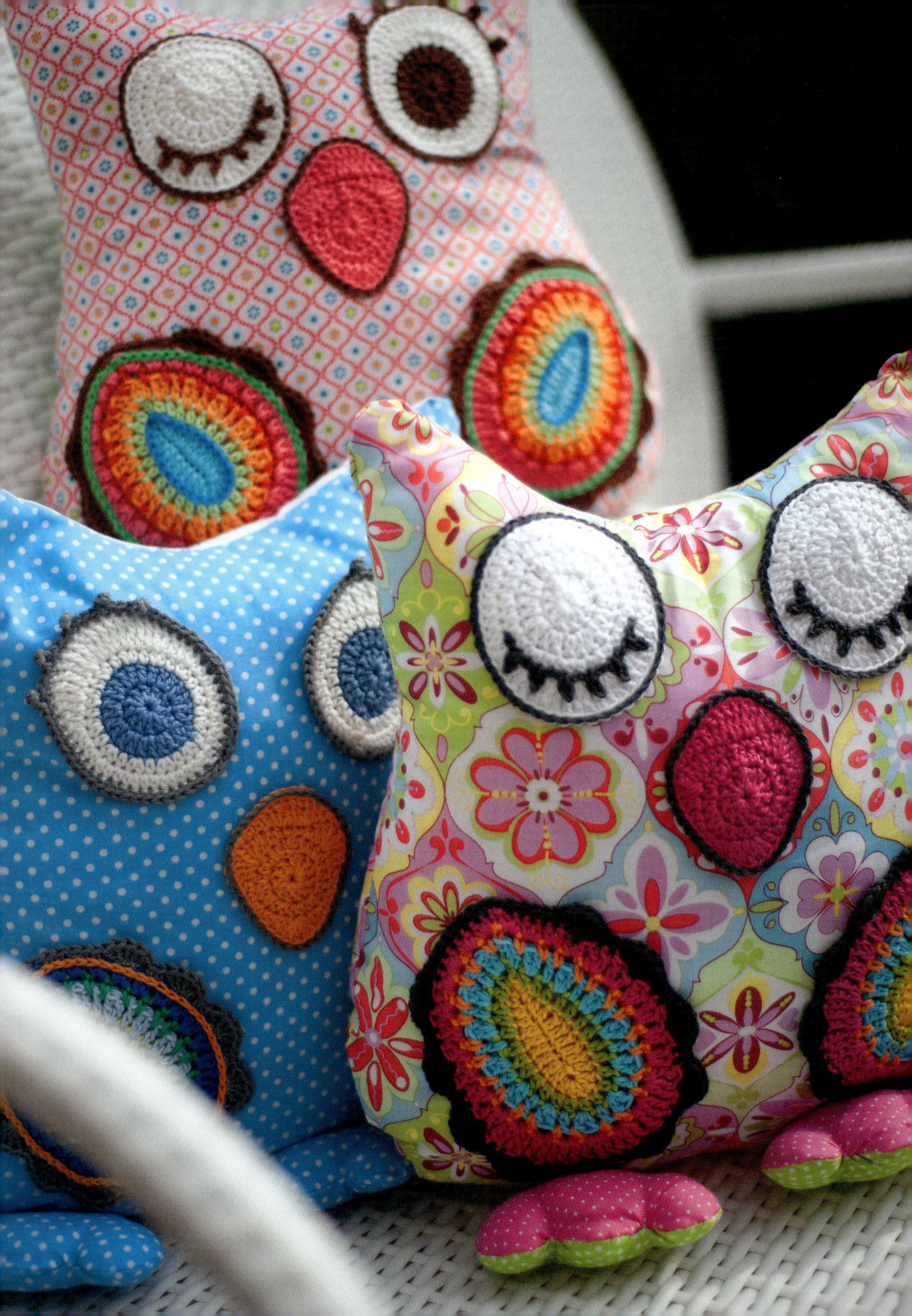

Kuscheleule Bella

Bella, die Schöne – eine Eule zum Verlieben ... Ob für kleine Mäuse zum Kuscheln und Spielen oder als Deko-Kissen auf Couch und Möbeln – Eule Bella macht immer eine gute Figur! Die Augen können in zwei Varianten gehäkelt werden, so können Sie sich nach Belieben Ihre ganz individuelle Bella zaubern. Übrigens auch eine prima Geschenkidee zum Geburtstag oder für Eulenliebhaber! Ihrer Kreativität und Fantasie bezüglich Farb- und Stoffkombination sind bei diesem Projekt keine Grenzen gesetzt.

Ganz wichtig

Gehäkelt wird in Runden, es wird also nicht gewendet. Jede Runde beginnt als Ersatz für die erste Masche mit Luftmaschen, d. h. 1 Lm für 1 fM, 2 Lm für 1 hStb, 3 Lm für 1 Stb, 4 Lm für 1 DStb, und endet mit einer Kettmasche in die oberste der Anfangsluftmaschen.

Benötigtes Material

- ca. 30 g Baumwollgarn oder -reste in möglichst verschiedenen Farben, Catania von Schachenmayr oder Cotton Quick von Gründl,
- ca. 10 g Baumwollgarn in Weiß oder Creme für die Augen
- Häkelnadel Nr. 2,5
- bunte, nicht dehnbare Baumwollstoffe: für den Eulenkörper 2 Stoffstücke à ca. 40 x 40 cm; für die Füße Stoffreste
- Nähgarn
- Füllwatte oder Kissenfüllung

Außerdem: Nähmaschine

Los geht's

Schlafaugen

4 Lm anschlagen und mit 1 Km in die 1. Lm zum Ring schließen.

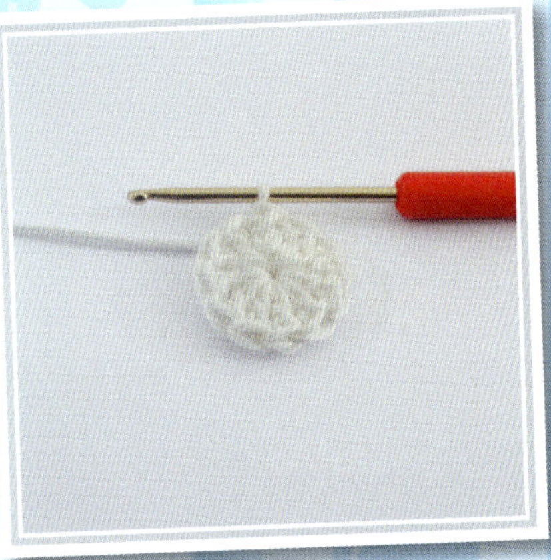

1. Runde: Stb. Beginnen Sie mit 3 Lm (= 1. Stb) und häkeln Sie dann 11 Stb in den Ring, 1 Km (= 12 M).

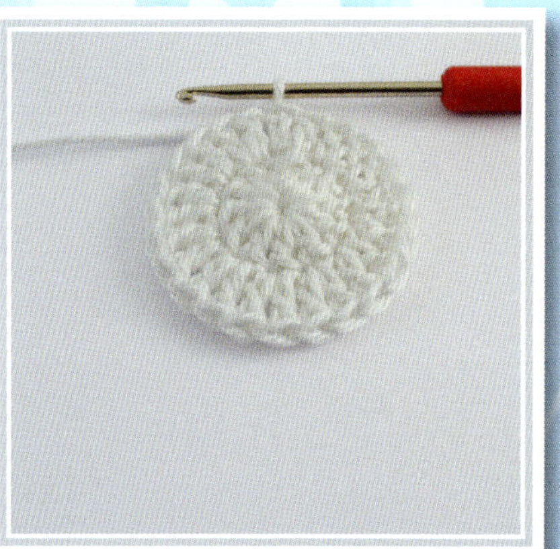

2. Runde: Stb, dabei jede Masche verdoppeln, d. h. in jede M der Vorrunde 2 Stb häkeln (= 24 M).

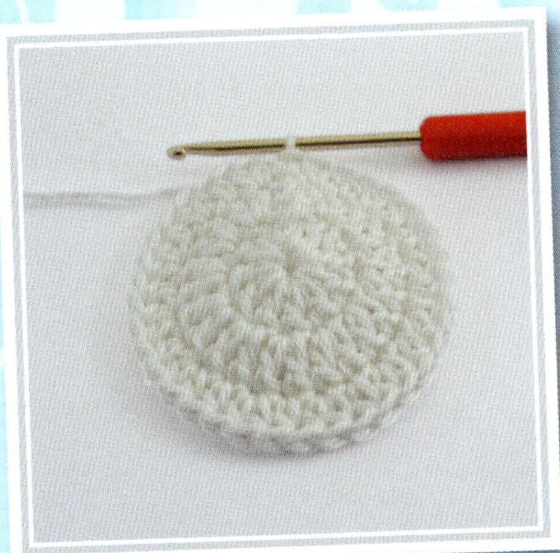

3. Runde: hStb, dabei jede 2. M verdoppeln (= 36 M).

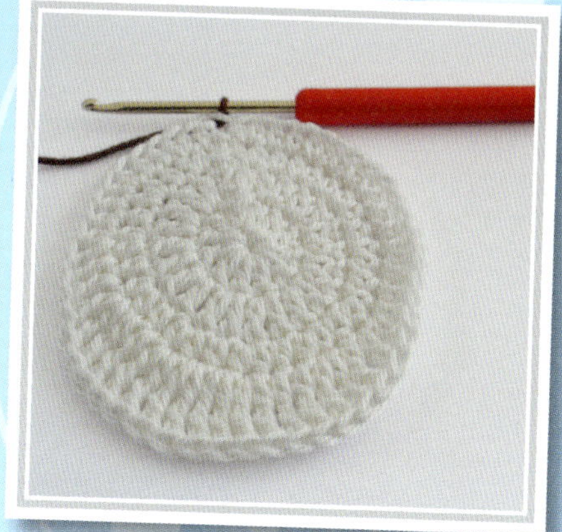

4. Runde: Durch eine bestimmte Abfolge von verschiedenen Maschen geben wir dem Auge jetzt eine leicht ovale Form.
Beginnen Sie mit 2 Lm, 1 hStb, (2 hStb in dies. M), 2 hStb, (2 hStb in dies. M), 2 hStb, (1 hStb + 1 Stb in dies. M), 2 Stb, (1 Stb + 1 DStb in dies. M), 2 DStb, 4 x (2 DStb in dies. M), 2 DStb, (2 DStb in dies. M), 1 DStb, 1 Stb, (1 Stb + 1 hStb in dies. M), nun hStb bis zum Rundenende, dabei in jede 3. M stets 2 hStb häkeln, 1 Km (= 50 M).

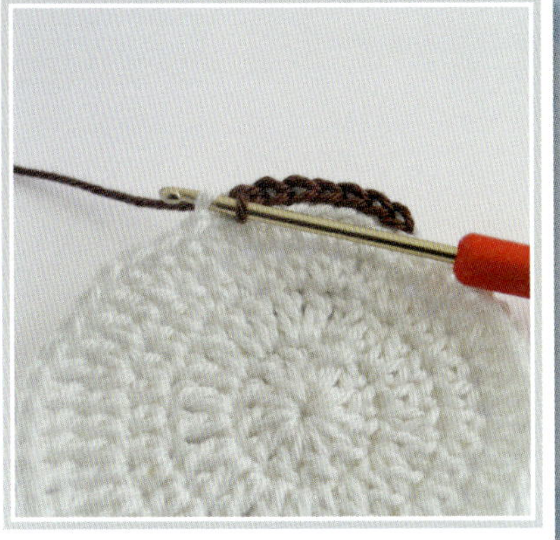

5. Runde: Mit Kettmaschen in Kontrastfarbe entlang der letzten Runde häkeln, dabei immer nur ins hintere Maschenglied einstechen.

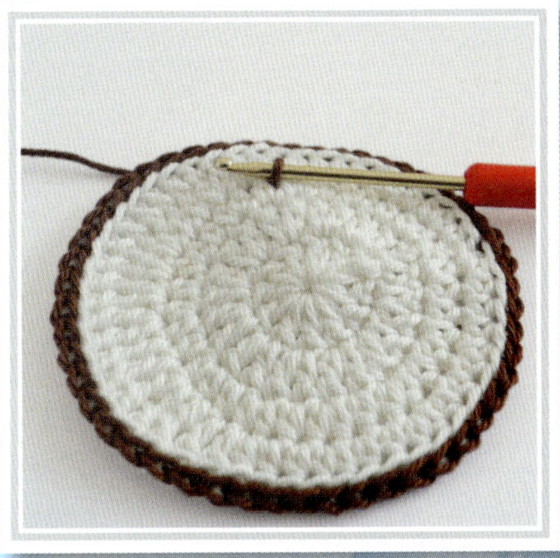

Nun werden die Wimpern ausgearbeitet – der Faden liegt hinter der Arbeit, stechen Sie mit der Nadel nach hinten und ziehen Sie den Faden nach vorne durch. Das Auge liegt dabei mit den Doppelstäbchen nach links.

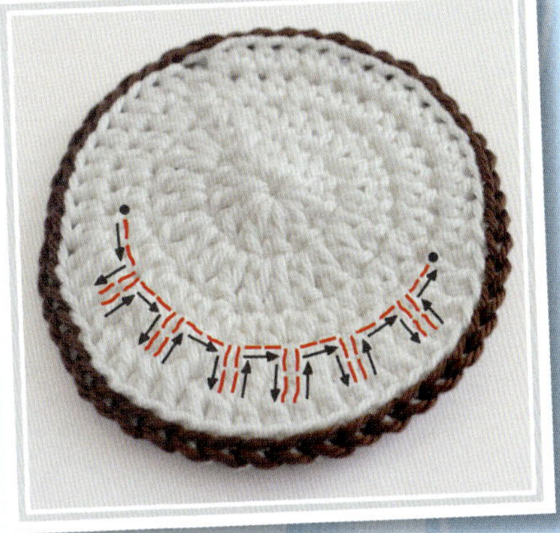

Es werden einfach Kettmaschen in einer bestimmten Abfolge gehäkelt. Die roten Striche im Bild stellen jeweils 1 Km dar, die Pfeile zeigen die Arbeitsrichtung an. Beginnen Sie mit 2 Km, dann nach links für die erste Wimper 2 Km häkeln, in die Sie dann wieder 2 Km nach unten zurückhäkeln (dieselbe Einstichstelle verwenden!), usw.

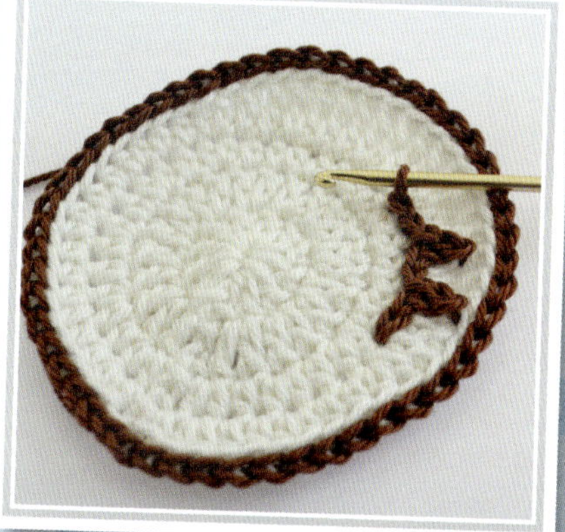

Häkeln Sie auf die beschriebene Weise 6 Wimpern.

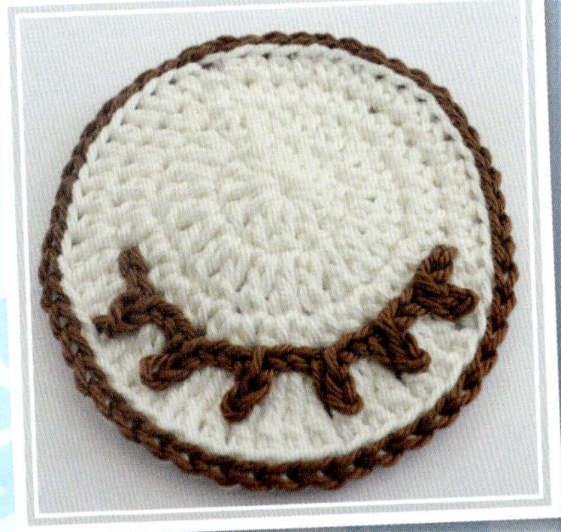

So etwa sollte es dann aussehen. Den Faden nach hinten durchziehen und versäubern.

Offene Augen

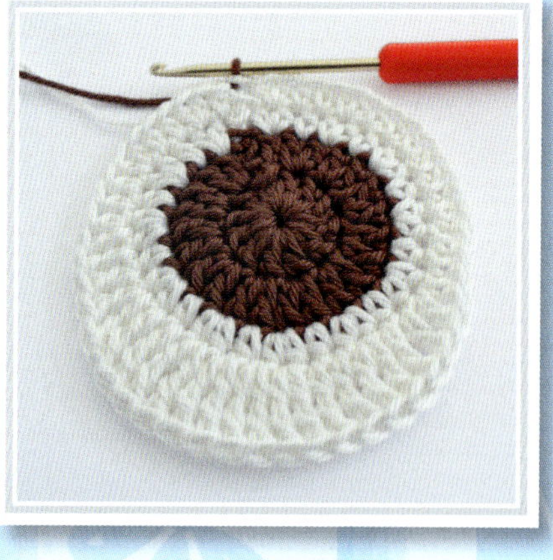

1. – 4. Runde: Die offenen Augen werden zunächst genauso wie die Schlafaugen gehäkelt, außer dass man die ersten beiden Runden (die Pupille) in einer anderen Wunschfarbe häkelt. Hier geht neben Braun oder Grau auch Grün oder Blau. Ihrer Fantasie sind keine Grenzen gesetzt!

5. Runde: Hier wieder Kettmaschen entlang der letzten Runde häkeln, dabei nur ins hintere Maschenglied einstechen. Häkeln Sie insgesamt 15 Km.

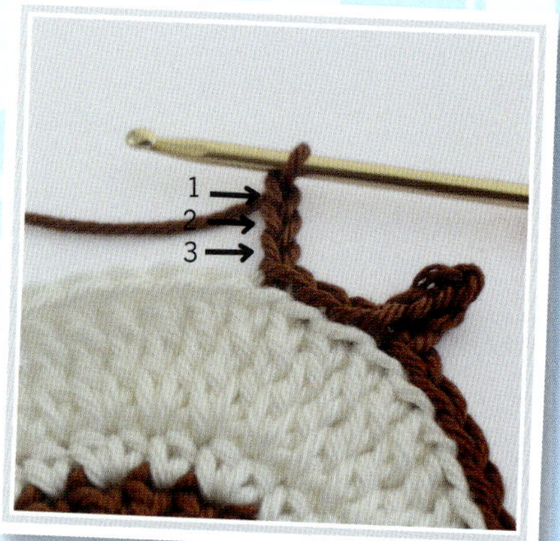

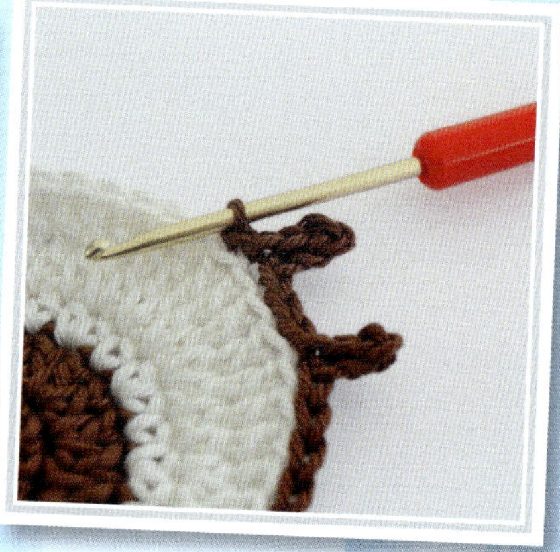

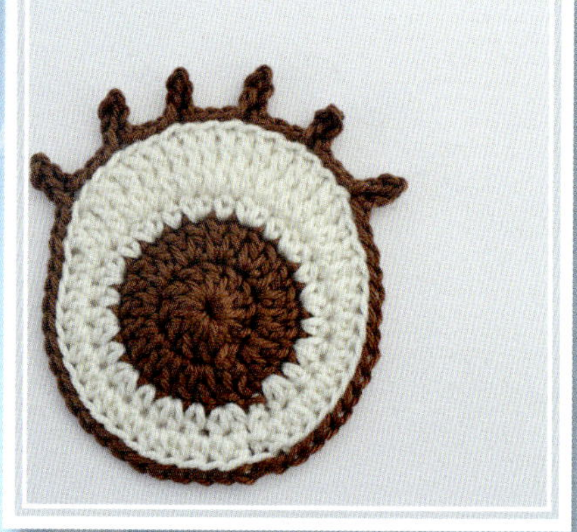

Nun werden die Wimpern des offenen Auges gearbeitet. Für die erste Wimper häkeln Sie 3 Lm, dann Km zurück in die 2. M ab Nadel. Die Pfeile und Zahlen zeigen, wo Sie die Km einstechen müssen. Dann wieder 3 Km entlang der äußeren Runde und wieder 3 Lm für die nächste Wimper usw.

Häkeln Sie insgesamt 6 Wimpernhaare auf die beschriebene Weise. Nach der letzten Wimper bis zum Rundenende Kettmaschen häkeln. Faden abschneiden und vernähen.

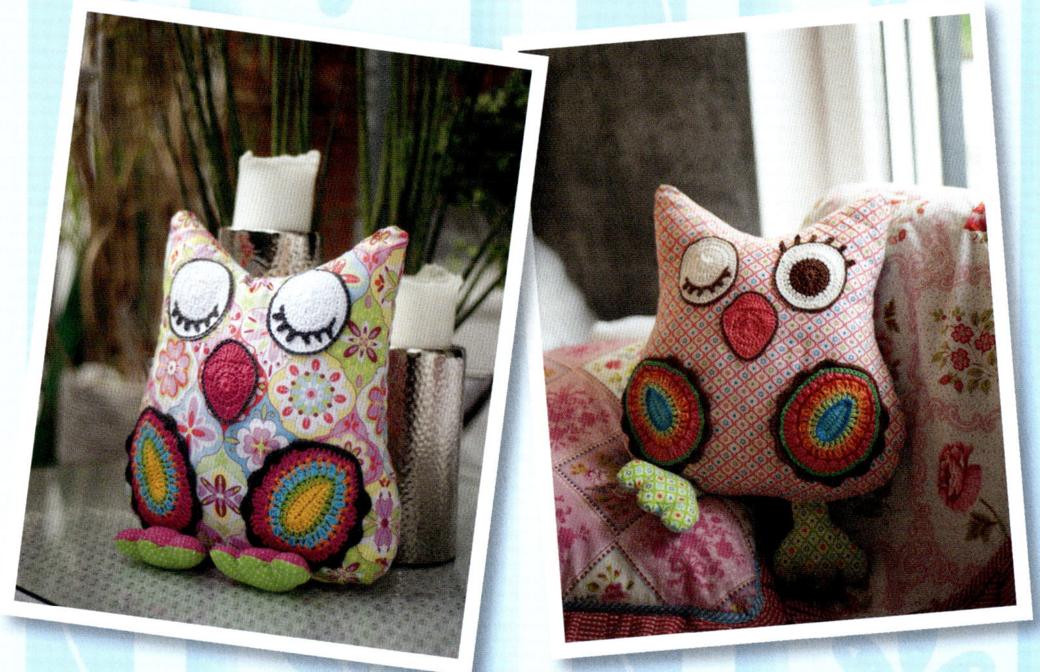

Schnabel

4 Lm anschlagen und mit 1 Km in die 1. Lm zum Ring schließen.

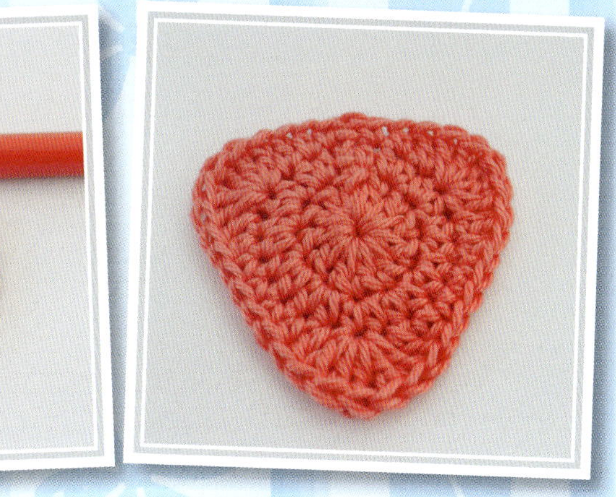

1. Runde: Stb. Beginnen Sie mit 3 Lm (= 1. Stb), häkeln Sie 11 Stb in den Ring, 1 Km (= 12 M).
2. Runde: hStb, dabei jede M verdoppeln, d. h. in jede M der Vorrunde 2 hStb häkeln (= 24 M).

3. Runde: 1 Lm (= 1. fM), 1 fM, 1 hStb, 1 Stb, nun für die 1. Ecke (2 Stb + 1 DStb + 2 Stb in dies. M), 1 Stb, 1 hStb, 3 fM, 1 hStb, 1 Stb, für die 2. Ecke (2 Stb + 1 DStb + 2 Stb in dies. M), 1 Stb, 1 hStb, 3 fM, 1 hStb, 1 Stb, für die 3. Ecke (2 Stb + 1 DStb + 2 Stb in dies. M), 1 Stb, 1 hStb, 1 fM, 1 Km. Faden abschneiden und versäubern.

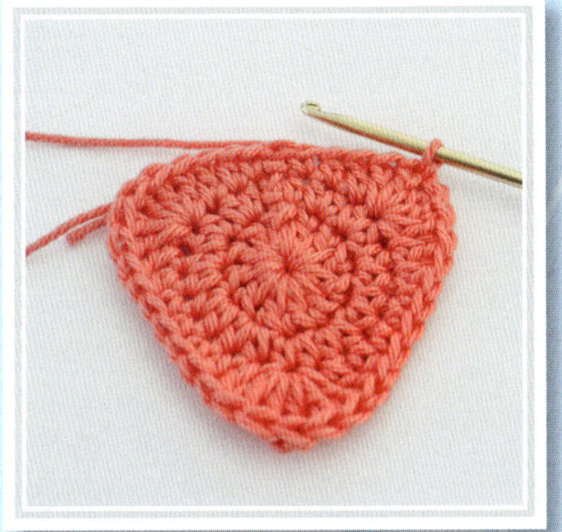

4. Runde: Schlingen Sie den Faden genau über dem 4. Stb einer Ecke neu an.

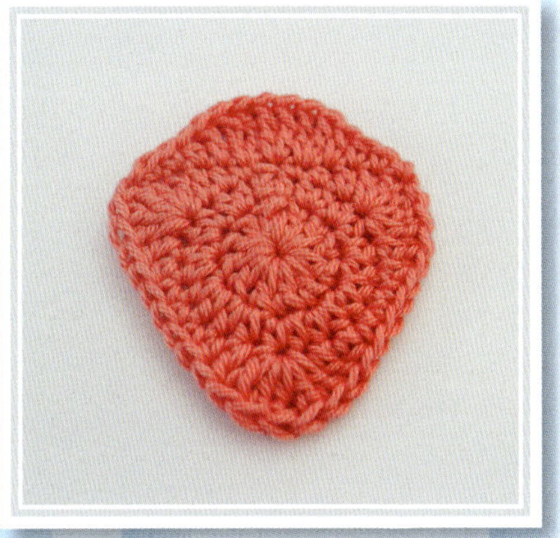

Häkeln Sie dann wie folgt: 1 Lm (= 1. fM), 1 fM, 1 hStb, 1 Stb, 3 x (2 DStb in dies. M), 1 Stb, 1 hStb, 2 fM, 1 Km.

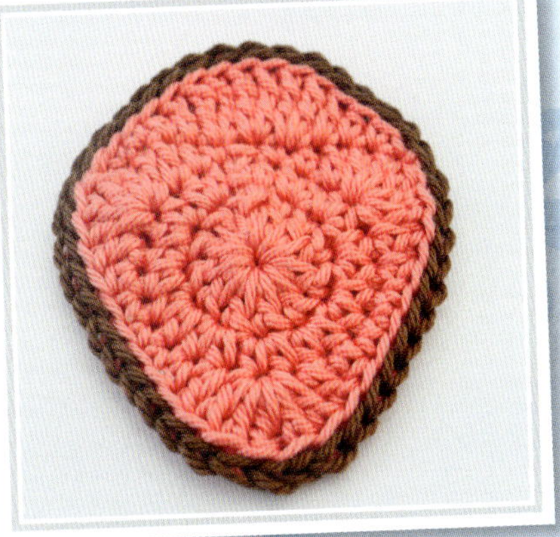

5. Runde: Mit Kettmaschen in Kontrastfarbe entlang der letzten Runde häkeln, dabei immer nur ins hintere Maschenglied einstechen. Faden abschneiden, nach hinten durchziehen und versäubern.

Bunte Flügel

Davon brauchen Sie 2 Stück.

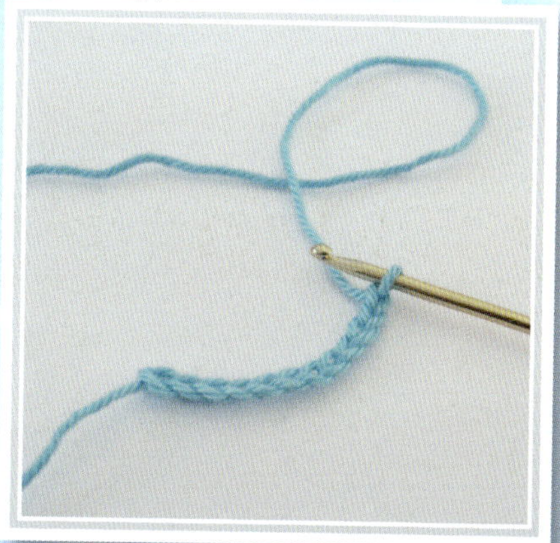

1. Runde: 12 Lm anschlagen,

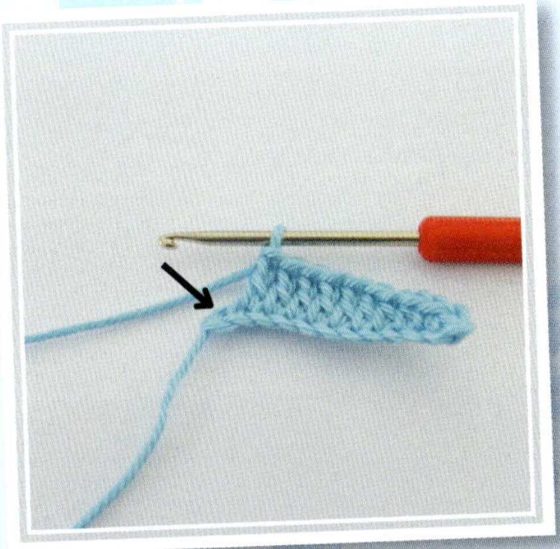

dann 1 fM in die 2. M ab Nadel, 1 fM, 2 hStb, 6 Stb.In die letzte Lm 5 Stb häkeln (siehe Pfeil) …

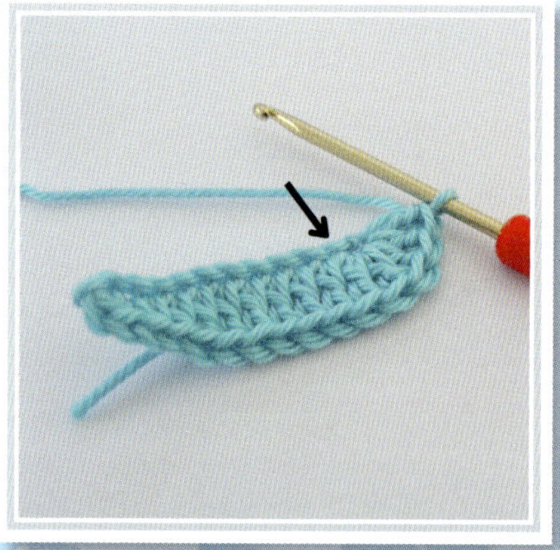

… und dann auf der Unterseite der Lm-Kette weiterhäkeln. Der Pfeil zeigt die erste Einstichstelle auf der Unterseite.

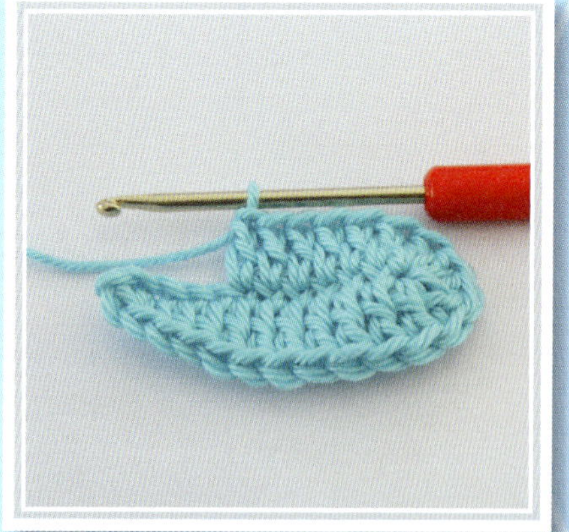

6 Stb, 2 hStb, 2 fM, 1 Km.

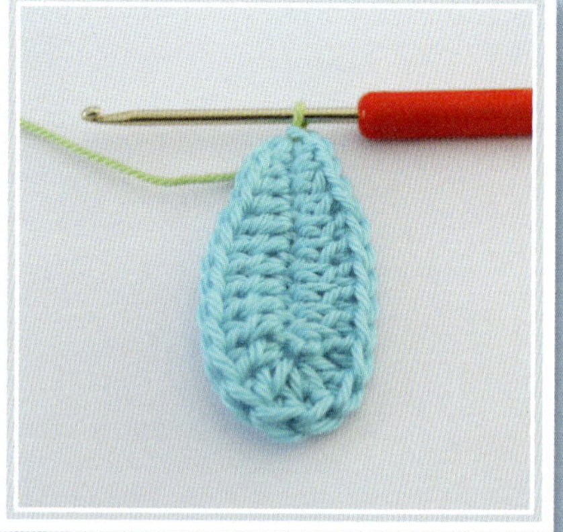

So sieht die erste Runde fertig aus. Sie haben einmal komplett um die 12 Lm herum gehäkelt (= 26 M).

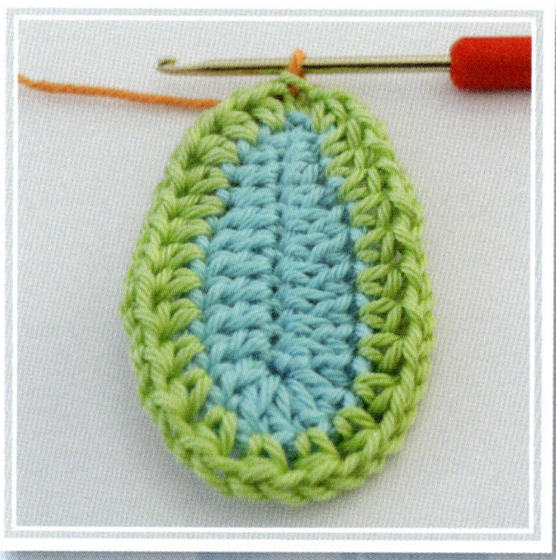

2. Runde: 1 hStb + 1 Lm im Wechsel. Es werden mit den Lm keine Maschen der Vorrunde übergangen! Beginnen Sie mit 2 Lm (= 1. hStb) und beenden Sie die Runde mit 1 Km. Zur Kontrolle: Es entstehen hier 26 hStb (inklusive der Anfangs-Lm am Rundenbeginn als Ersatz für das 1. hStb), zwischen denen jeweils 1 Lm gehäkelt wurde.

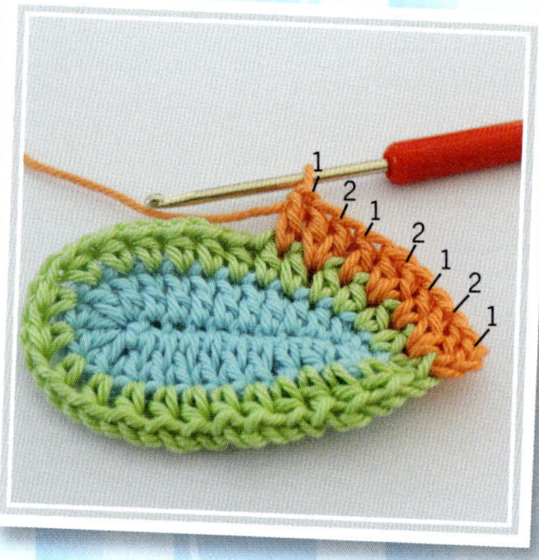

3. Runde: Stb, und zwar jeweils zwischen den hStb der Vorrunde einstechen und immer abwechselnd 1 und 2 Stb in die Lücke häkeln! Beginnen Sie mit 3 Lm (= 1. Stb), dann direkt in den 1. Lm-Bogen 2 Stb. Die Runde mit 1 Km beenden (= 40 M).

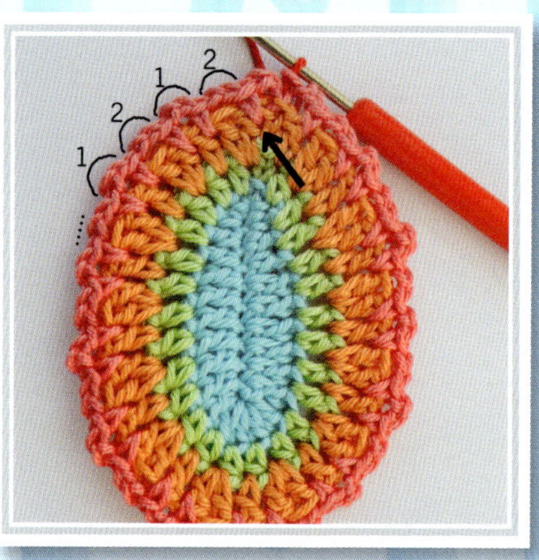

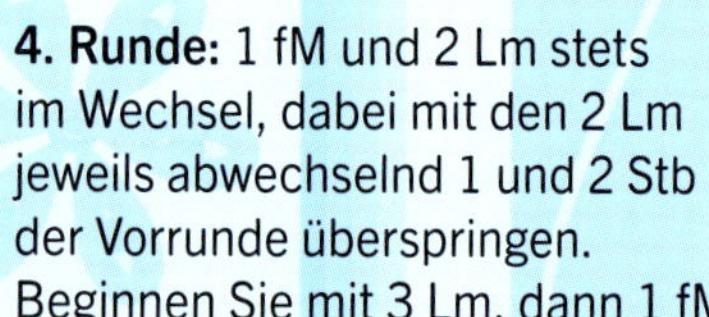

4. Runde: 1 fM und 2 Lm stets im Wechsel, dabei mit den 2 Lm jeweils abwechselnd 1 und 2 Stb der Vorrunde überspringen. Beginnen Sie mit 3 Lm, dann 1 fM in die 1. Lücke (Pfeil), * 2 Lm, 2 Stb der Vorrunde überspringen, 1 fM, 2 Lm, 1 Stb der Vorrunde überspringen, 1 fM, ab * bis Rundenende wiederholen. Die Runde mit 1 Km beenden.
Zur Kontrolle: 27 fM sollen es insgesamt sein (einschließlich der Anfangs-Lm als Ersatz für die 1. fM).

5. Runde: In dieser Runde werden hStb, Stb und DStb in die Lm-Lücken der Vorrunde gehäkelt. Beginnen Sie mit 2 Lm, dann 2 hStb in den ersten Lm-Bogen (Pfeil).

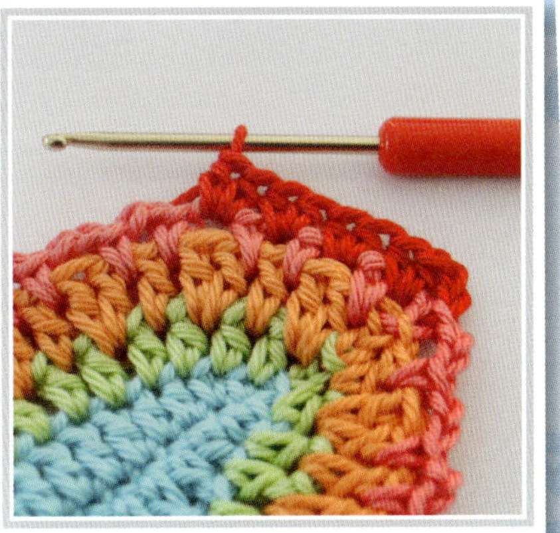

Dann 3 x (2 hStb in dies. M),

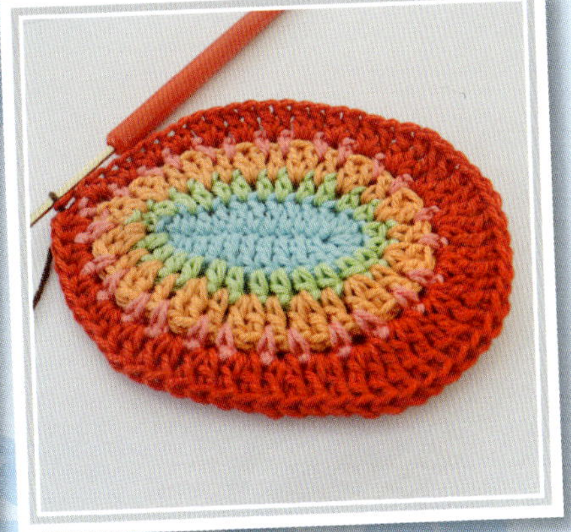

6 x (2 Stb in dies. M), 7 x (3 DStb in dies. M), 6 x (2 Stb in dies. M), 4 x (2 hStb in dies. M), 1 Km (= 62 M).

Wellenmuster

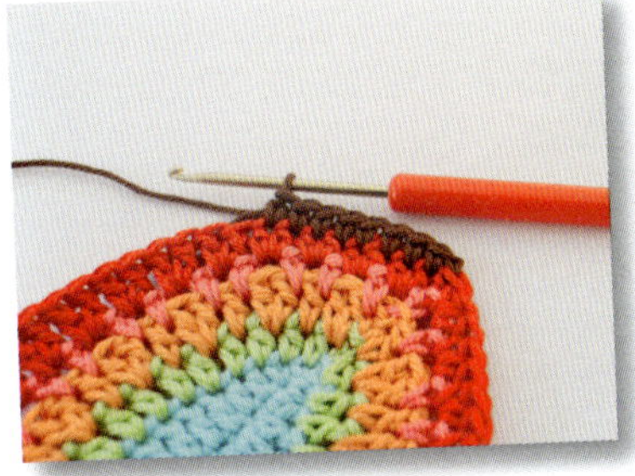

6. Runde: Wellenmuster. Beginnen Sie mit 1 Lm, dann 8 fM.

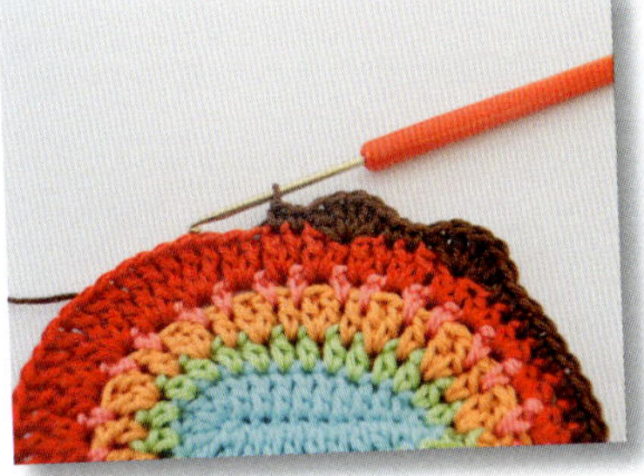

Für das Wellenmuster * 1 M überspringen, (5 Stb in dies. M), 1 M überspringen, 2 fM. Ab * stets wiederholen, bis insgesamt 10 Wellen gehäkelt sind.

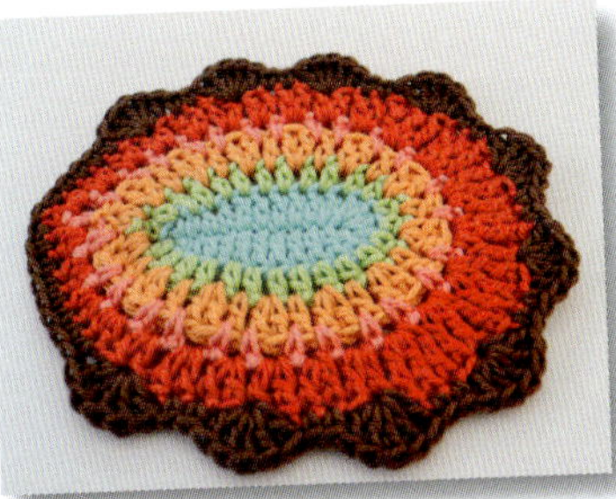

Danach noch 5 fM, 1 Km.

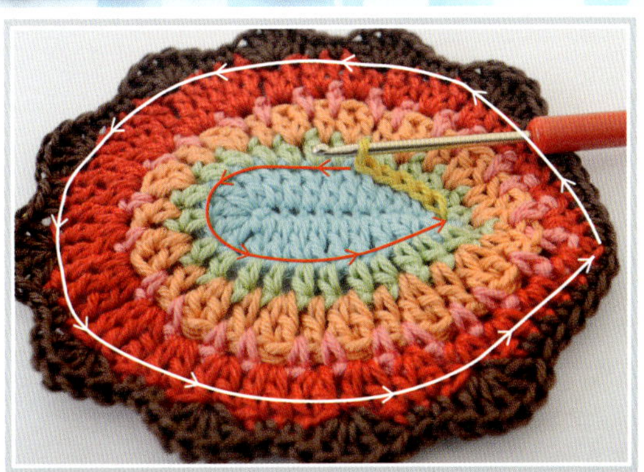

Zusätzlich kann man jetzt noch mit einer kontrastierenden Farbe entlang der im Bild gezeigten „Routen" Kettmaschen aufhäkeln.

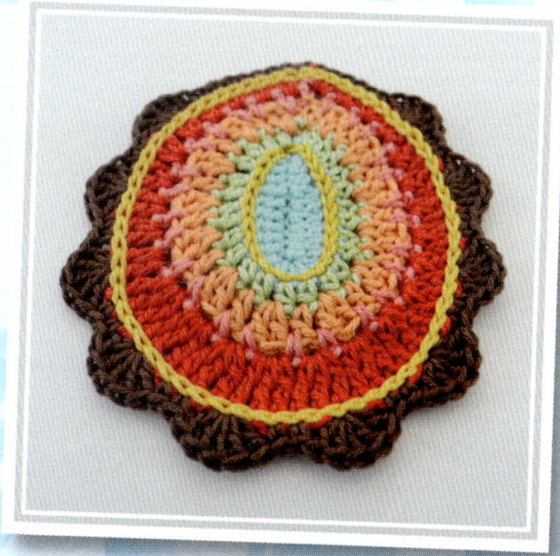

Das gibt einen sehr schönen Effekt!

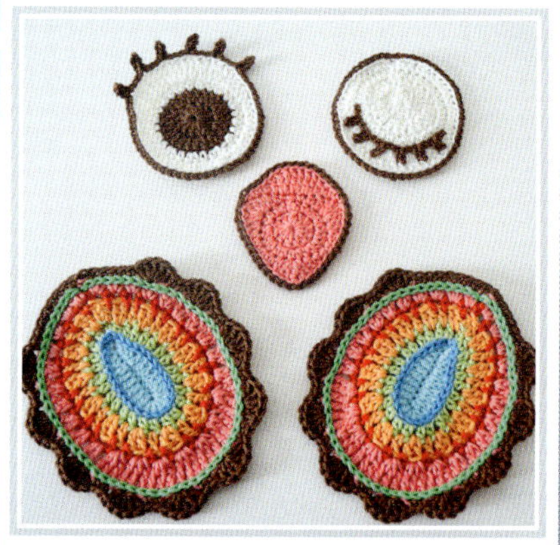

Wenn Sie zwei Augen, einen Schnabel und zwei Flügel gehäkelt haben, sind die Applikationen für Ihre Eule komplett und Sie können zum Nähen übergehen.

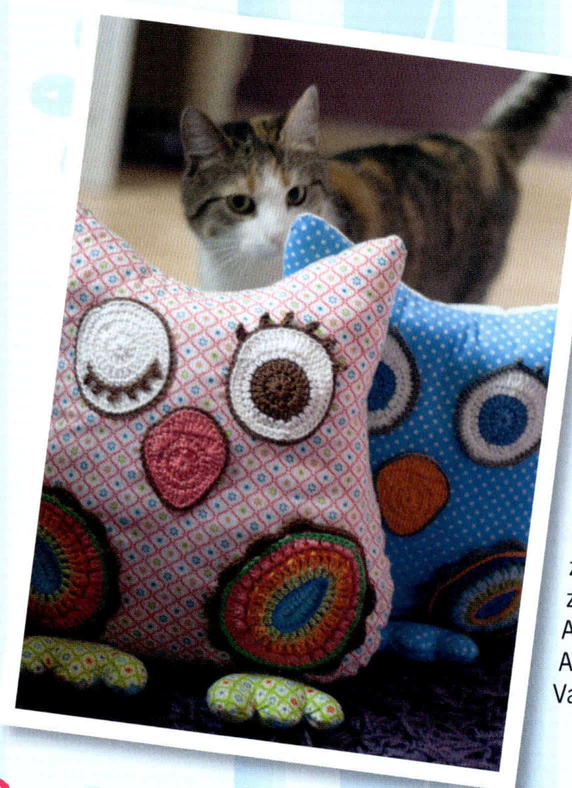

Es müssen nicht immer zwei offene Augen oder zwei Schlafaugen sein! Auch ein zwinkerndes Auge ist eine schöne Variante!

Nähanleitung

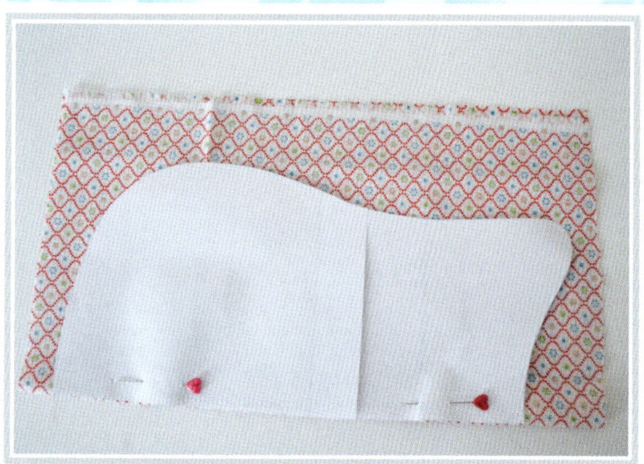

Falten Sie den Stoff rechts auf rechts, stecken Sie die Schnittvorlage für den Eulenkörper (Seite 124) mit Stecknadeln fest und schneiden Sie den Stoff mit einer Nahtzugabe von ca. 1 cm zu.

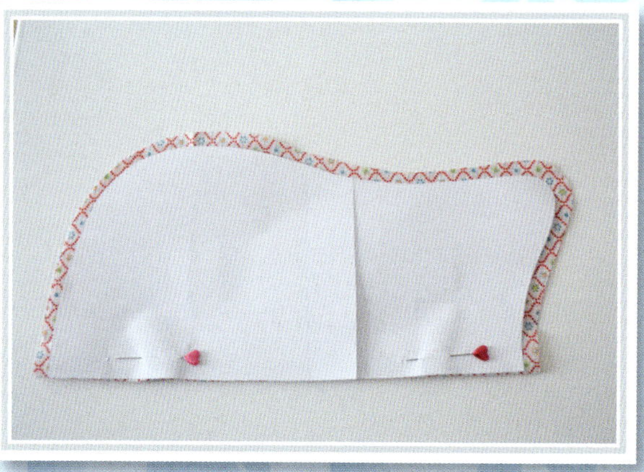

Das Ganze 2 x, wobei Sie für Vorder- und Rückseite zwei verschiedene Stoffe verwenden können.

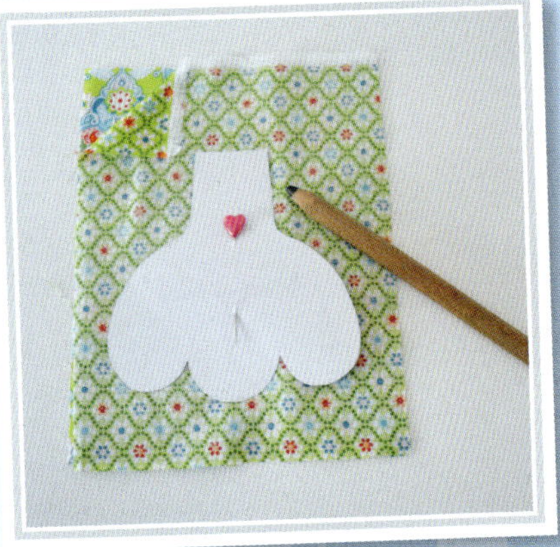

Für die Füße Stoff rechts auf rechts legen (ich habe hier für die Fußunterseite und für die -oberseite verschiedene Stoffreste gewählt), Schnittteil aufstecken und den Fuß entlang des Schnittteils auf dem Stoff aufzeichnen! Dann mit einer Nahtzugabe von 0,5 cm zuschneiden und den so zugeschnittenen Fuß mit Stecknadeln sichern, sodass die Stoffteile schön zusammenbleiben. Den zweiten Fuß ebenso zuschneiden.

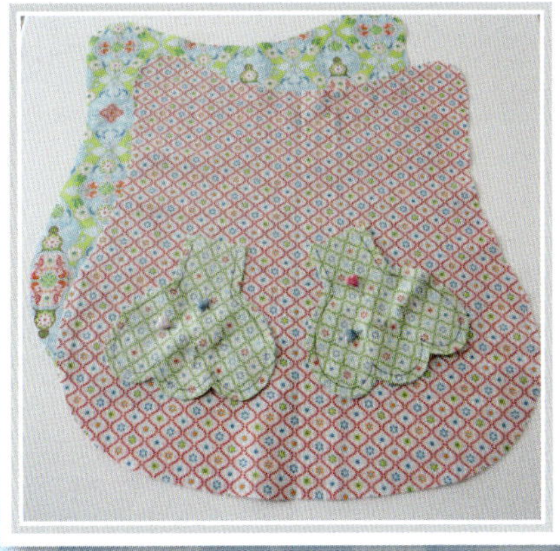

Sie haben jetzt also 2 x den Eulenkörper (Vorder- und Rückseite) und 4 Fußteile zugeschnitten. Wenn Sie stark ausfransende Stoffe verwenden, versäubern Sie die Stoffkanten der Eulenkörper mit einem Zickzackstich (Stichlänge und -breite 3/3), um sie vor Ausfransen zu schützen.

Tipp

Wenn es schnell gehen muss oder wem die Füße zu aufwendig sind, der lässt sie einfach weg. Eule Bella sieht (z. B. als Deko-Objekt auf Regal oder Schrank platziert) auch ohne Füße klasse aus!

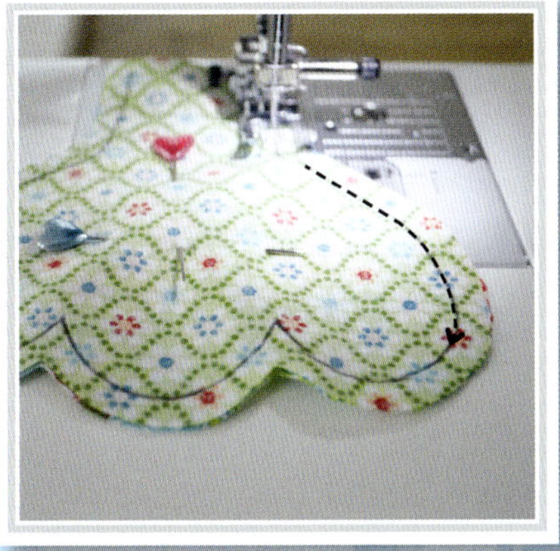

Die Füße nun genau entlang der aufgezeichneten Linie zusammennähen. Das hintere gerade Ende bleibt offen, damit man den Fuß noch ausstopfen kann.

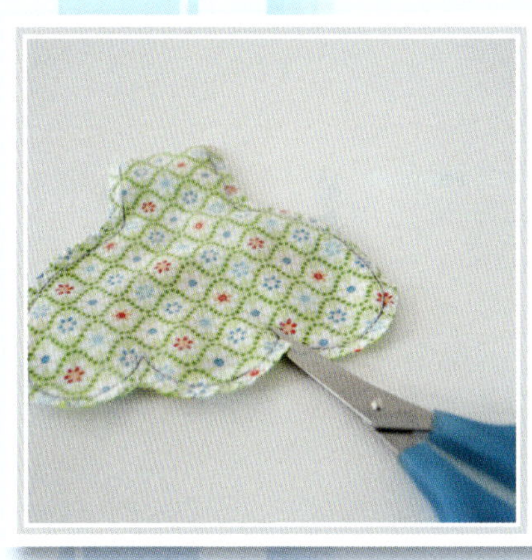

Nach dem Zusammennähen parallel zur Naht mit Zickzackstich versäubern (2,5/2,5) und unten zwischen den Krallen die Nahtzugabe bis kurz vor die Naht leicht einschneiden, damit sich die Füße besser ausformen lassen.

Füße ausstopfen

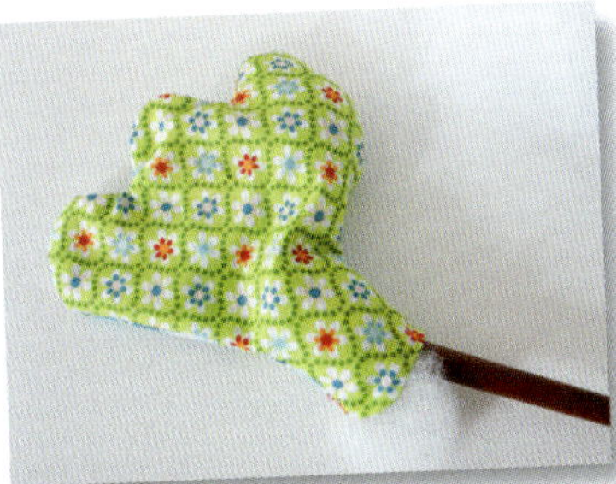

Füße wenden und mithilfe eines Essstäbchens mit Füllwatte ausstopfen.

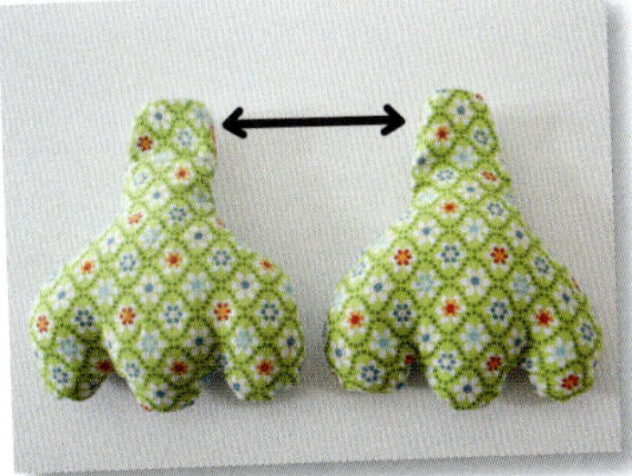

Im unteren Bereich (Pfeil) nicht füllen!

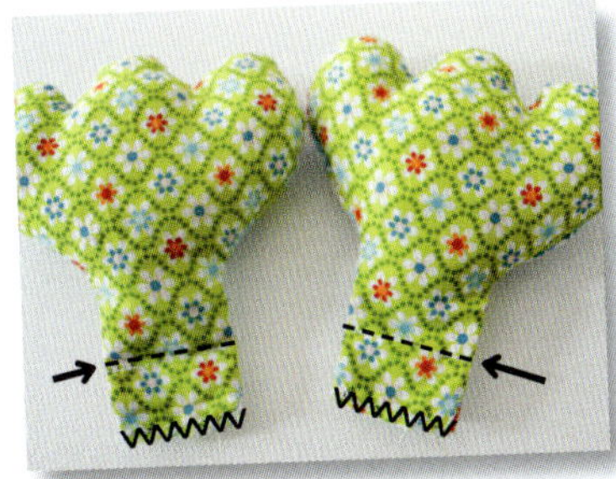

Die Füße unten im Abstand von ca. 2 cm zur offenen Kante absteppen und an der Öffnung mit Zickzackstich versäubern.

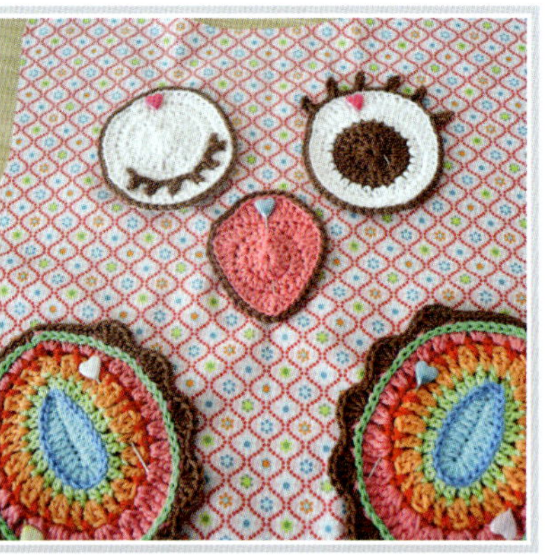

Jetzt alle Applikationen auf dem Eulen-Vorderteil ordentlich ausrichten und diese gut mit Stecknadeln feststecken. Sie haben hier ein wenig Spielraum und können Ihren persönlichen Geschmack entscheiden lassen. Achten Sie aber darauf, dass Sie zu den Stoffkanten genügend Abstand einhalten. Vor allem die Augen sollten nicht zu hoch an die Ohren gesetzt werden!

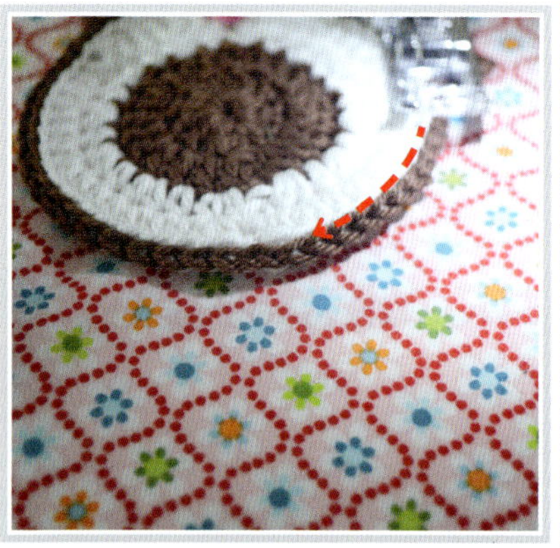

Nun alle Applikationen knappkantig aufnähen. Wählen Sie die Garnfarbe dabei möglichst passend zur Farbe, auf der Sie entlangnähen. Nähen Sie nicht zu schnell, sondern schön langsam, damit die Häkelteile nicht verrutschen oder sich verziehen!

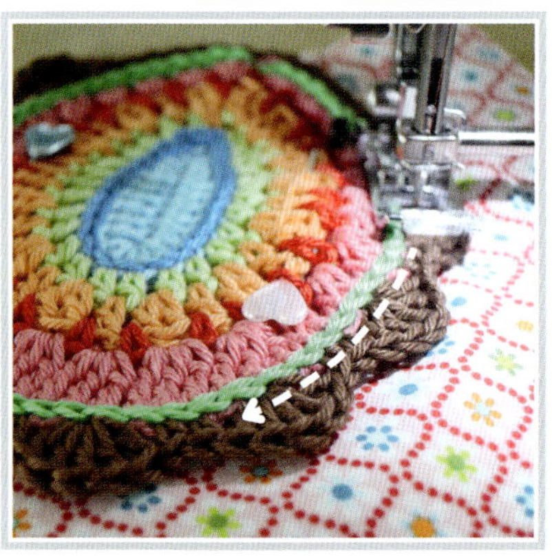

Bei den Flügeln nähen Sie entlang der im Bild dargestellten Pfeillinie, damit Sie nicht mühsam um jede einzelne Welle nähen müssen.

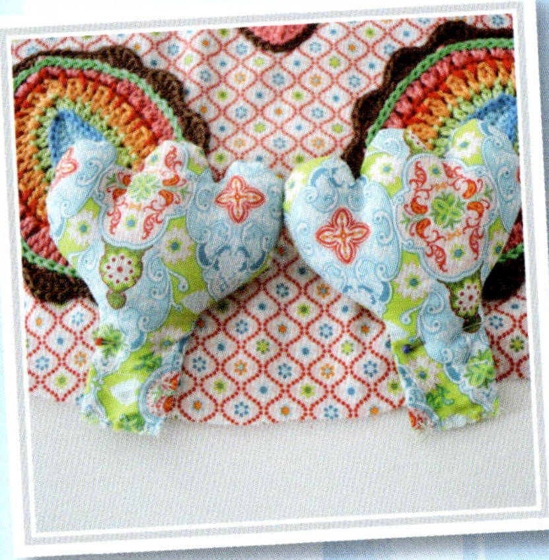

Jetzt stecken Sie die Füße unten auf dem Vorderteil der Eule mit Stecknadeln fest. Der Abstand zur Stoffkante unten sollte groß genug sein, damit Sie beim Zusammennähen des Eulenkörpers nicht auf diese Stecknadeln geraten. Die Krallen zeigen nach oben zu den Augen und die Fußunterseite ist zu sehen. Die Füße sind optimal positioniert, wenn sie leicht geneigt zueinander liegen und sich berühren.

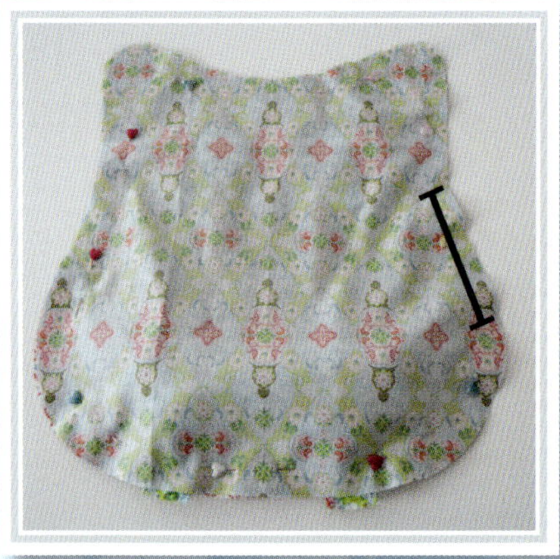

Legen Sie nun das Rückenteil der Eule auf das Vorderteil mit den angesteckten Füßen (rechts auf rechts) und stecken Sie alles rundherum ordentlich fest! Dann rundherum mit Geradstich etwa nähfüßchenbreit zusammennähen und an einer Seite eine Wendeöffnung von ca. 10 cm offen lassen.

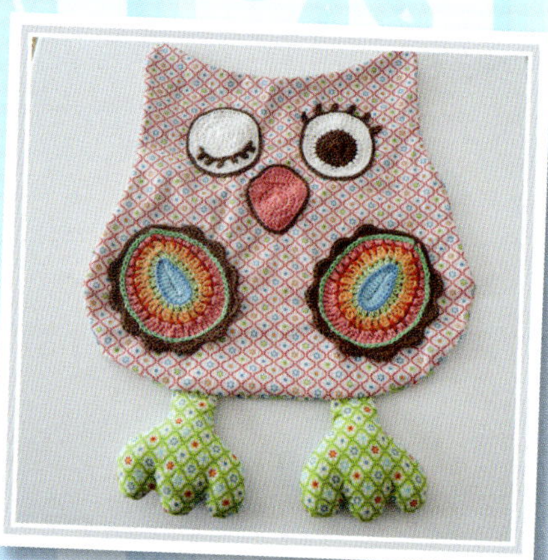

Die Eule durch die Wendeöffnung wenden, mit Füllwatte oder Kissenfüllung fest ausstopfen und die Öffnung schließlich von Hand mit Matratzenstich zunähen. Fertig!

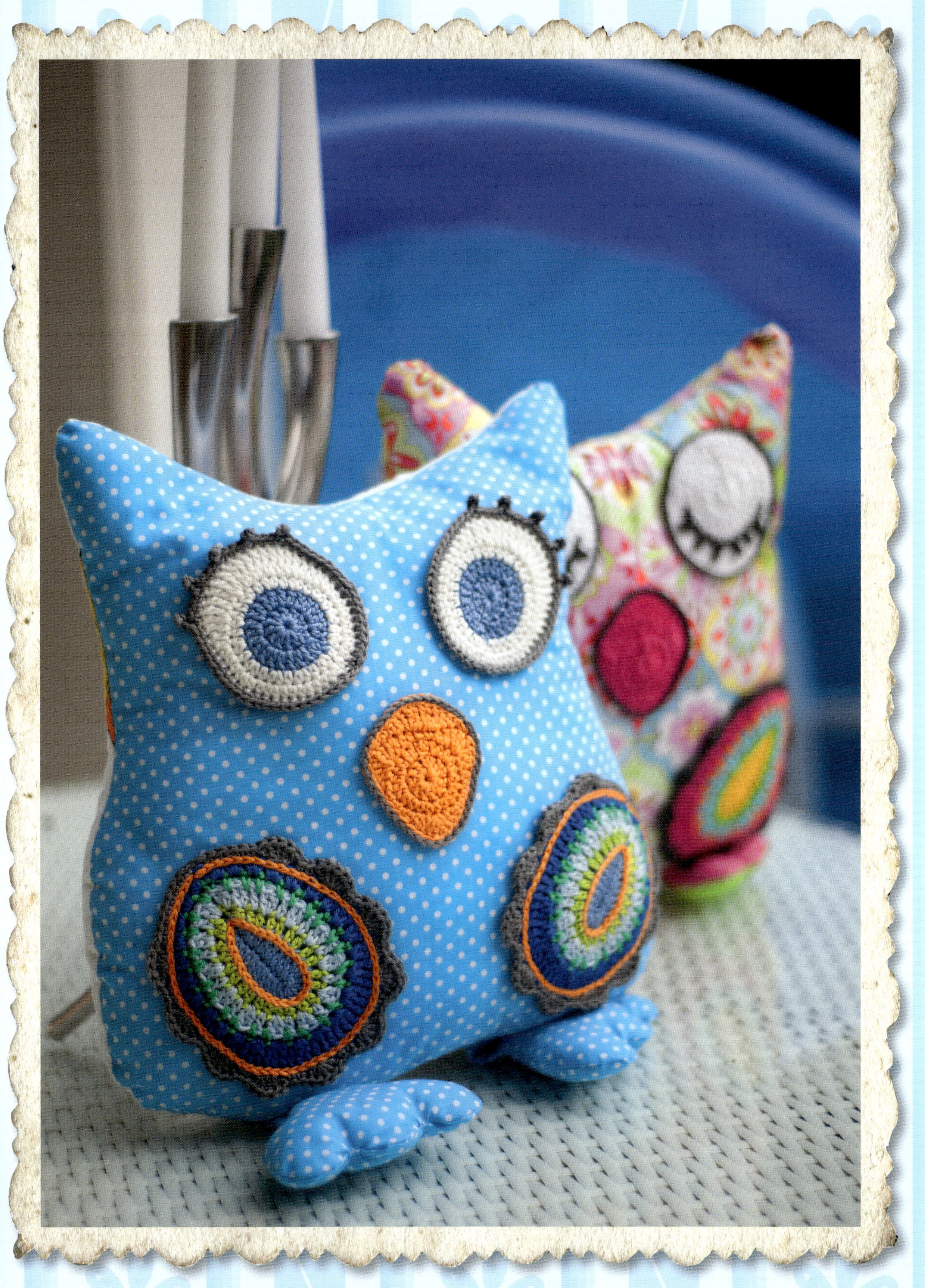

Häkel-Basics

Sollten Sie zum ersten Mal eine Häkelnadel in der Hand halten, wäre es sehr hilfreich, wenn Ihnen jemand aus Ihrem Umfeld – Tochter, Mutter, Oma, Tante, Freundin – zeigen könnte, wie man die Häkelnadel und das Häkelstück richtig hält und die Grundmaschenarten häkelt.
Falls Sie diese Möglichkeit nicht haben und die folgenden Erklärungen und Abbildungen für Sie nicht aufschlussreich genug sein sollten, kann ich Ihnen nur ans Herz legen, sich online entsprechende Videos z. B. auf Youtube anzuschauen. Sie finden dort neben unzähligen anspruchsvollen Häkelmustern auch sämtliche Maschenarten und Grundlagen des Häkelns gut erklärt.

Der Anfang: Die Fadenschlinge

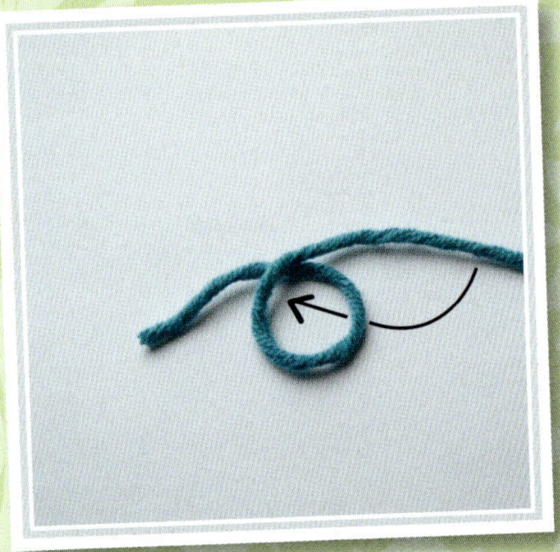

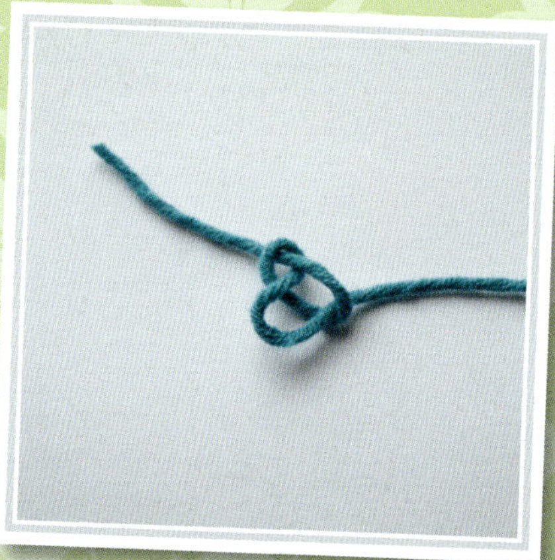

Formen Sie mit dem Garn eine Schlinge. Der Anfang des Fadens liegt links, der zum Knäuel führende Faden liegt darüber nach rechts.

Ziehen Sie dann den zum Knäuel führenden Faden von unten nach oben durch die Schlinge.

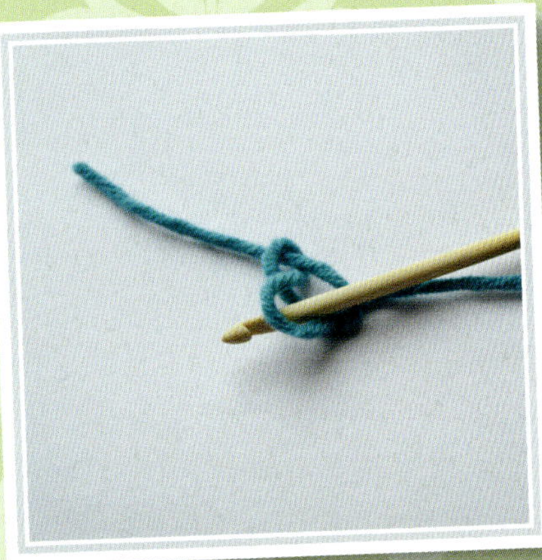

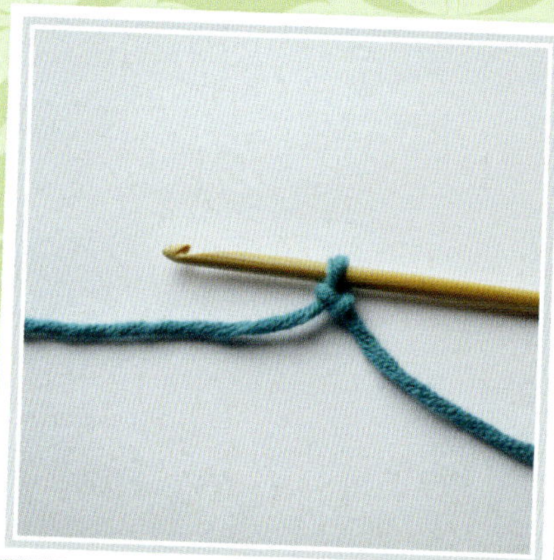

Schieben Sie die Häkelnadel nun in die so erzeugte Schlinge und ziehen Sie an den Fäden, sodass sich die Schlinge bis auf Maschengröße zuzieht.

Haltung von Nadel und Häkelarbeit

Es gibt verschiedene Möglichkeiten, die Nadel und die Häkelarbeit zu halten. Ich zeige Ihnen hier, wie ich es mache.

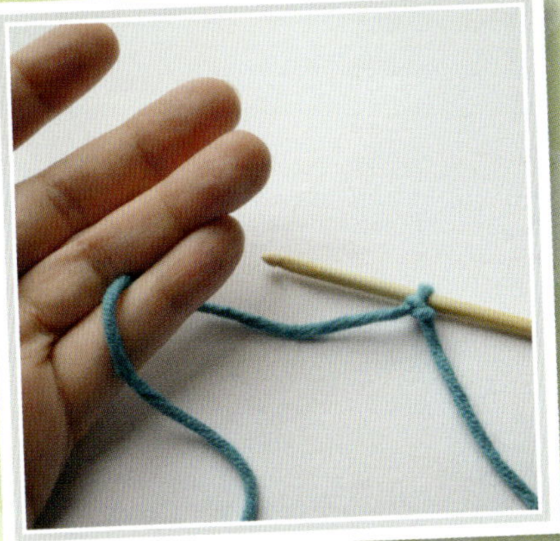

Legen Sie den Faden, der zum Wollknäuel führt, einmal um den kleinen Finger der linken Hand, um die nötige Fadenspannung beim Häkeln zu erzeugen.

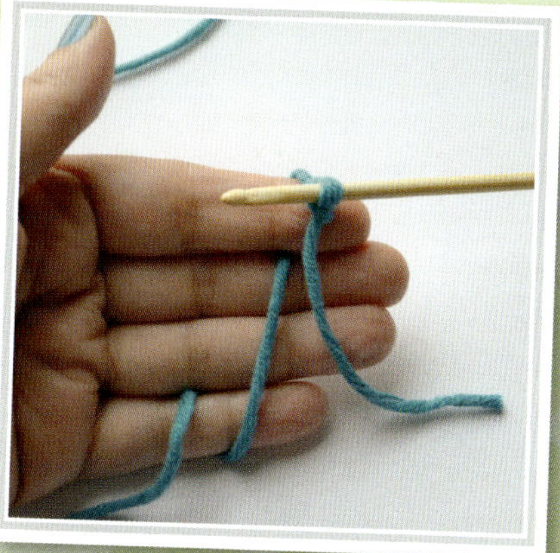

Führen Sie dann den Faden wie abgebildet über den Zeigefinger.

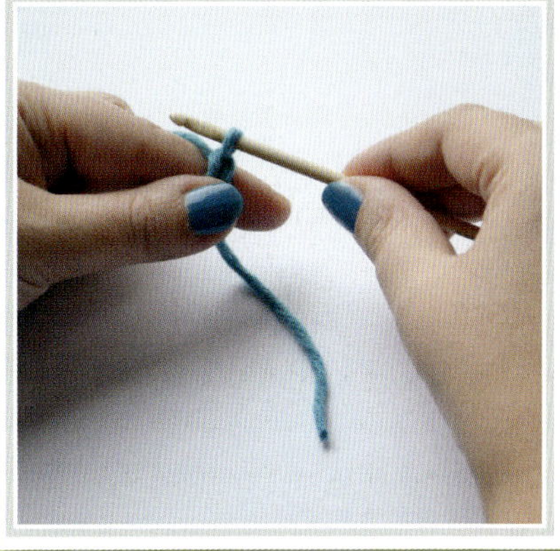

Die zugezogene Fadenschlinge auf der Nadel liegt nun zwischen Daumen und Zeigefinger. Die Häkelnadel halte ich wie ein Messer beim Essen. Jetzt sind Sie startbereit für die ersten Maschen.

Luftmasche (Lm)

Für eine Luftmasche * den Faden holen und durch die Schlinge auf der Nadel ziehen. Ab * fortlaufend wiederholen, bis man die gewünschte Anzahl Luftmaschen gehäkelt hat.

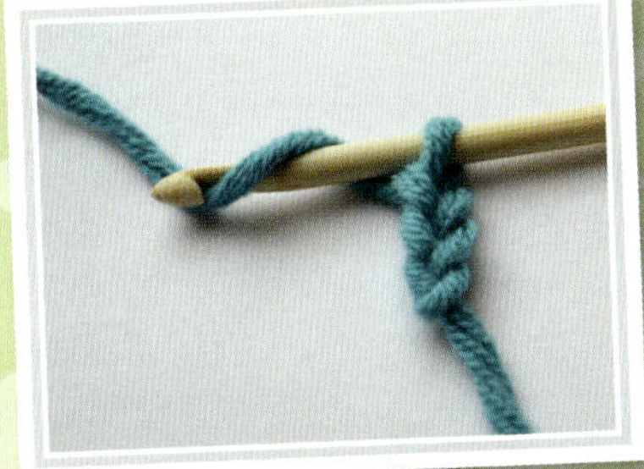

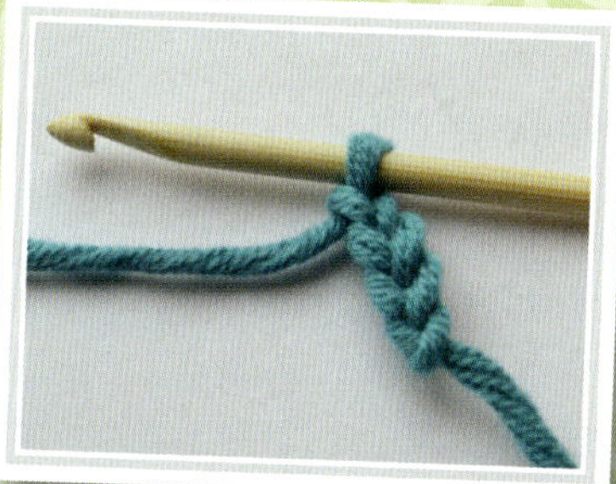

Häkeln in Reihen

Die am häufigsten verwendeten Maschenarten erkläre ich nun anhand von Reihen. Beim Häkeln in Reihen wird die Arbeit nach jeder Reihe gewendet. Für die Maschen am Anfang einer neuen Reihe müssen Ersatz- oder sog. Wende-Luftmaschen gehäkelt werden. Am Anfang einer in Reihen gehäkelten Arbeit müssen die Maschen auf der Luftmaschenkette aufgebaut werden.

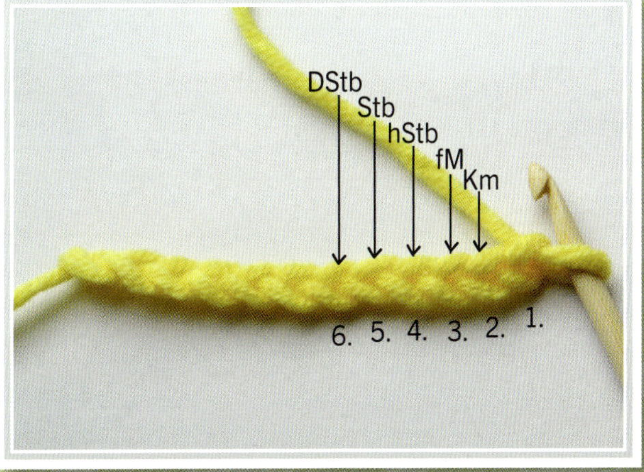

Hierzu wird für eine Kettmasche in die 2. Masche ab Nadel, für eine feste Masche in die 3., für ein halbes Stäbchen in die 4. Masche ab Nadel, für ein Stäbchen in die 5. und für ein Doppelstäbchen in die 6. Masche ab Nadel eingestochen.

Kettmasche (Km)

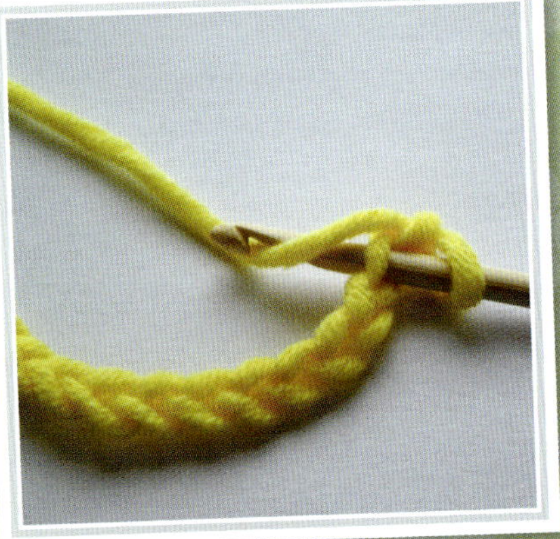

Nadel in die Masche einstechen, den Faden holen …

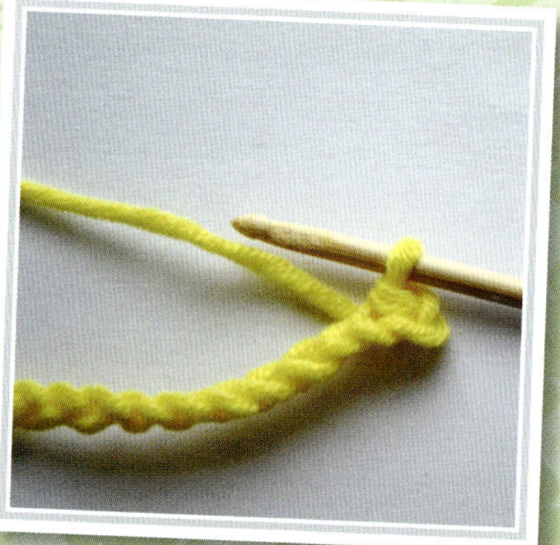

… und direkt durch die Masche und die Schlaufe auf der Nadel ziehen.

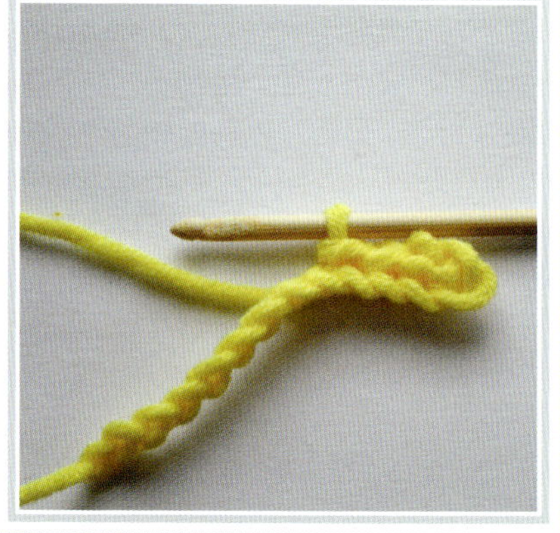

Bei der ersten Reihe wird die Nadel stets nur in die oberen Maschenschlingen der Luftmaschenkette gehäkelt.

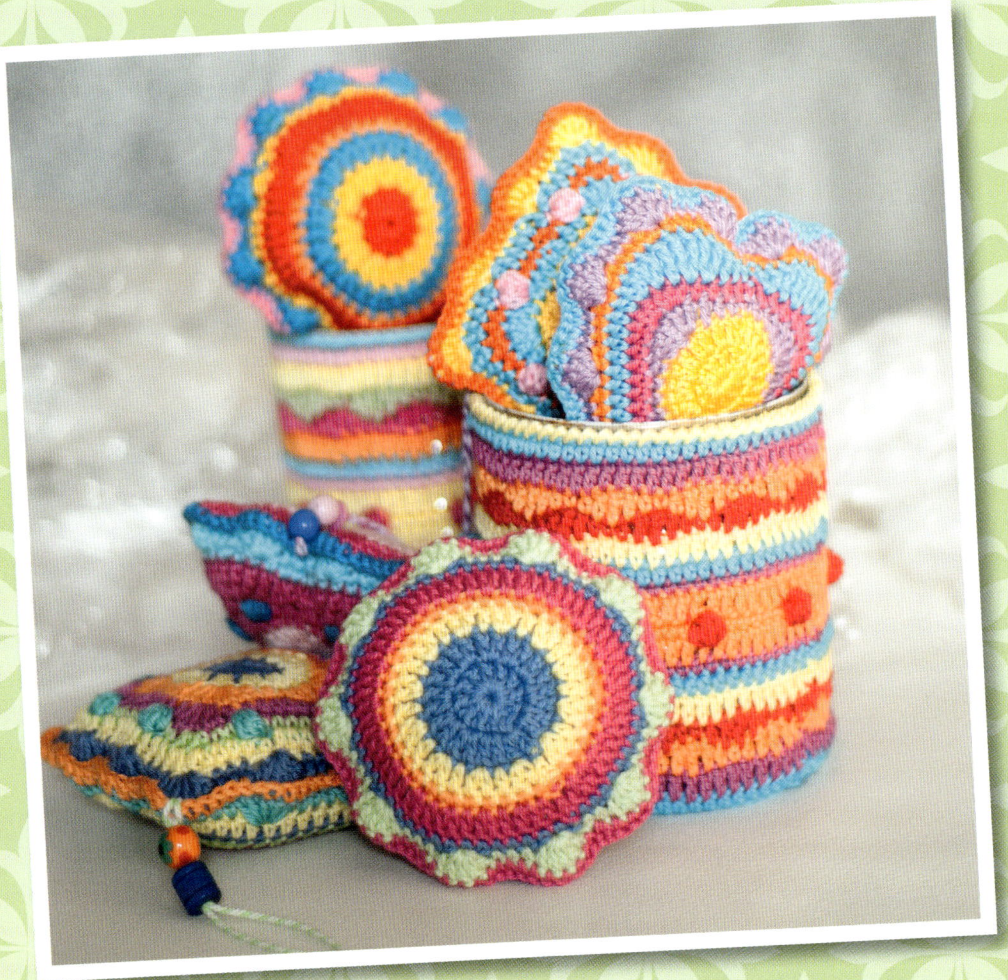

Feste Masche (fM)

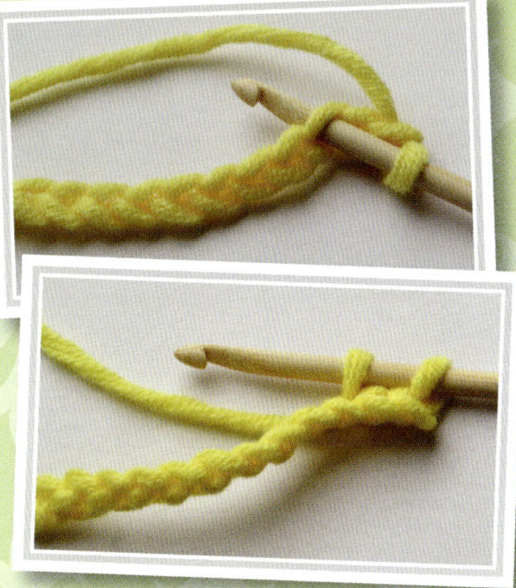

Nadel in die Masche einstechen, den Faden holen und durch die Masche ziehen. Es liegen nun zwei Schlaufen auf der Nadel.

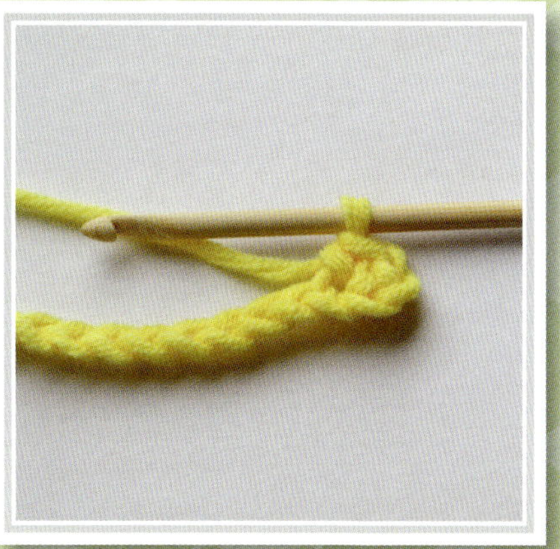

Erneut den Faden holen und durch beide Schlaufen ziehen.

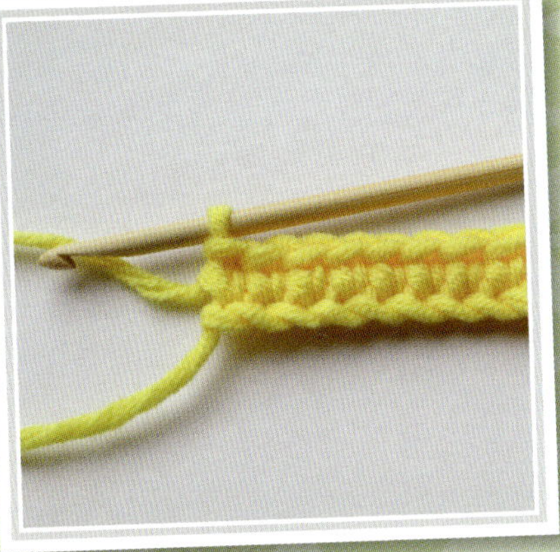

Sind alle Luftmaschen mit festen Maschen behäkelt, sieht die Reihe so aus.

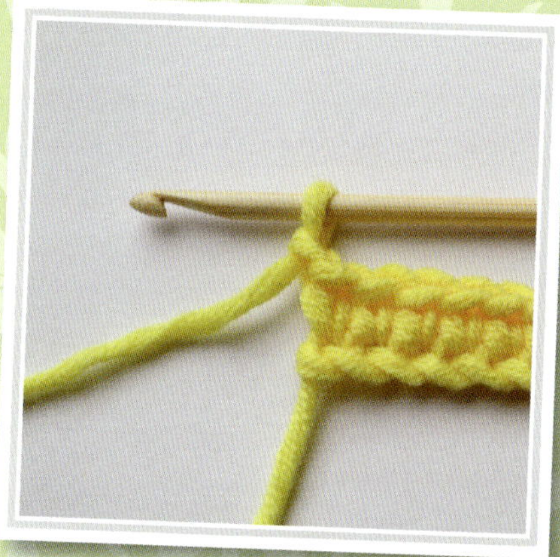

Für eine weitere Reihe feste Maschen die Arbeit wenden und eine Wende-Luftmasche (als Ersatz für die 1. fM) häkeln.

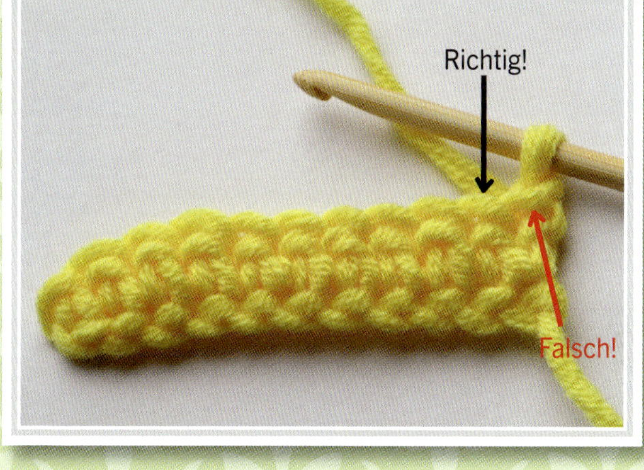

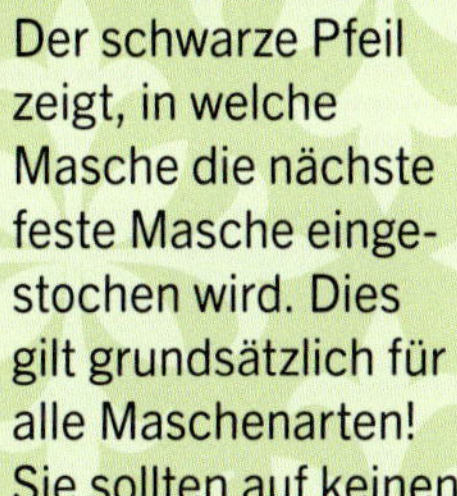
Der schwarze Pfeil zeigt, in welche Masche die nächste feste Masche eingestochen wird. Dies gilt grundsätzlich für alle Maschenarten! Sie sollten auf keinen
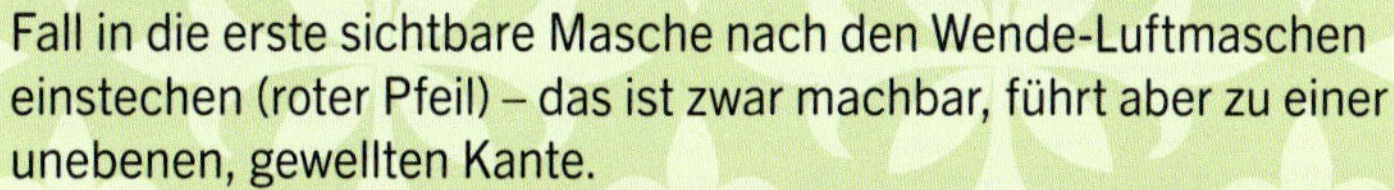
Fall in die erste sichtbare Masche nach den Wende-Luftmaschen einstechen (roter Pfeil) – das ist zwar machbar, führt aber zu einer unebenen, gewellten Kante.

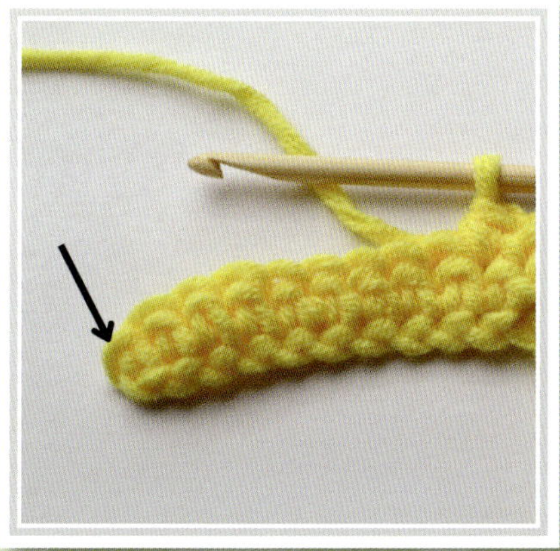

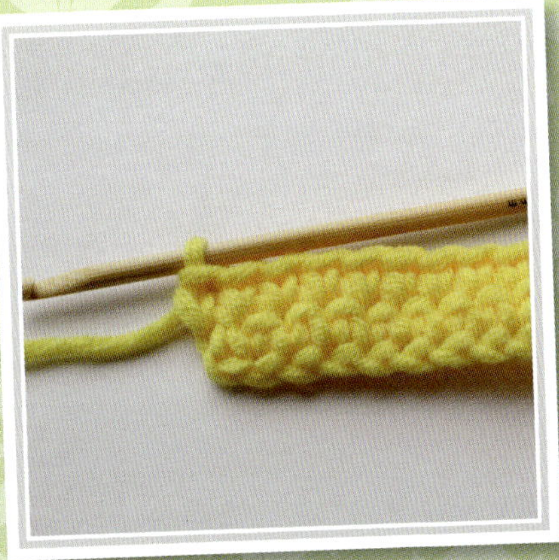

In die allerletzte Schlinge der Reihe (siehe Pfeil im Bild ganz links) muss die letzte Masche der Reihe gehäkelt werden. Auch das wird in Kombination mit der oben gezeigten falschen ersten Masche erfahrungsgemäß gerne übersehen, sodass dann plötzlich weniger Maschen als am Anfang vorhanden sind.

Halbes Stäbchen (hStb)

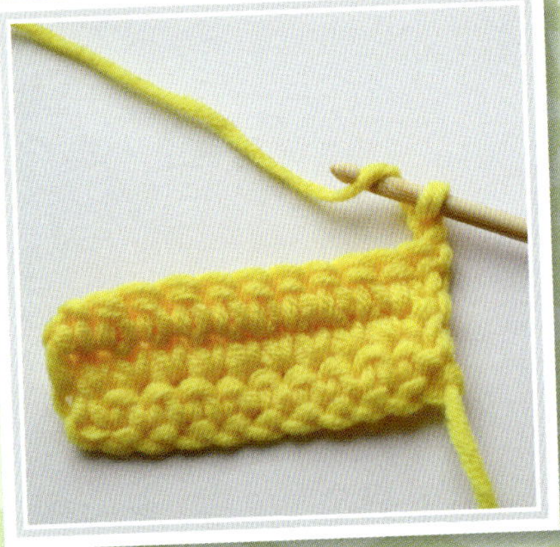

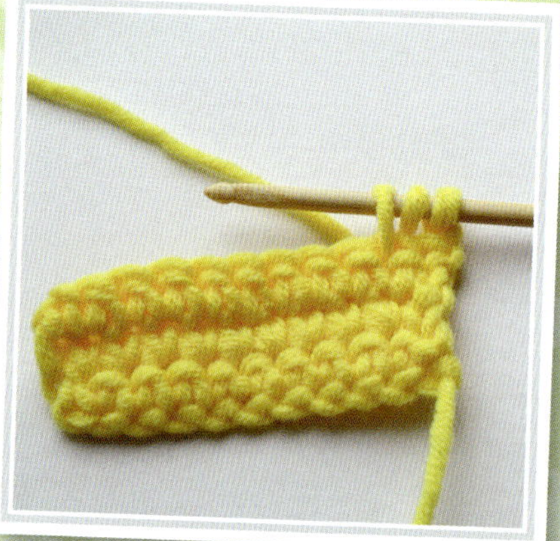

2 Wende-Luftmaschen (als Ersatz für das 1. hStb), einen Umschlag auf die Nadel legen, in die Masche einstechen, den Faden durch die Masche ziehen.

Nun liegen 3 Schlingen auf der Nadel.

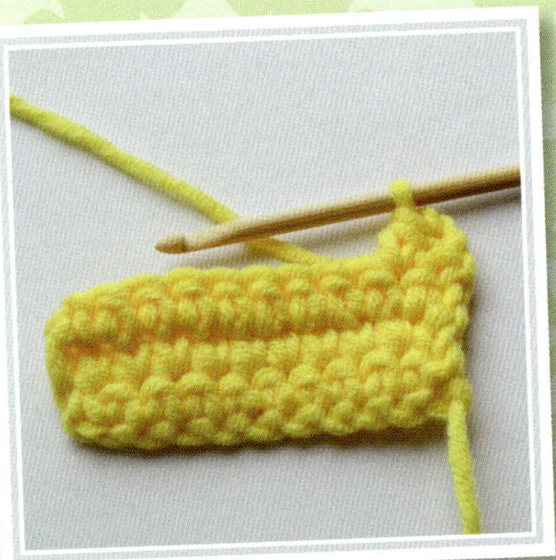

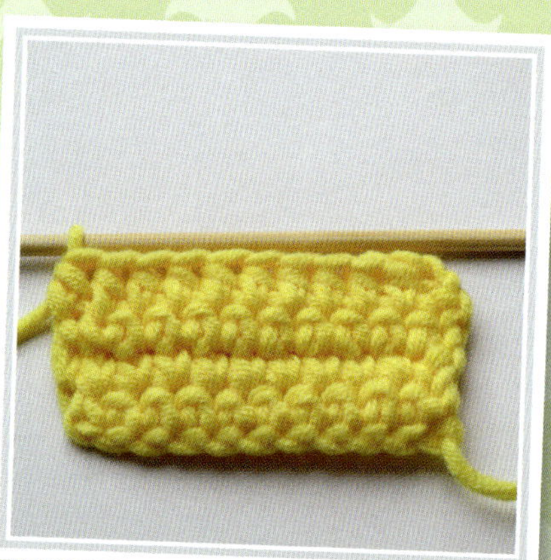

Faden erneut holen und durch alle Schlingen auf der Nadel ziehen.

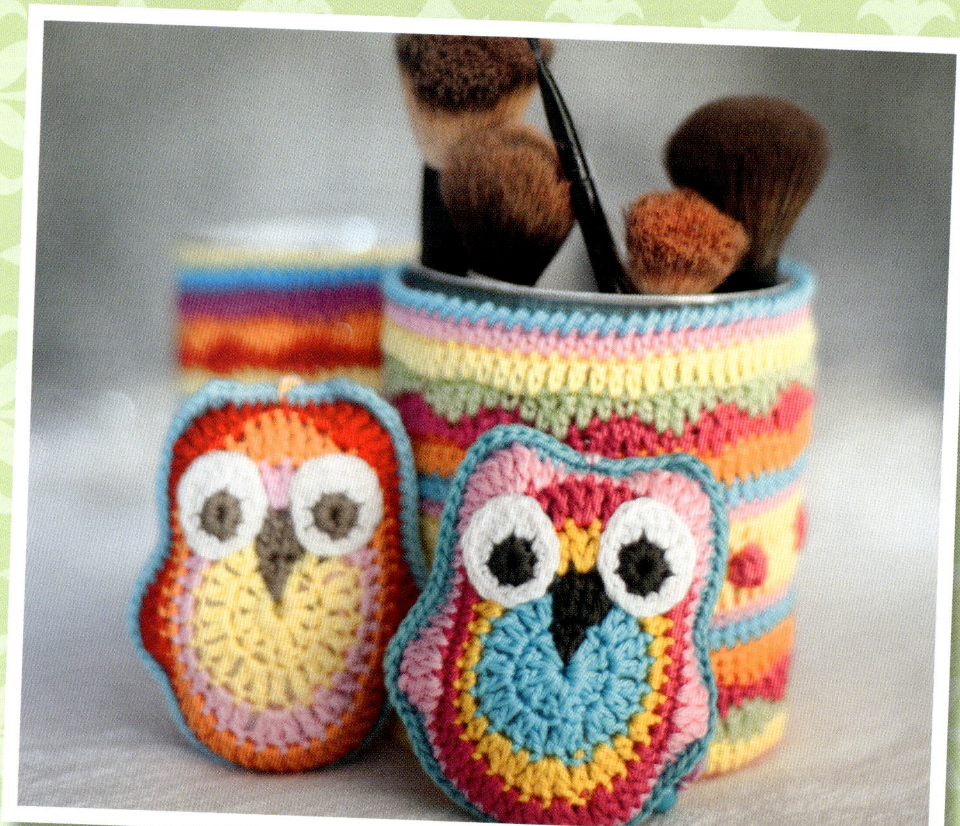

Stäbchen (Stb)

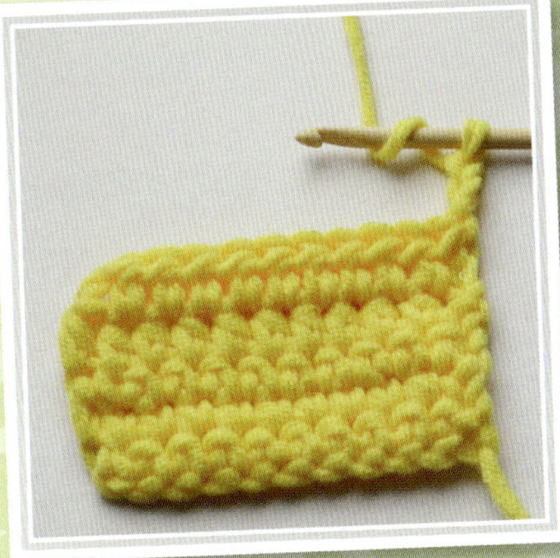

3 Wende-Luftmaschen (als Ersatz für das 1. Stb) häkeln und einen Umschlag auf die Nadel legen.

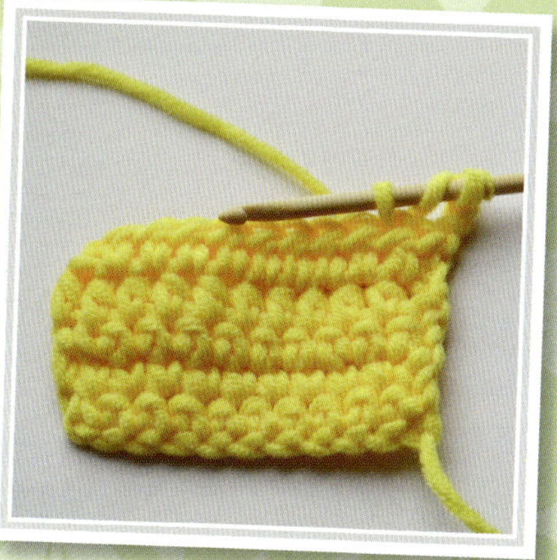

In die Masche einstechen und den Faden durchziehen. Es liegen nun drei Schlingen auf der Nadel.

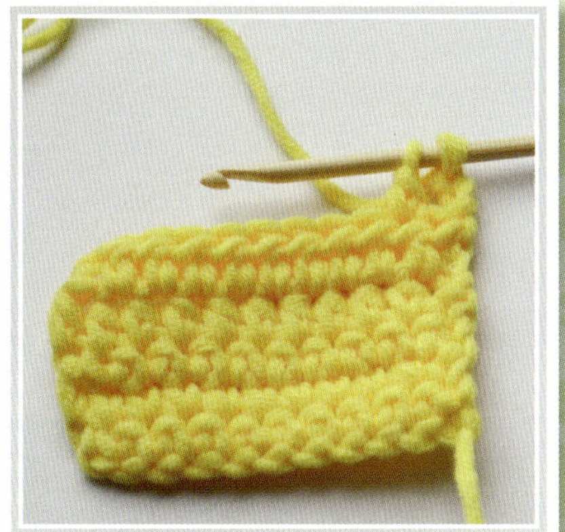

Den Faden holen und durch 2 Schlingen auf der Nadel ziehen – es sind nun noch 2 Schlingen auf der Nadel.

Den Faden ein letztes Mal holen und durch die verbliebenen zwei Schlingen auf der Nadel ziehen.

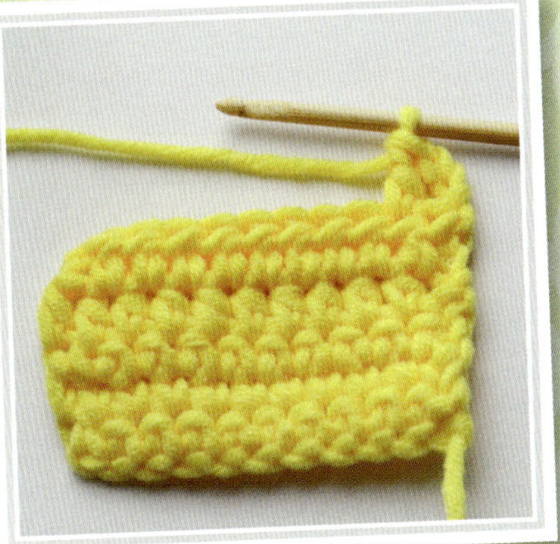

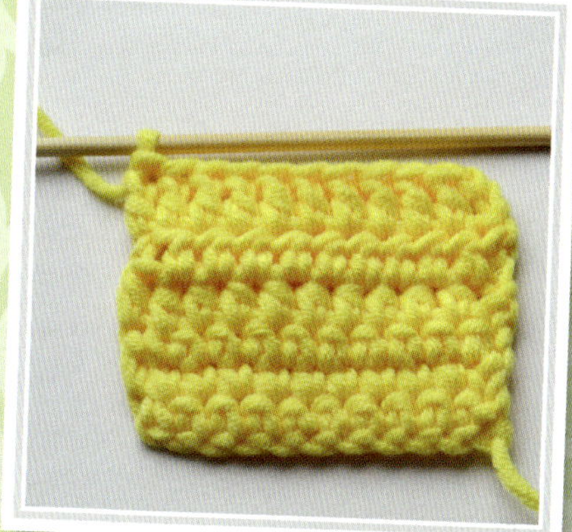

Hier sehen Sie, wie gleichmäßig und gerade die Kanten des Häkelstücks verlaufen.

Doppelstäbchen (DStb)

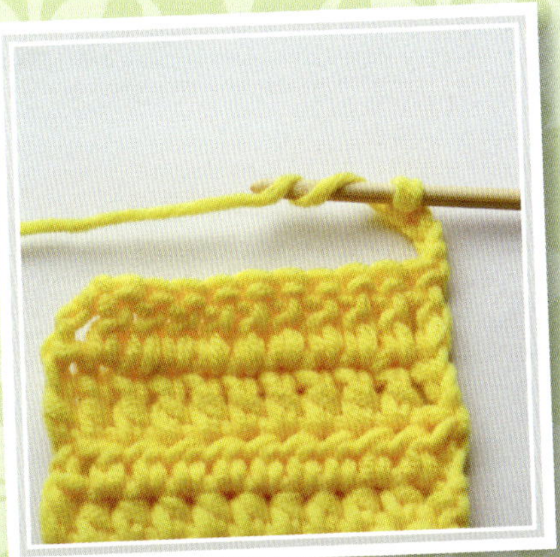

4 Wende-Luftmaschen (als Ersatz für das 1. DStb) häkeln und 2 Umschläge auf die Nadel legen.

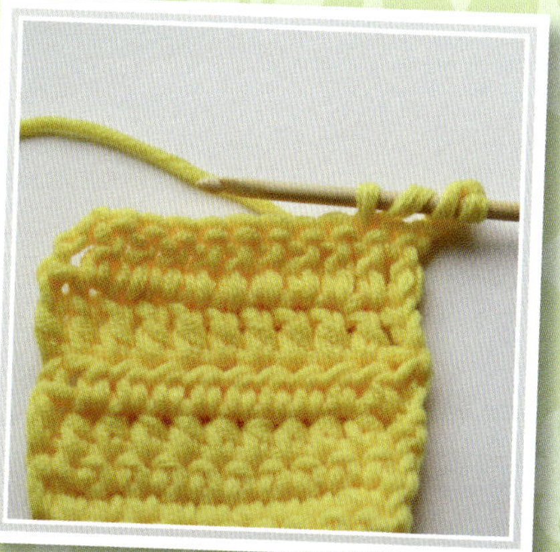

In die Masche einstechen und den Faden durchziehen. Es liegen nun 4 Schlingen auf der Nadel.

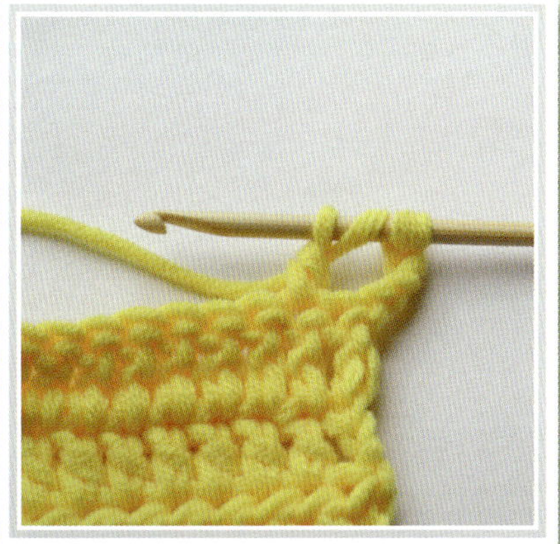

Nun immer paarweise 2 Schlingen nacheinander von der Nadel abhäkeln, also Faden holen und durch 2 Schlaufen ziehen, ...

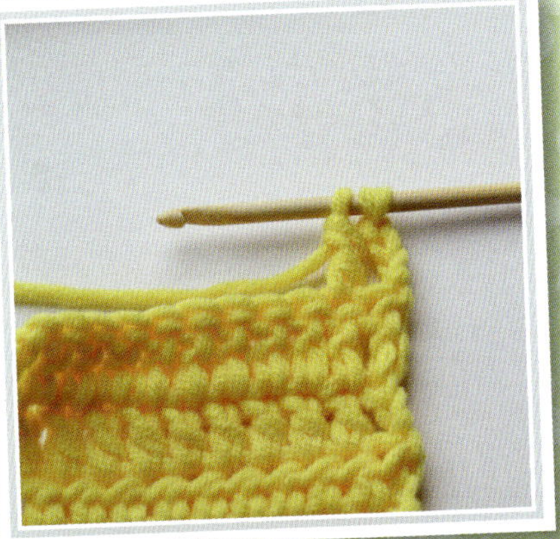

Faden holen und durch die nächsten 2 Schlaufen ziehen …

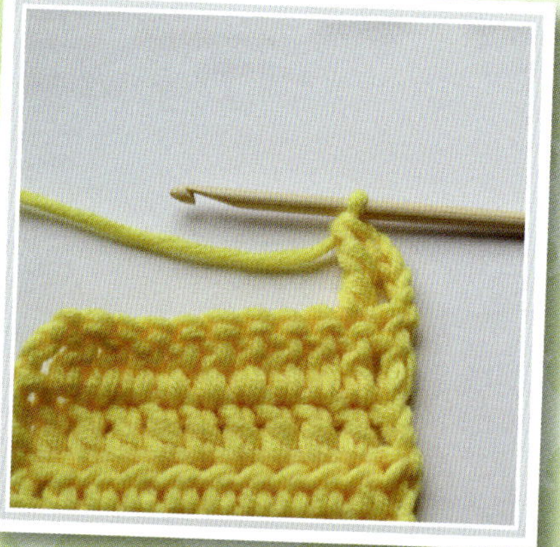

… und schließlich ein letztes Mal den Faden holen und durch die verbliebenen 2 Schlingen auf der Nadel ziehen.

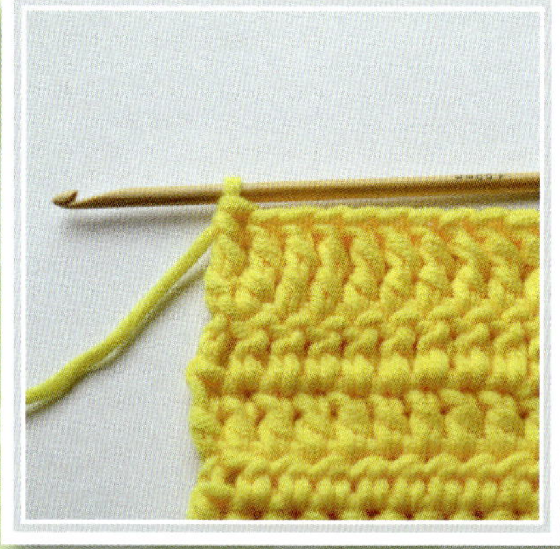

So sieht die Reihe fertig aus.

Maschen zunehmen

Für eine Zunahme häkelt man 2 Maschen in dieselbe Einstichstelle. Dies wird in den Anleitungen meist mit der Angabe „2 Stb in dies. M" abgekürzt.

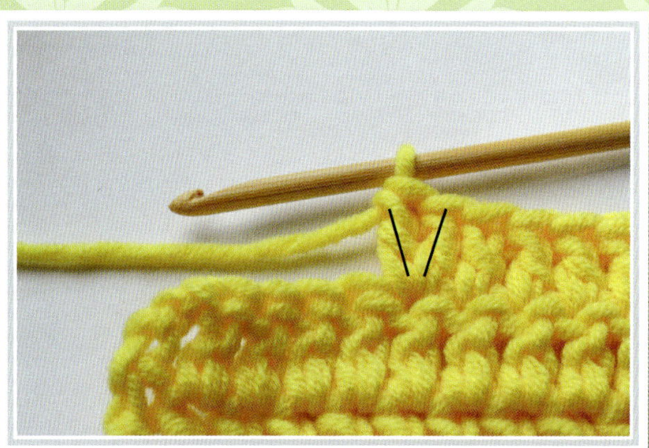

Maschen abnehmen

Für eine Abnahme werden 2 Maschen zusammen abgemascht.
Als Beispiel werden hier 2 Stäbchen in zwei nebeneinanderliegenden Maschen jeweils bis zum vorletzten Schritt gehäkelt, sodass schließlich 3 Schlingen auf der Nadel liegen. Faden holen und durch die verbliebenen 3 Schlingen ziehen.

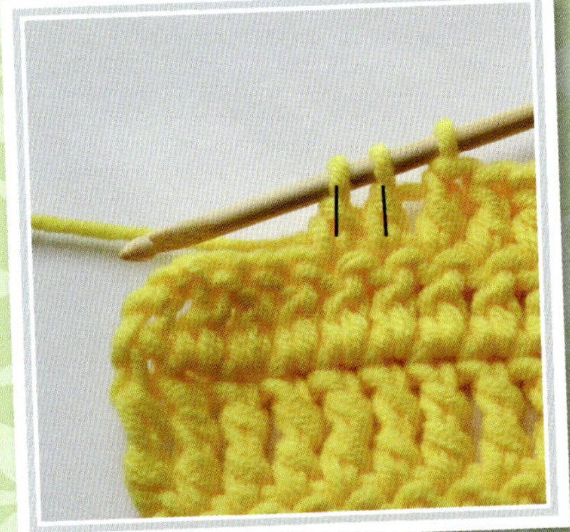

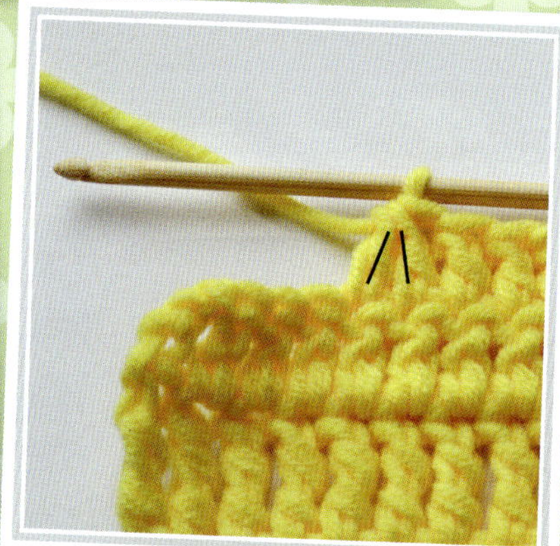

Abmaschen/Beenden

Um die Häkelarbeit zu beenden, wird der Faden durch die letzte Masche komplett hindurchgezogen, sodass Sie einen losen Faden erhalten, der vernäht werden kann.

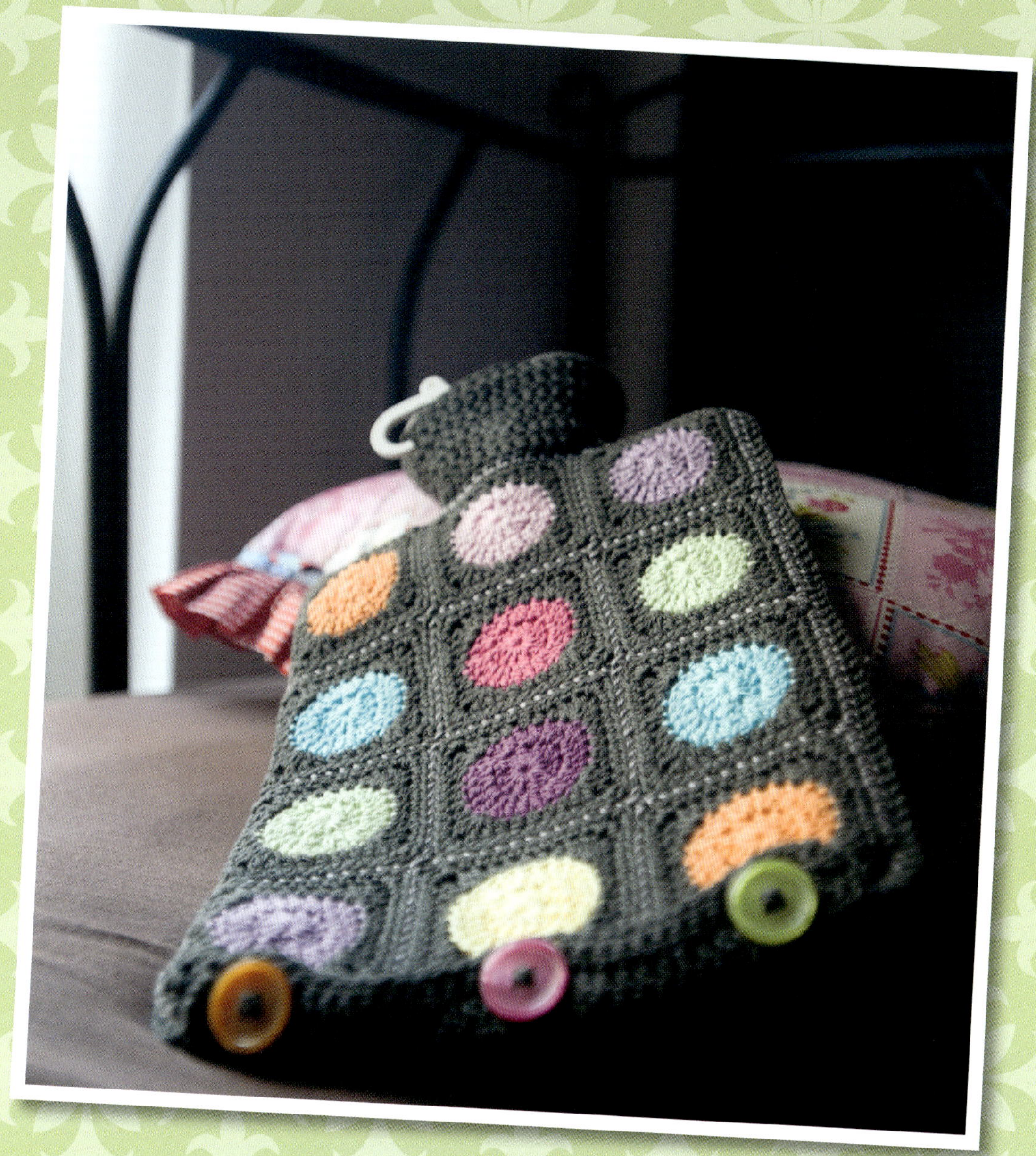

In Runden häkeln

Nahezu alle Anleitungen in diesem Buch beginnen mit der Angabe „4 Lm anschlagen und mit 1 Km in die 1. Lm zum Ring schließen". Das geht so:

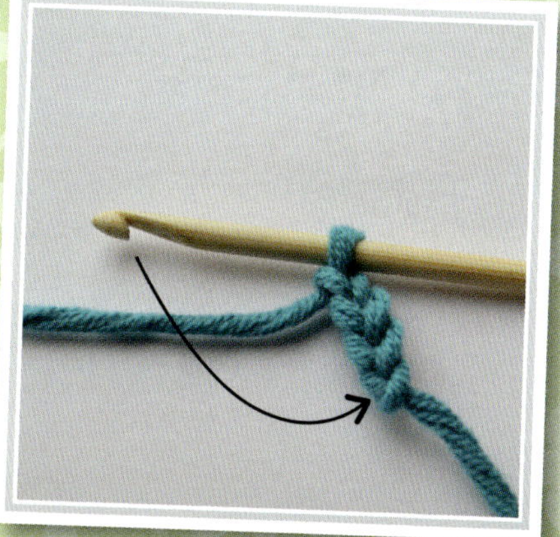

Häkeln Sie auf die oben beschriebene Weise 4 Luftmaschen, …

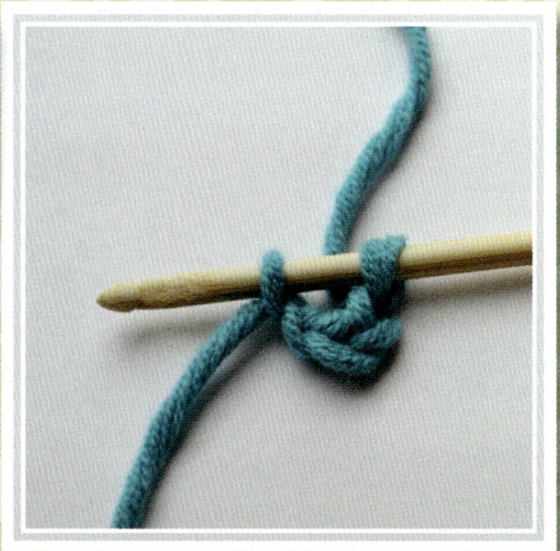

… stechen Sie dann die Nadel in die 1. Luftmasche ein (siehe Pfeil im Bild links).

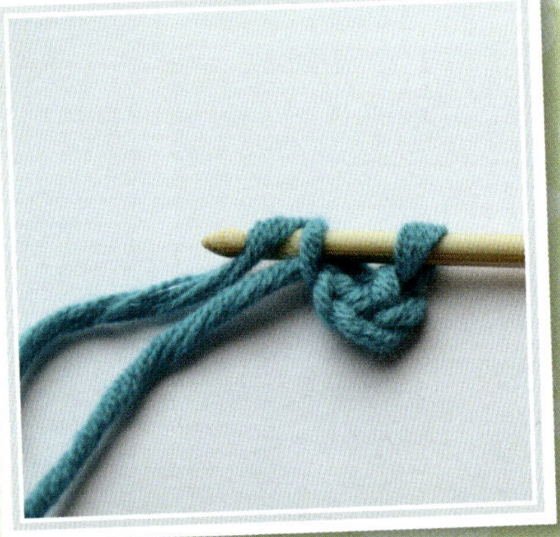

Holen Sie den Faden …

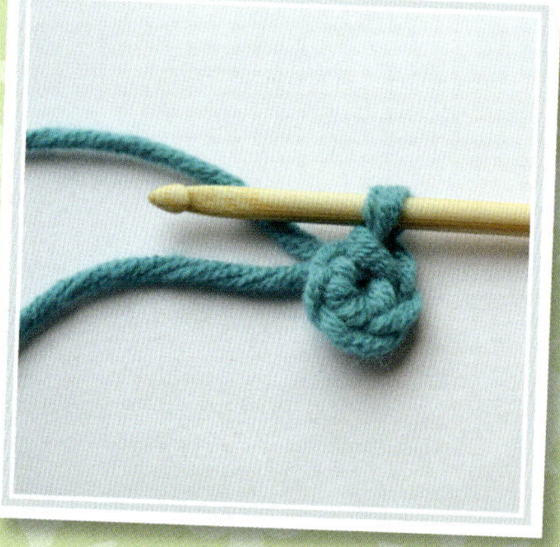

… und ziehen Sie ihn durch beide Schlingen auf der Nadel.

Für die erste Runde muss nun mit Luftmaschen als Ersatz für die erste Masche begonnen werden, und zwar 1 Luftmasche für 1 feste Masche, 2 Luftmaschen für 1 halbes Stäbchen, 3 Luftmaschen für 1 Stäbchen usw. Ich zeige das hier am Beispiel von Stäbchen.

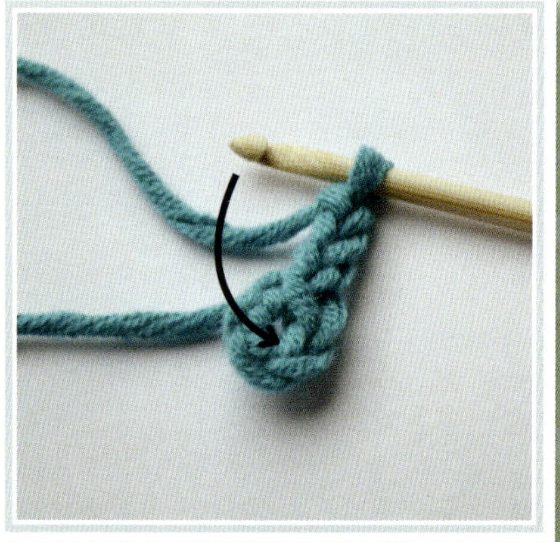

Alle Maschen werden beim Häkeln der 1. Runde in den entstandenen Ring gehäkelt. Beginnen Sie mit 3 Lm (= 1. Stb), …

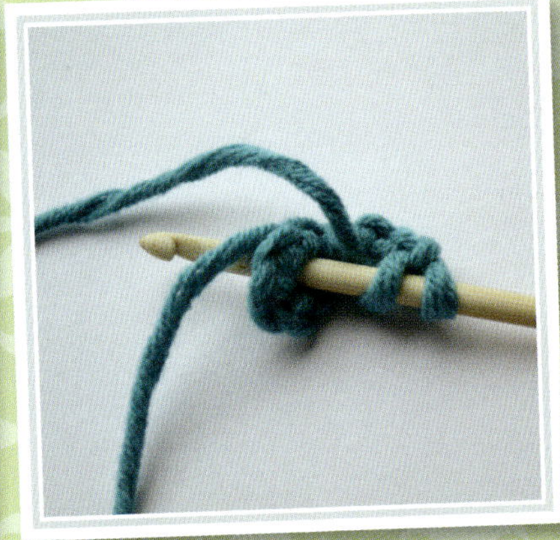

… legen Sie einen Umschlag auf die Nadel, stechen Sie die Nadel in den Ring ein, …

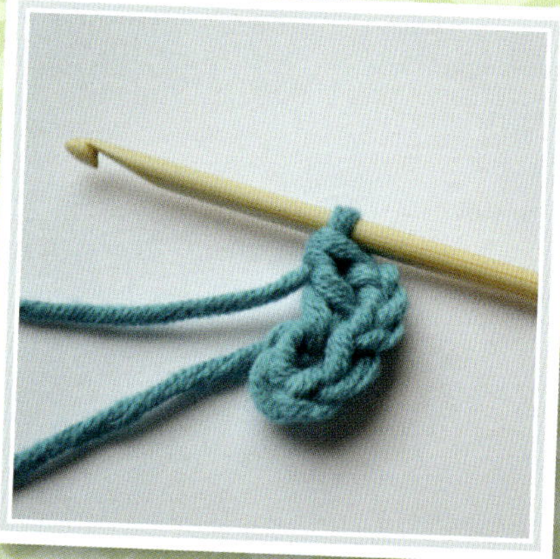

… holen Sie den Faden durch den Ring und häkeln Sie das Stäbchen normal zu Ende. Auf diese Weise so viele Stäbchen wie gewünscht häkeln.

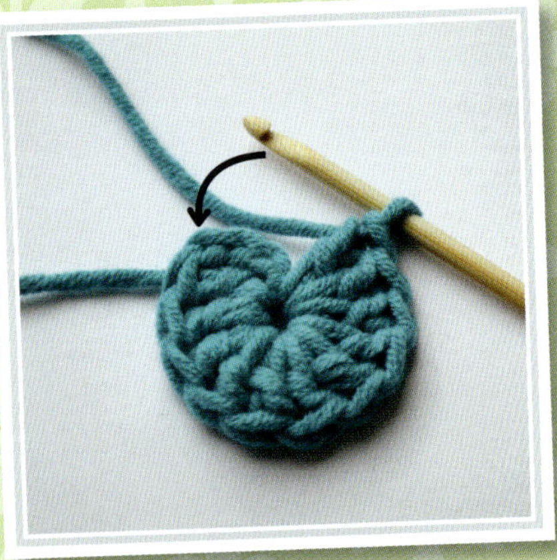

Die Runde wird mit einer Kettmasche in die oberste der Anfangsluftmaschen beendet (siehe Pfeil).

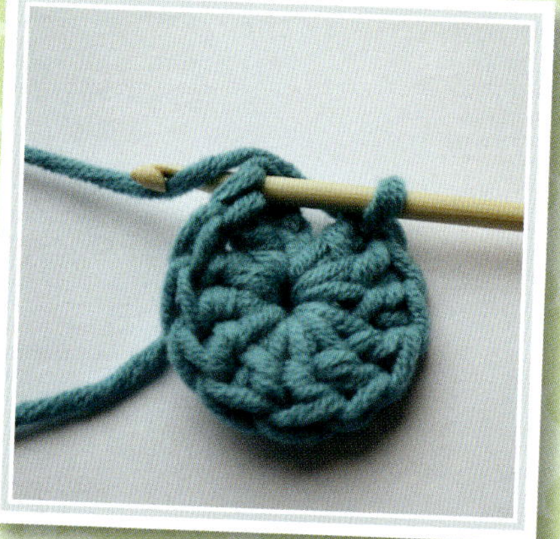

Stechen Sie hierzu die Nadel in die oberste der drei Anfangsluftmaschen ein, holen Sie den Faden durch …

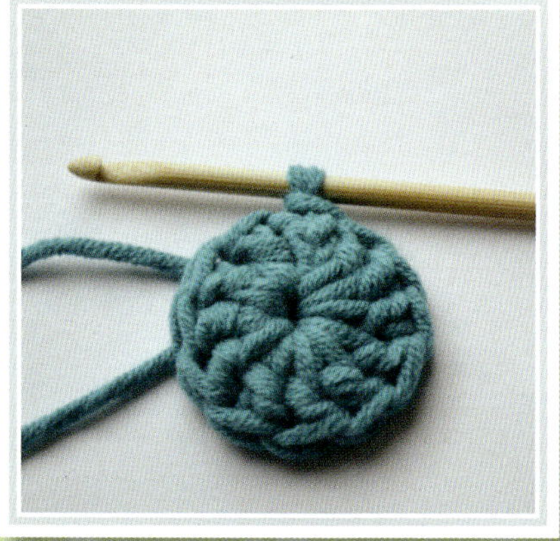

… und ziehen ihn durch die Schlinge auf der Nadel.
Die Runde ist beendet.

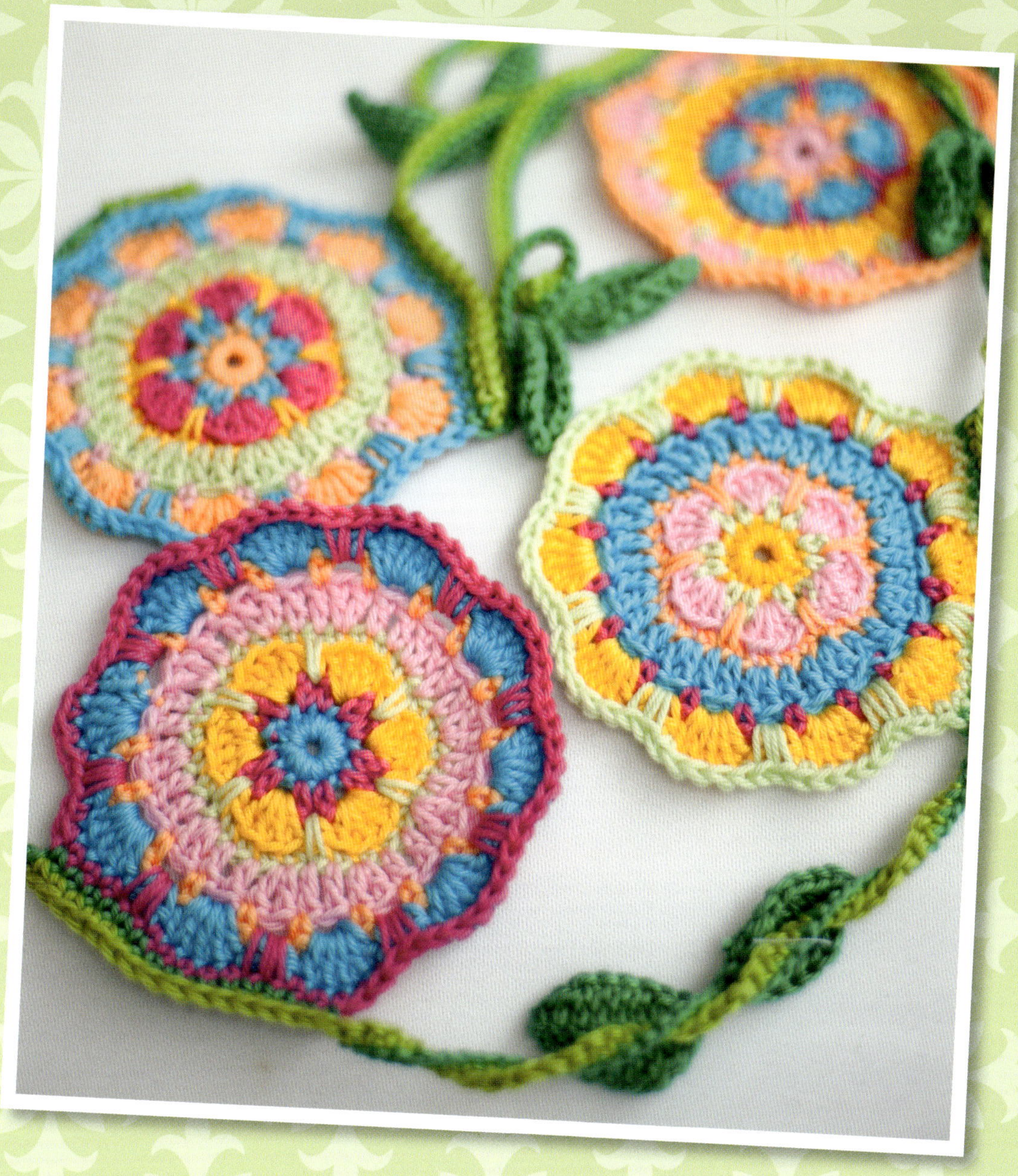

Farbe wechseln beim Häkeln

Variante 1: Soll die nächste Runde in einer anderen Farbe sein, häkeln Sie die Kettmasche, wie zuvor für das Beenden der Runde gezeigt, direkt in der neuen Farbe – das gibt schönere Rundenübergänge.

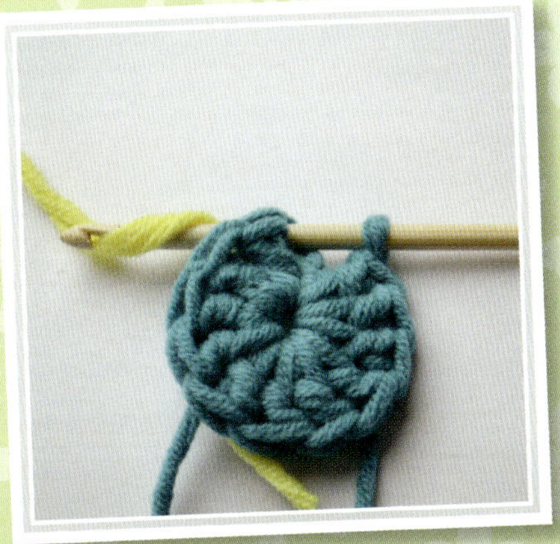

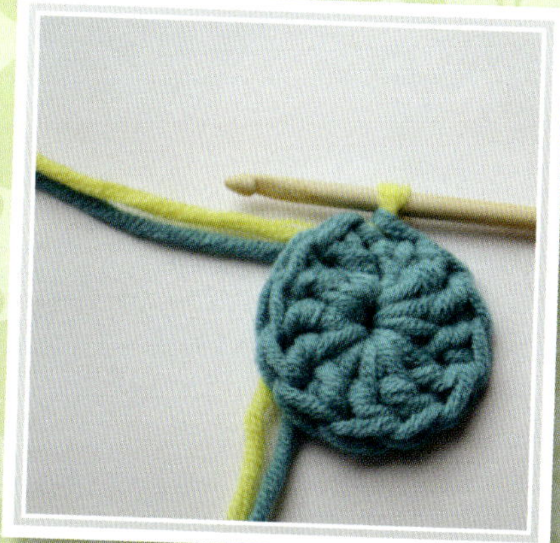

Variante 2: Beenden Sie die Runde, indem Sie den Faden abschneiden und nach hinten auf links durchziehen. Schlingen Sie die neue Garnfarbe an anderer Stelle neu an. Das führt zu einem nahezu unsichtbaren Übergang der Runden!

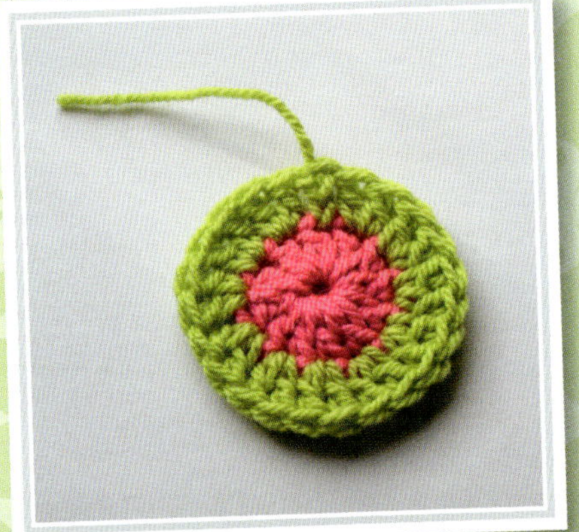

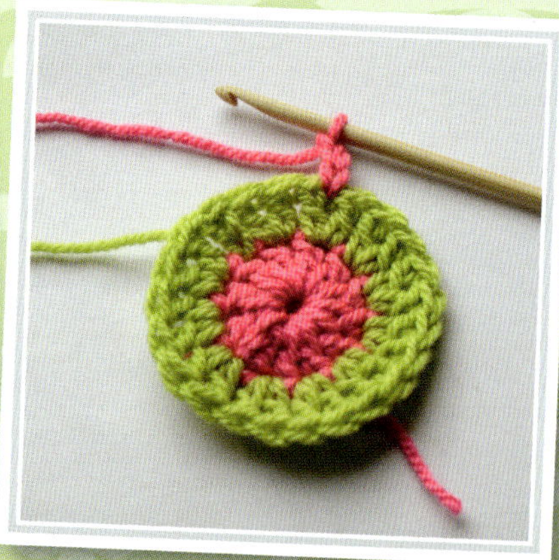

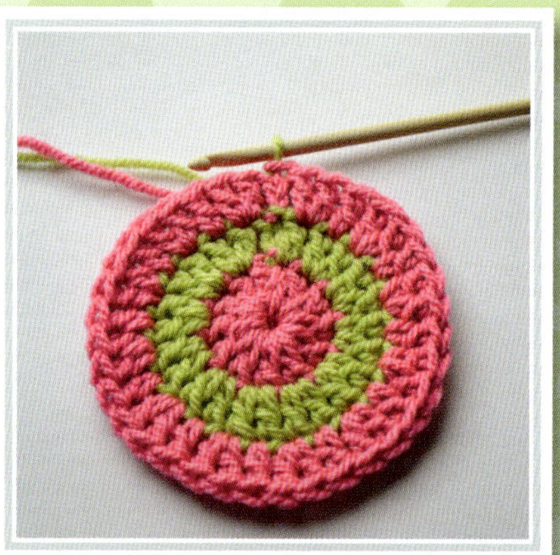

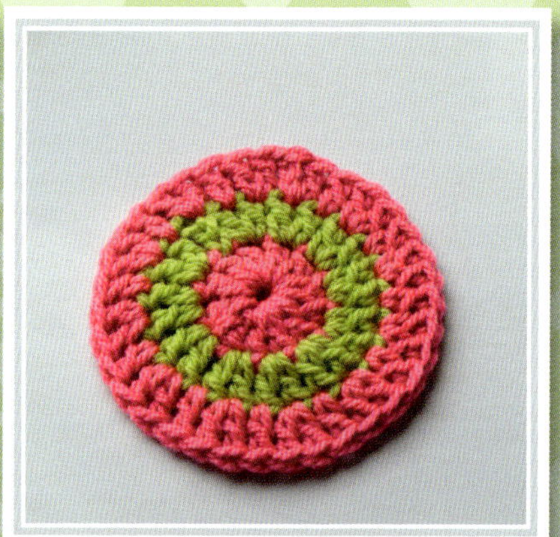

Hier zum Vergleich beide Varianten nebeneinander – im Bild links 3 Runden nach Variante 1 gehäkelt, im Bild rechts 3 Runden nach Variante 2.

Fäden vernähen

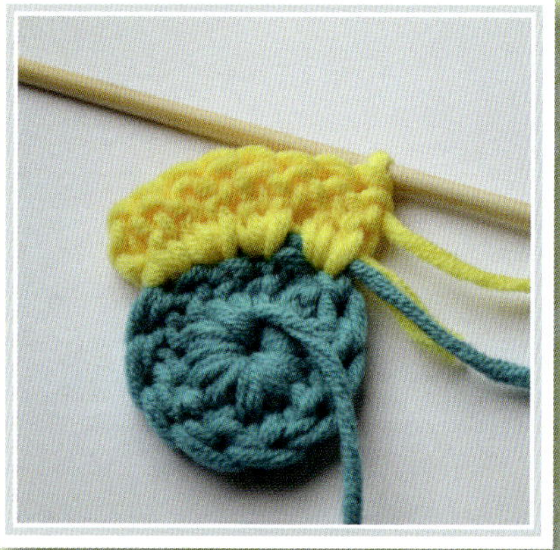

Versuchen Sie stets, die Fäden bereits während des Häkelns zu vernähen, indem Sie sie zwischen den aktuellen Maschen mitfassen.

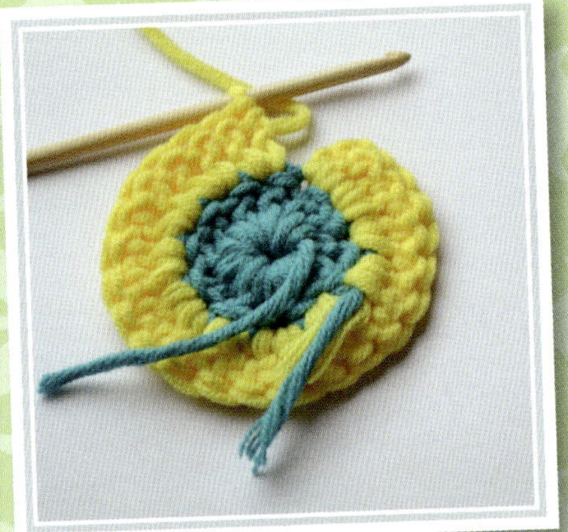

Sie brauchen dann nur noch die überstehenden Reste abschneiden …

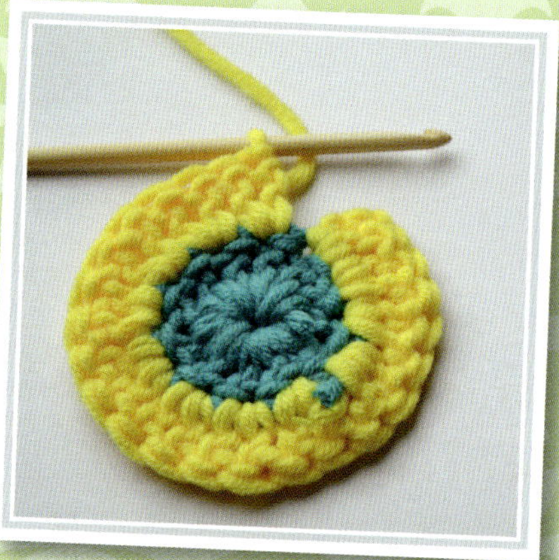

… und sparen sich so eine Menge Zeit und Mühe!

Alternativ können Sie die Fäden auf eine Stopf- oder Wollnadel aufziehen und auf der Rückseite zwischen den Maschen einweben.

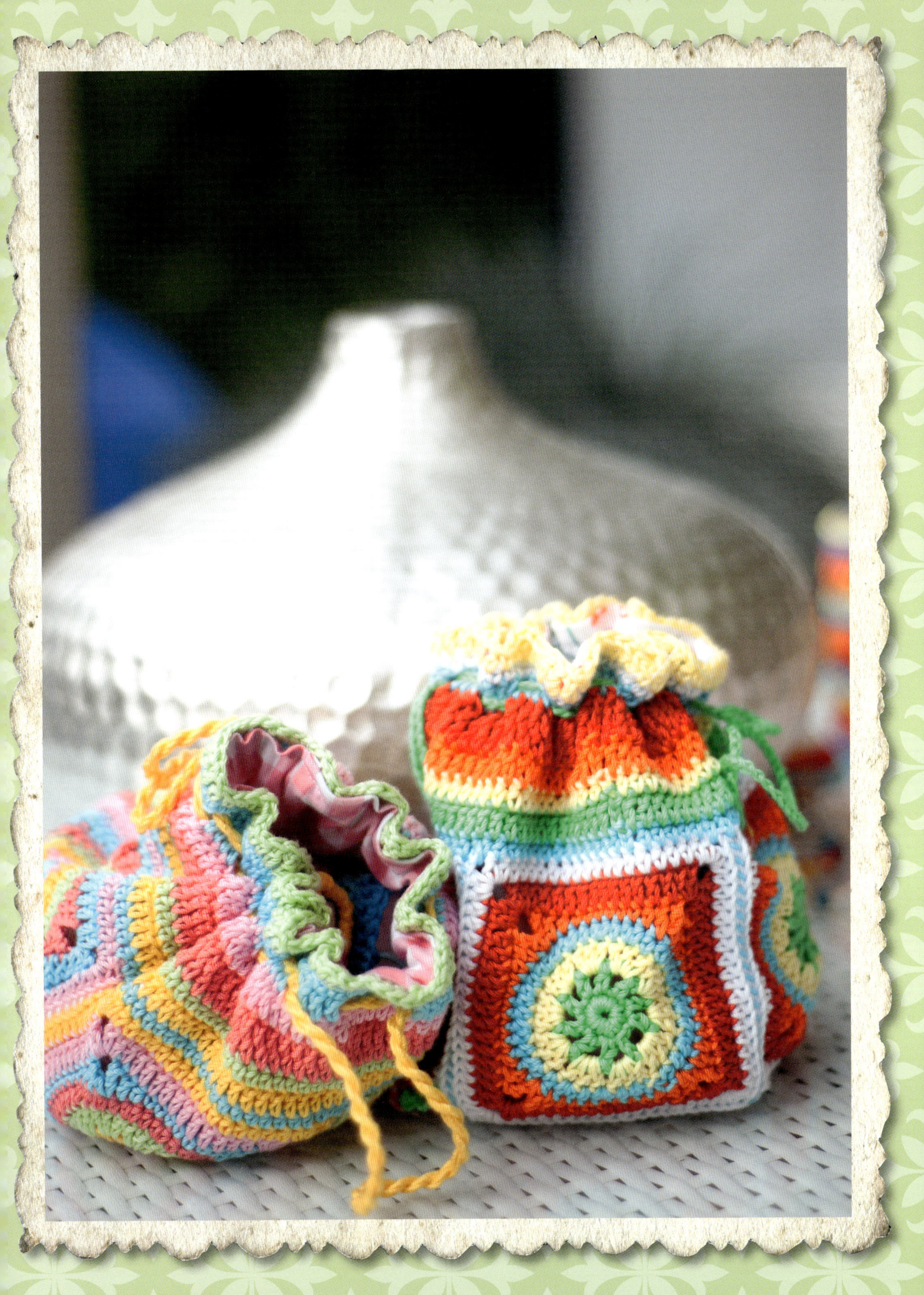

Schnittteile

Die Schnittteile können Sie unter folgendem Link herunterladen:
www.bassermann-verlag.de/haekel-dich-gluecklich

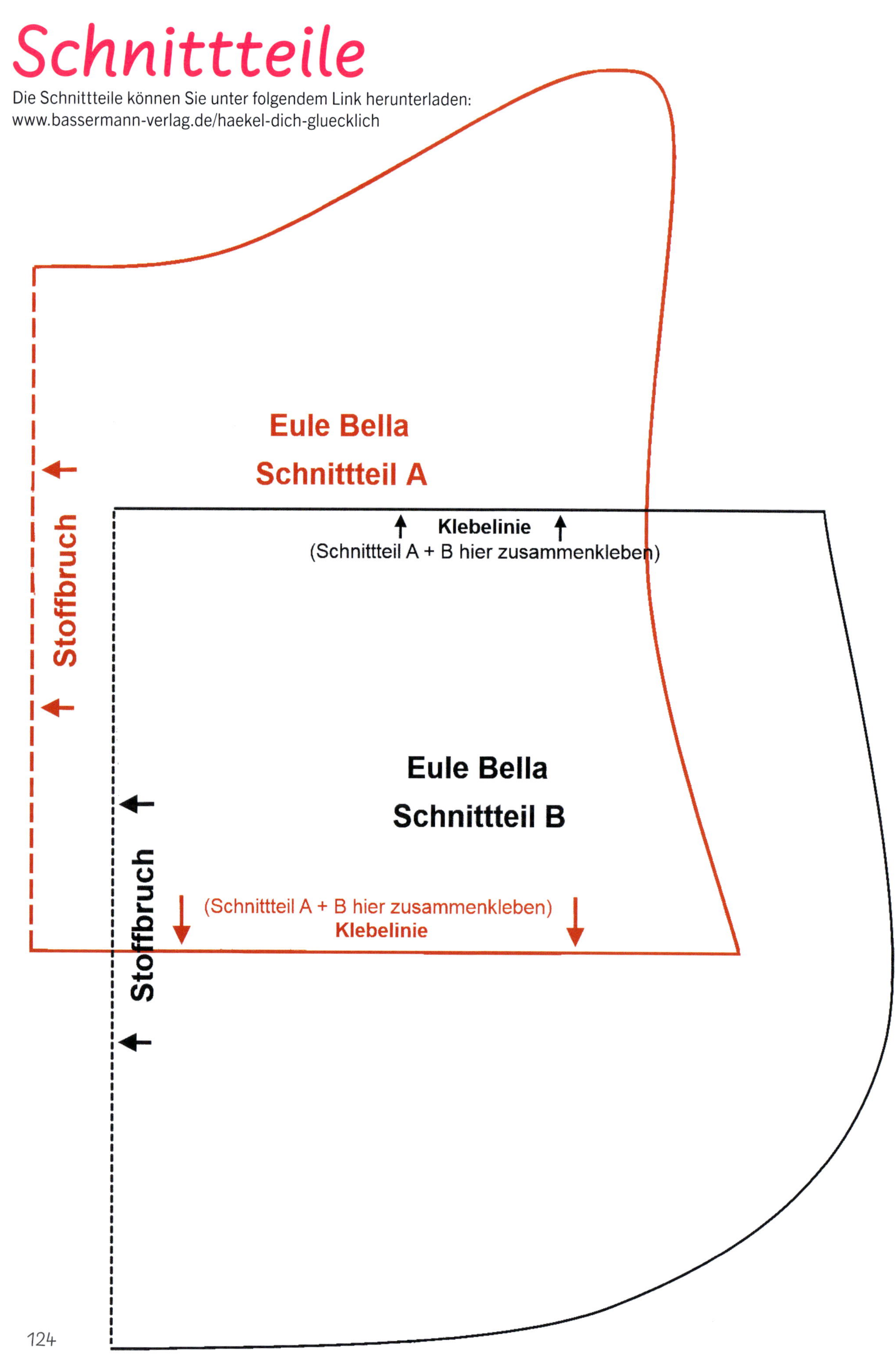

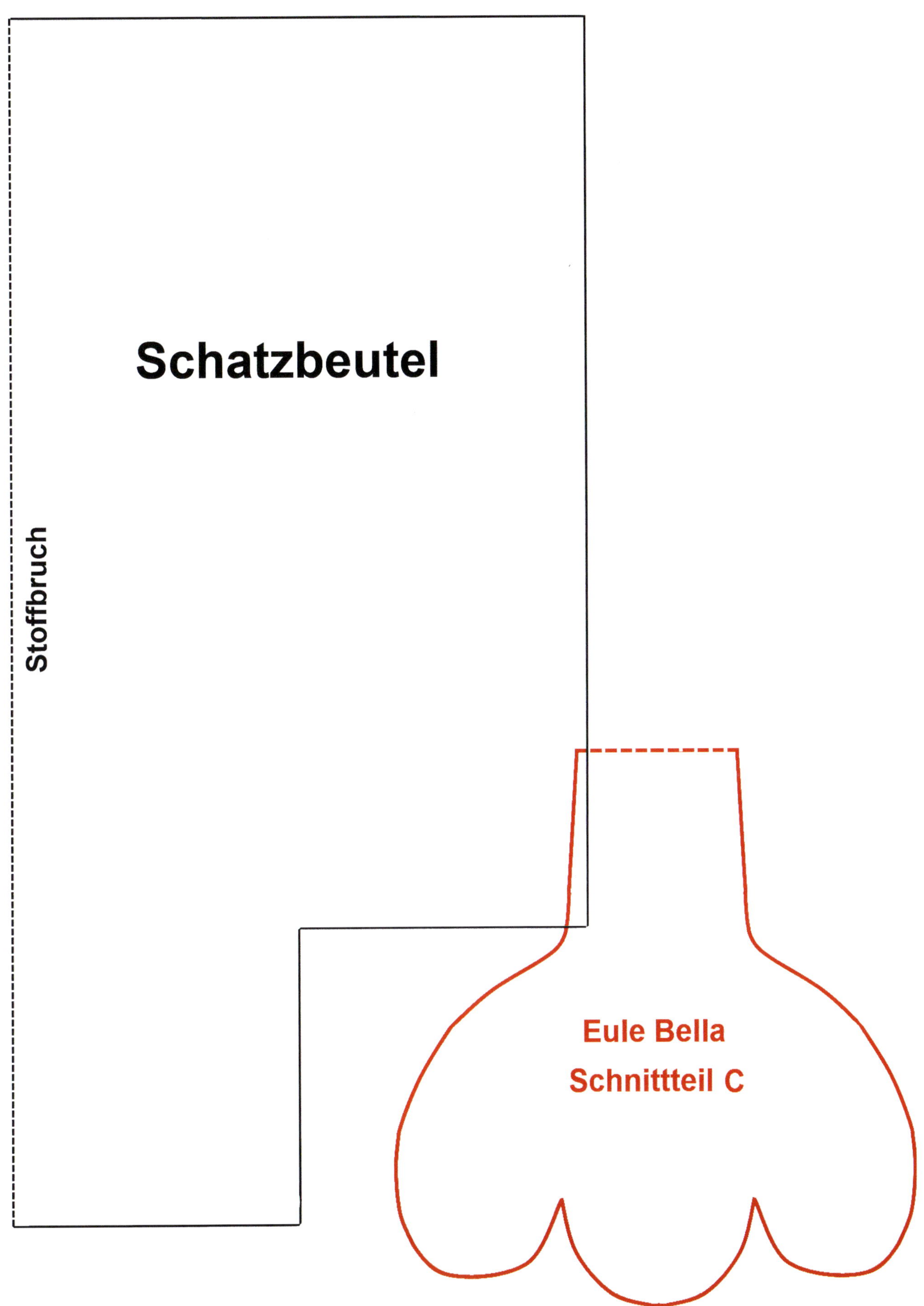
Schatzbeutel
Stoffbruch
Eule Bella
Schnittteil C

Zum Häkeln
und Spielen

Christel Krukkert
Meine kleine KUSCHELFARM
Bauernhof zum Häkeln und Spielen
Bassermann

96 Seiten, durchgehend farbig bebildert
ISBN 978-3-8094-3664-5

Die gehäkelte Version der kleinen Farm: Bauer und Bäuerin werden vom Knecht unterstützt, wenn Traktor und Güllewagen bei der Arbeit zum Einsatz kommen. Auf der Weide sind Kuh, Pferd und Schwein unterwegs, auf dem Hof jagen sich Katze und Hund.

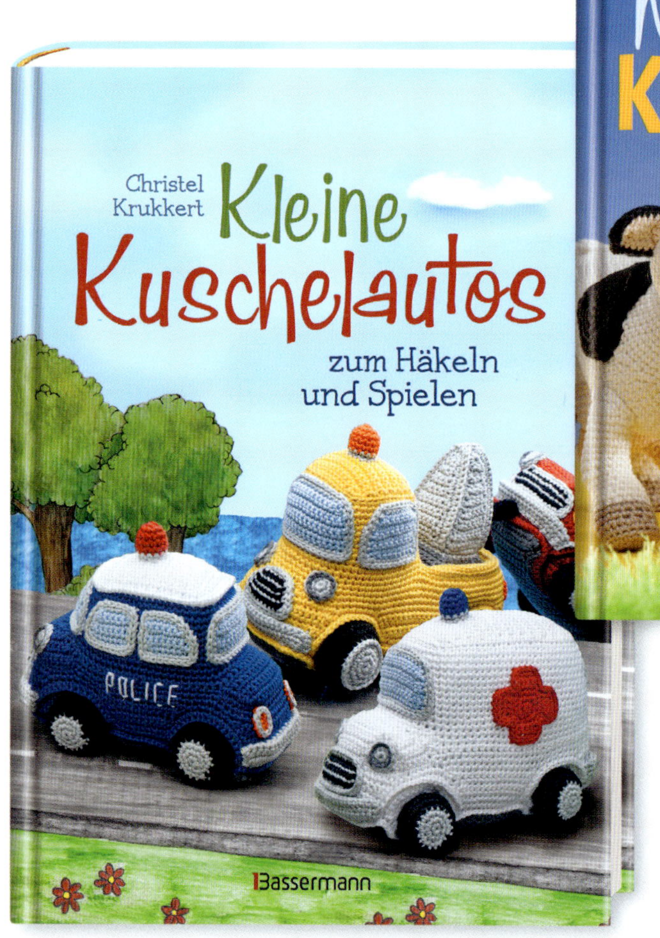

80 Seiten, durchgehend farbig bebildert
ISBN 978-3-8094-4312-4

Ob Familienauto, LKW oder Abschleppwagen, VW-Bus, Polizeiauto oder Rennwagen – in diesem Buch gibt es viele tolle Autos zum Häkeln. Wichtiges Zubehör wie Benzinzapfsäule, Verkehrsschilder oder Ampel fehlt natürlich auch nicht.

Besuchen Sie uns auch auf 

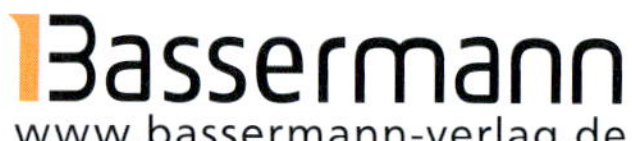

www.bassermann-verlag.de

Abkürzungsverzeichnis

M	Masche
Km	Kettmasche
Lm	Luftmasche
fM	feste Masche
hStb	halbes Stäbchen
Stb	Stäbchen
DStb	Doppelstäbchen
RStb	Reliefstäbchen
dies.	dieselbe

Bezugsquellen

Garn/Wolle
www.coatsgmbh.de
www.gruendl-wolle.de
Herzlichen Dank an die Firma Gründl für die kostenlose Materialbereitstellung.
Die in diesem Buch verwendeten Baumwollgarne Catania und Cotton Quick
sind über Dawanda und viele andere Wolle-Onlineshops zu beziehen.

Kreativmaterial & Zubehör (z. B. Füllkissen, Bastelwatte, Deko-Festiger)
www.buttinette.de
www.vbs-hobby.de

Kontakt zur Autorin
Kreativ-Blog: www.elealinda.blogspot.de
Onlineshop: www.elealinda-design.de
Facebook: www.facebook.com/ElealindaDesign
Anregungen, Kritik und Fragen zu den Anleitungen in diesem Buch sind willkommen!

Impressum

ISBN 978-3-8094-4512-8

2. Auflage 2024

Projektkoordination dieser Ausgabe: Dr. Iris Hahner
Umschlaggestaltung: Atelier Versen, Bad Aibling
Layout und Satz: S. Storz, Althegnenberg
Fotografie der Modelle: Christian M. Weiss, Fürstenfeldbruck
Fotografie der Anleitungen: Paula Matos
Weitere Abbildungen:
istockphoto/RF: 2, 21, 29, 37, 53, 61, 71, 99, 111, 123 (Papierhintergrund/hudiemm), 10ff. (Zettel mit Büroklammer/KyuOh); fotolia/RF: 97 (Tipphintergrund mit grünem Pin/Dirk Schumann; shutterstock/RF: 9-13 (Blumenmuster/KannaA), 31-37 (Herzmuster/KannA), 23-29, 45-61, 81-89, 101-111 (Streifenmuster, Ornament und Blumenmuster mit Streifen/Katia Karpei), 39-43, 63-71, 91-99, 112-127 (Ornament/New Line), 73-79 (Ornament/Roberto Castillo); Storz, Althegnenberg: 10ff. (Zettel mit Klebestreifen)

Druck und Bindung: PNB Print Ltd., Silakrogs

Printed in Latvia

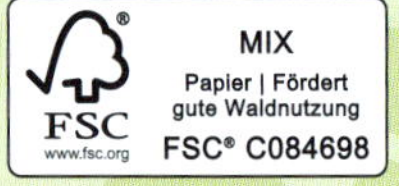

Penguin Random House Verlagsgruppe FSC® N001967

643081770219